新版

せん定を科学する

樹形と枝づくりの原理と実際

菊池卓郎・塩崎雄之輔＝著

JN267948

農文協

はじめに

「せん定技術は長年の経験で習得するほかない」というのは、果樹栽培に関わる多くの人々が感じていることだと思う。果樹研究者の間でさえ、整枝せん定は研究の対象になりにくいという、あきらめに似た感情が支配的である。しかし、研究で解明できない技術などあり得ない。これができないのは、根本的な研究への取組み方に問題があるからである。

この考えのもとに、私は広範囲にわたる生産者のリンゴ園をおもな研究の場として、樹形問題を中心に整枝せん定の研究をつづけてきた。その結果、成果をあげているさまざまな樹形には、外見からは見えにくい〈勘どころ〉とでもいうべきいくつかの条件が備わっていることが明らかになった。これによって、とかく難しい樹形づくりの実際から、長い経験や勘の必要性をかなりの程度まで取り除くことが可能になる。また、樹上の一部の枝をせん定した場合の効果など、実用的に重要でありながら研究の少なかった問題についても、これまで知られていなかった関係を明らかにすることができた。

私が整枝せん定と切り離せない問題として取り組んできたもう一つの問題に、わが国におけるリンゴ栽培のあり方がある。わい化（密植）栽培が普及に移されて以来三〇年が過ぎた。西欧で発達したこの栽培方式は、早期多収、省力などが強調されてきたが、環境条件に対する適応性が狭く、開園費が高く、経済寿命が短いなど、わが国の農家の経営条件には向かない面を多くもっている。

私は一九七七年に西欧のリンゴ栽培を二カ月にわたって視察したのをきっかけに、共著者である塩崎雄之輔氏とともに、わが国におけるリンゴ栽培技術のあり方について検討をつづけてきた。そのための栽培試験や生産者のリンゴ園の実態調査を行ない、折にふれて見解を表明してきた。私たちの考えは一言でいえば、「日本の自然と農家の経営条件に適した、日本独自の栽培方式を確立すべきだ」ということである。このあまりに当然のことが、わい化栽培が普及に移されてから三〇年を過ぎても、いっこうに実現しそうにない。それは「これからのリンゴ栽培はわい化栽培だ」という補助金制度をともなった国の方針が研究機関、指導機関、生産者の活動に大きな枠をかけ、自由な発想を妨げているからだと思われる。「わい化栽培の呪縛」といってもよい。

私が前著『せん定を科学する』を書いてから二〇年近くが過ぎた。当時、「樹形のとらえ方」を模索しながら研究に打ち込んでいたが、十分に体系化する段階には達していなかった。以来二〇年近く、同じ軌道上を歩みつづけ、その間に上に述べた樹形やせん定に関する研究をはじめとして、多くの知見を加えることができた。そこでこれらの成果を多くの人に知っていただきたいというのが、数年来の私の願いであった。前著は各種果樹の栽培に関わる方々が読んでくださることを念頭において書かれたが、本書では前述のリンゴ栽培技術の普及上の問題の重大さを訴え、今後の進むべき方向について私たちの考えを述べることが必要だと考えた。そこで対象をリンゴ栽培に絞ることにし、「日本のリンゴ栽培の条件にあった栽培方式とは何か」を縦の骨組みとし、これに私たちの研究の成果である、「経験・勘の原理を探る」「リンゴの気持ちを考える」「樹形の理想型＋連続変化の原理」などを横の骨組みとして、本書を構成することにした。

日本の大地にしっかりと根をおろしたリンゴ栽培技術の確立、そのために本書がいささかでもお役に立つことを願ってやまない。

二〇〇五年一月　著者を代表して

菊池　卓郎

目次

第3章　樹形の意味を考え直す
——〈連続変化〉の原理と樹づくりの〈勘どころ〉

第4章 環境と経営に根をおろす樹形づくり

第6章 地域環境と栽培方式——地域の自然と人がつくり出す技術

第1章

樹が切られることの意味——樹・枝の反応と花芽の着生

1 なぜ無せん定ではだめなのか

(1) リンゴの気持ちを考える

栽培されているリンゴ樹は長年にわたって人間に飼い慣らされてきたので、野生のリンゴとはかなり違った性質をもつようになっている。まったく摘果しないで果実を成らせ放題にしておくと、果実の重みで枝が折れたり樹が衰弱したりすることがあるが、これは野生の樹ではあり得ないことである。しかし一方では、野生の時代の性質も多く残されている。この「野生の樹のもつ性質」を理解することが、樹形やせん定を大局的にとらえるうえで重要である。本書ではこのことを重視し、「リンゴの気持ちを考える」という表現で折にふれてとりあげることにする。

樹は高さを求めて伸びる

林の中で薄暗い地面に落ちた種子から発生した幼樹は、何はともあれ光を求めて上へ伸びる。何年もひたすら上へ伸び、ようやく日光を浴びられるようになったところで花をつけ、実を成らすようになる。種子から発芽した植物は実生《みしょう》と呼ばれるが、樹木は一般に、発芽後数年から十数年はけっして花をつけない性質がある。まさに林の中での生活に適応した性質である。この花をつけない期間は「幼若期」と呼ばれ、「桃・栗三年、柿八年」とはこの幼若期のことを指している。リンゴの実生では、多くの場合七、八年である。しかし栽培リンゴの苗木は成木からとった芽を接ぎ木されたものであるから、見かけは子どもでもはじめから大人の樹の性質をもっている。つまり幼若期はないわけだが、ふつう植えつけてから何年かは果実をつけないし、高さを求めて強く上へ伸びようとするなど、若い間は実生樹に似た性質を示す。ただしこれは、実生の場合とは別の原因によるもので、おそらく根でつくられるホルモンの影響を強く受けることが原因になっていると思われる。

リンゴ樹はある高さまで伸ばしてやらなければ生長が

落ち着かない。盛んに上へ伸びようとしている樹の頭をはねて高さをおさえようとすれば、樹は強勢な新梢を発生させて失った高さを取り戻そうとする。たとえば一年生樹（直立した一本棒）を切り返すと、その程度が強くなるほど切り口付近から長い新梢が発生する。そして最終的な樹高（頂端の新梢先端）は、たいてい無せん定樹に近い高さになる（図1-1A、B）。同じように直立した一年生樹をその中間付近で水平に曲げると、その曲げた部分に近い背面から強勢な新梢が立ち上がる（図1-1C）。これらは失った高さを取り戻す仕組みが樹の中ではたらいていることを示している。

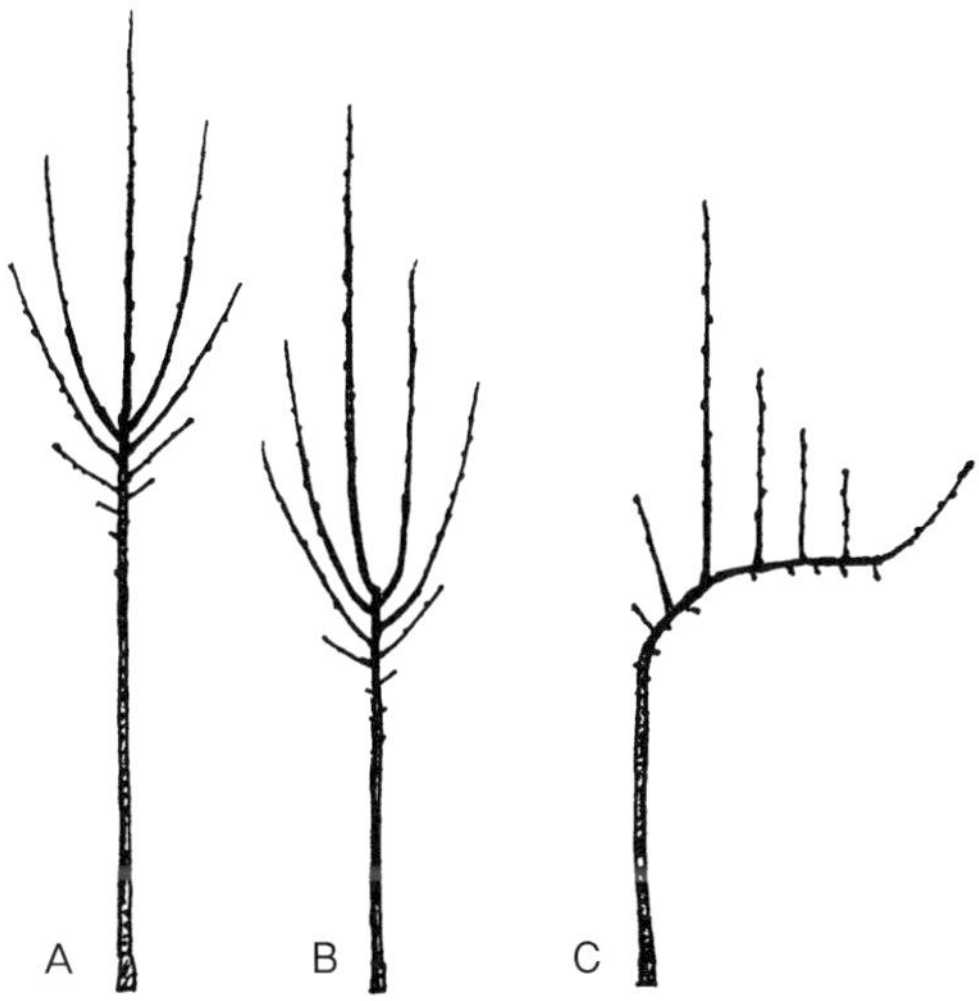

図1−1　樹は高さを取り戻すために伸びる
A：無せん定，B：定植時に切り返し，
C：水平に誘引

こうした強勢な新梢が発生するのは、①高さを取り戻すのに一番有利な位置、ふつうそれは樹の一番高い位置である、②根からの養水分とホルモンが一番流れやすい位置、すなわち根から幹を通って真上に向かう道である。

一年生樹におけるこの切り返しせん定の結果が強烈な印象となって、大きい樹の一部の一年生枝を切り返した場合も、つねに切り口付近から強勢な新梢が発生すると考えている人が多いが、これは間違った思い込みである。新梢の生長程度は、その枝の樹の中での位置や状態によって違うし、品種によっても違う。そこで「その枝を切った場合、樹としてはどのように反応したいか」という「リンゴの気持ち」に立って考えようというのが、本書を貫く考え方である。

根の近くはつねに若木の状態

図1-2はドイツの樹木生理学の本に仮説として示さ

れたものである。もちろん実生から育った樹である。すでに大人になった大木でも、根に近い位置では幼若期の性質が強く残っていること、根から離れるほど大人の樹の性質が強くなり、枝先付近は老化の状態であることを示している。接ぎ木されて育ったリンゴ樹でも同じことが成り立つ。成木に達してよく果実を成らせている樹で

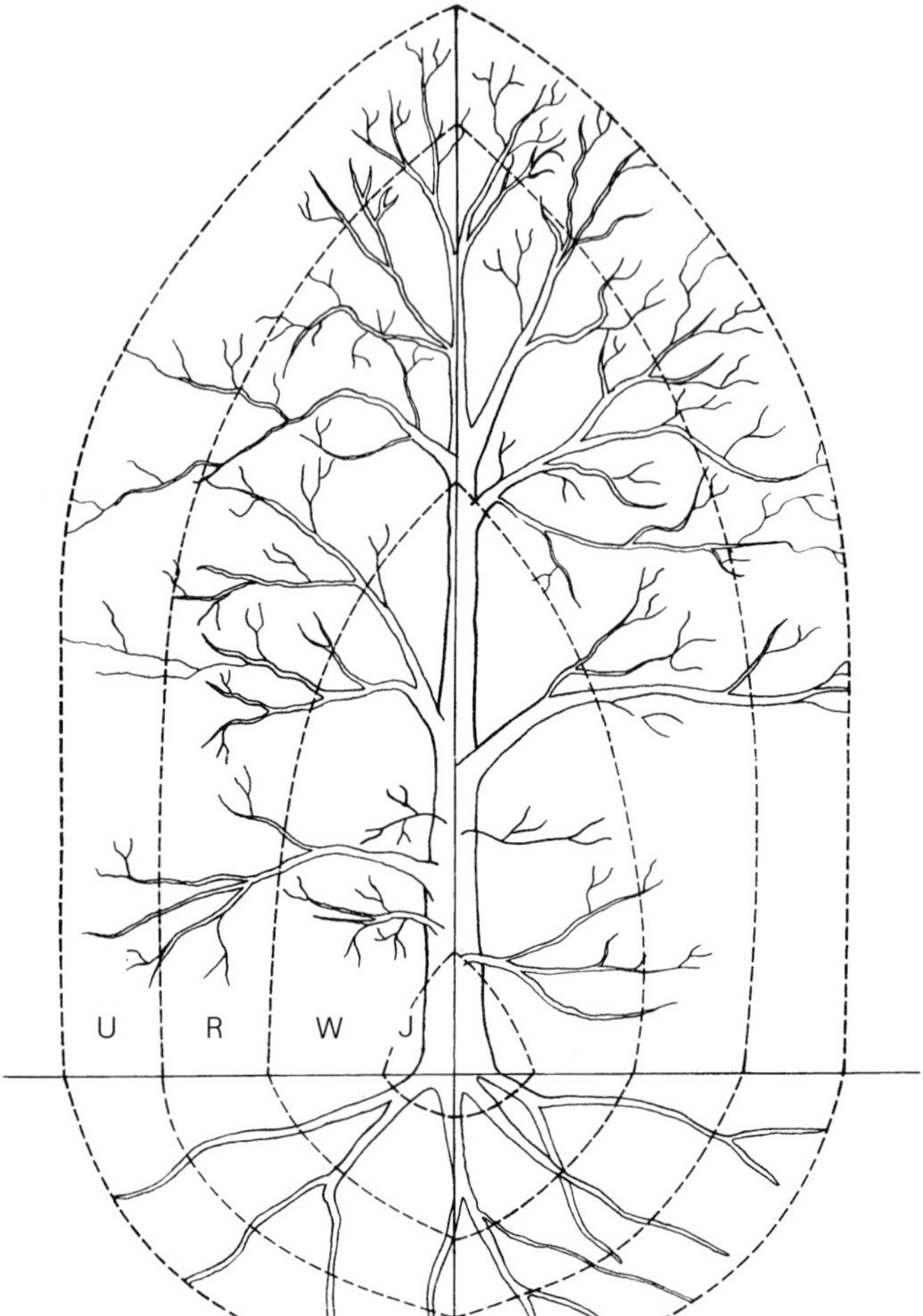

図1−2　樹木の部分による発育特性（Lyrら，1967）
J：幼若相，W：生長相，R：成熟相，U：老衰相

も、主幹から、あるいは主枝上の主幹に近い位置から発出した枝は、幼木のように強勢で花芽がつきにくい。これは根に近いことに原因があり、先述のように根からの養水分の流れが強く、また根でつくられるホルモンが関係していると思われる（本章の2）。こうした枝はかなり長く伸ばさないと花がつくようにならない。ただこの場合、幹の下部周辺は日当たりが悪く、そのことも花がつかない原因になっている。

樹は日光を求めて伸びる

一般に落葉樹は日当たりのよい場所に多くの葉を配置できるよう枝を伸ばし、分枝をくり返す。開いた空間を埋めるために枝分かれをするのである。また、今年生長の盛んな枝からは来年も強い枝が発生する傾向がある。これらは、葉による光合成を効率よく行なうために、光条件のよい部分に養分を投資して新しい枝葉をつくり、稼ぎの見込まれない日当たりの悪い部分の枝は見捨てていくという、樹としての戦略の現われである。

リンゴでも一本の樹の中で日当たりのよい部分は新梢がよく伸び、側枝も発生しやすいし、そういう部分の枝をせん定すれば失った枝葉を取り戻そうとして、強い新梢を発生させることが多い。しかし中には〝ふじ〟のように、頂端新梢（前年生の枝の頂端から発生した新梢）の長さが無せん定枝のそれと変わらないものもある（第2章1⑵参照）。

一方、日当たりが悪く弱った枝では、強く切り返しても強い新梢は発生しない。これも〈リンゴの気持ち〉からすれば当然のことである。こういう枝には花芽はつきにくいし、ついてもよい果実ができる可能性は小さい。そのような非生産的な枝ができないように、樹冠内部にまんべんなく日光が入るようにするのが樹形づくり（整枝）とせん定の大きな目的である。

⑵　なぜ〝樹形〟が必要か

整枝せん定にあたっては〈リンゴの気持ち〉を考えることが重要である。しかしそれは、無せん定にして樹の自然の生長に任せるのがよいということではない。それどころか、整枝せん定はリンゴ栽培で一番重要な技術である。ほかの栽培管理に最善を尽くしても、整枝せん定

図1－3　葉と果実着生部の分布　（Feucht. 1968, 若干改変）
左：無せん定樹，右：せん定樹

技術がよくないとその成果は半減する。ではなぜ、整枝せん定をしないとだめなのか、どうして特定の樹形をつくる必要があるのか。

樹形に求められる条件

①　強勢な台木に接いだ樹は樹高が七～八メートル、あるいはそれ以上にもなり、分枝をくり返した小枝が樹冠の周縁部に重なり、光線を遮る。そのため内部は葉も果実もつかずに空洞化する（図1－3）。花芽がつくのは樹冠の周縁部に限られるうえ、実止まりは悪く、枝の生長が弱いので成った果実も小玉にしかならない。

一方、わい性台木に接いだ樹を無せん定で育てると、枝が太らないまま早くから果実が成るため、樹は果実の重さを支えられず、つぶれてしまうことが多い。場合によっては人の背丈にも届かないこともある。一方で、樹冠内の光条件の悪化、小玉化は強勢台木の場合と同じである。

②　無せん定のほうが果実が成りやすいのなら、とりあえず無せん定で出発して、果実が成り始めてからせん定を行なえばよいという考え方もある。しかし先述のよ

うに、無せん定だと果実は樹冠周縁部に集中する。自然の分枝に任せて育った日当たりの悪い枝群を好ましい枝の構造につくり直すことは困難な場合が多い。

では、ある特定の樹形を育てる目的は何か。それは、

① 樹冠内部に光が入り、多数の果実を全面に成らせること、つまり成り枝を樹冠全面にまんべんなく配置すること、しかもそれらの重さを支えられる骨組みをもった樹をつくること、

② 側枝や成り枝の更新を行ないやすい骨組み構造にすること、

③ 可能な範囲で樹高を低くおさえられるようにすること。また、樹冠内に脚立が入りやすくするとか、栽培管理の作業をしやすい樹をつくることも、樹形の備えるべき重要な条件である。

樹形をつくる目的とは、すなわち、人間の目的にあわせて自然の樹の姿とはまったく違った形と枝の骨組みの構造をもった樹に育てることにある。その意味では整枝せん定は〈リンゴの気持ち〉に真っ向から逆らうことになる。しかし〈リンゴの気持ち〉をよく理解して、さらに積極的に利用して行なうのでなければ、整枝せん定はうまくいかないということなのである。

成り枝や側枝の更新のしやすさ

強勢台木のマルバカイドウに接いだ〝ふじ〟というと果実が成りにくいと思われがちだが、主幹形をめざして強いせん定を加えることなく育てた樹は、五年生くらいでけっこう果実が成り込む。一般に主幹形というのは、幹の先端が樹冠の頂部まで伸びた樹形で、若木時代が自然の樹形に近いので、強く立ち上がった枝をスプレッダーなどで開いてやると、枝を多く切る必要がない。そうやってやや自然に近い状態で分枝をさせてやると枝が水平に寝て、花芽がつきやすいのである。しかもまだ樹冠が小さいうちは日光もよく入るので、そのことも花芽をつきやすくしている。

しかし、樹が大きくなるにつれて樹冠内に光が入らなくなる。すると果実は成りにくくなる。成り枝や成り枝をつけている側枝は勢いが衰え、新しい枝に置き替える必要が生じる。枝の更新である。しかし主幹形では、主

幹から出た多くの枝が上下に重なっているため新しい枝が出にくく、たとえ出ても光条件が悪いため成り枝にまで育ちにくい。早くから果実を成らせる主幹形は、一方で成り枝の更新が難しい樹形なのであり、当初の早期多収性を維持しつづけるのは難しい樹形である。本書の後半で述べるが、小規模で家族労働主体のわが国のリンゴづくりで、いったん植えた樹を二〇年ももたず更新してしまうことは経営として無理がある。このことから樹形をどうするかと考える場合に成り枝や側枝が更新しやすい骨組みであることが、基本的に重要な性質ということになる。具体的にいうならそれは、①更新の枝が出やすく、②しかもそれを成り枝に育てやすい、ということである。

どんな樹形であろうと過度に強いせん定をしなければ、果実が成り始める段階までは比較的順調に進行する。しかし、側枝や成り枝の更新時期に入る段階で、その良否がはっきりする。わが国の伝統的な樹形で、栽培面積の約七〇％を占める（平成十四年度）開心形は一〇〇年でももつ樹形であるが、それを可能にしている特性がこの側枝や成り枝の更新のしやすさである。しかも更新したその枝を果実が成りやすい状態にもっていきやすいという特性がある。開心形が今日まで永い年月つくりつづけてこられたのは、ここに大きな理由がある。

樹形は成らせながらつくる

栽培の目的を達成するにはある樹形に育てることが必要である。しかしそのことが強調されすぎて、樹の形を型にはめて幼木時代から枝を切ることが多い。しかし多くの枝を強く切ると強勢な新梢が発生して、果実が成らない。これまで指導の対象になった多くの樹形は、樹冠が目標の大きさに達して、成り枝や側枝の更新が始まった段階以後の状態を示している。その樹形に早く近づけようとするあまり果実を成らせる、それもなるべく早くから成らせていくことを忘れがちであった。若木の育成にあたっては、〈果実を成らせながら樹形をつくる〉を基本方針として臨むべきである。

しかし、そうはいっても密植栽培と異なり開心形は一〇アールに二〇本前後と疎植栽培である。しかも果実を成らせながら育てると、枝の生長、とりわけ骨格枝の生長がおさえられて樹冠の拡大を遅らすことになるので、現実として早期多収は困難である。〈果実を成らせながら樹形をつくる〉という基本方針のためには「計画密植栽培」を取り入れることが必要であり、これについては第4章で詳しく述べる。

2　新梢はどのように生長するか

せん定によって直接影響されるのは新梢生長であり、新梢生長の変化によって花芽の形成が影響される。ここではせん定の影響を理解するための基礎として、樹が備えている新梢生長に関係ある性質についてふれる。

(1)　地上部と地下部のバランス

新梢の生長は根によって吸収された水と無機養分によって支えられ、根は葉でつくられた炭水化物によって養われている。根で養水分の吸収を行なうのは細根である。そこで樹には葉と細根の比率を一定に保とうとする性質がはたらいている。せん定で樹全体として多くの枝が切られると、その影響はすぐに新根の生長に及び、ひるがえって新梢の生長が影響を受ける。こうした相互の調整作用が生育期間中にはたらいて、葉と細根の比率が元に戻るのである。

細根は新しくできたときは白く（白根と呼ぶ）、古くなると褐色になり、一部の細根だけが太い根に生長する。細根は褐色になっても養水分の吸収は行なうが、白根がとくに活発で、アミノ酸やサイトカイニンなどの植物ホルモンの合成もおもに白根で行なわれる。

葉は春から秋の落葉期まで病気や害虫などにやられないかぎり活動をつづけるが、白根が褐色化するまでの期間は短い。五月から九月までの間はわずか二～三週間だというイギリスの研究がある（冬の間は活発ではないが活動をつづけており、この時期には三カ月くらいもつという）。

また、着果樹では白根の生長は夏以降に大きく減少する。これは葉でつくられた炭水化物が優先的に果実に流れ、葉からもっとも遠い位置にある根へ流れる量が少なくなるためである。

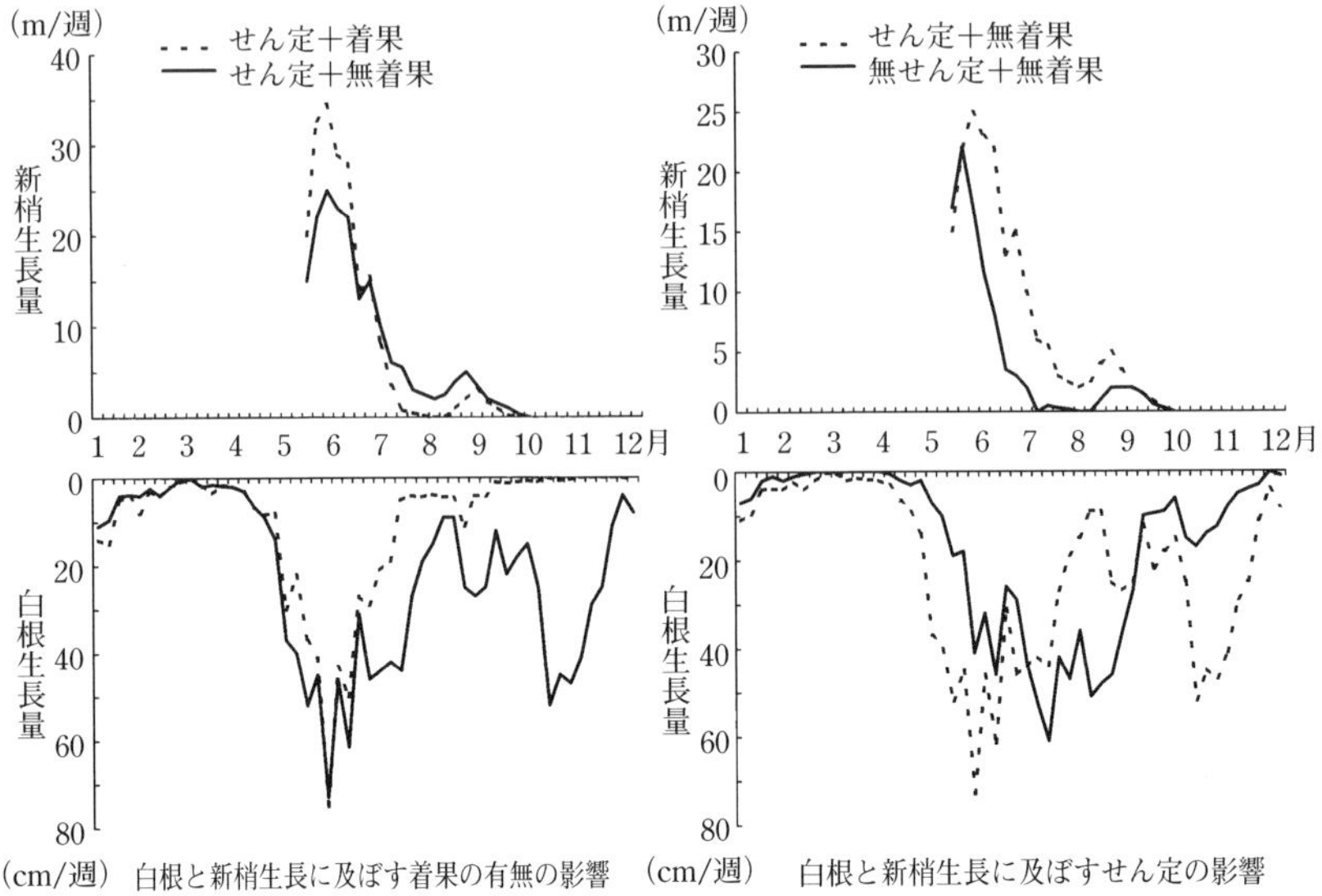

図1—4　白根と新梢生長の経時的変化（'ふじ'／マルバカイドウ，4年生樹）
左：結実させることによって白根の生長がとくに7月下旬以降顕著に抑制された
右：せん定樹の白根の生長のピークは，前半では無せん定樹より約1カ月前に見られ，後半では無せん定樹より3倍も大きい

図1―4は、塩崎が果樹の根の観察施設を用いて四年生〝ふじ〟／マルバカイドウの白根と新梢の生長を観察した結果である。

せん定樹（無着果）の白根の生長は春に早くから盛んで、夏から秋にかけて衰退し、十月から十一月にふたたび盛んになった。無せん定樹（無着果）では白根の生長が盛んになるのが一カ月遅れたが、九月半ばまで強い生長がつづき、その後衰えた。せん定樹で白根の生長が早くから盛んになったのは、芽数の減少が関係していると思われる。

一方、新梢生長はせん定樹で六月から七月にかけて旺盛であったが、芽数の減少と白根の早い時期の増加が関係していると思われる。着果の影響は六月末まではほとんど見られず、その後着果樹の落ち込みが顕著で、秋の再生長は見られない。

(2) 正と負、二つのフィードバック
――植物ホルモンのはたらき

葉でできた炭水化物は枝や幹の樹皮中の師部（形成層の外側にある。図1―5）を通って根に供

給され、その生長を養う。根はチッソ、リン酸、カリなどの無機養分や水を吸収し、木部中の道管を通して地上部に送る。地上部における状況の変化に迅速に対応して新梢と根のバランスを調節するのは、微量で影響力の大きい植物ホルモンの仕事である。

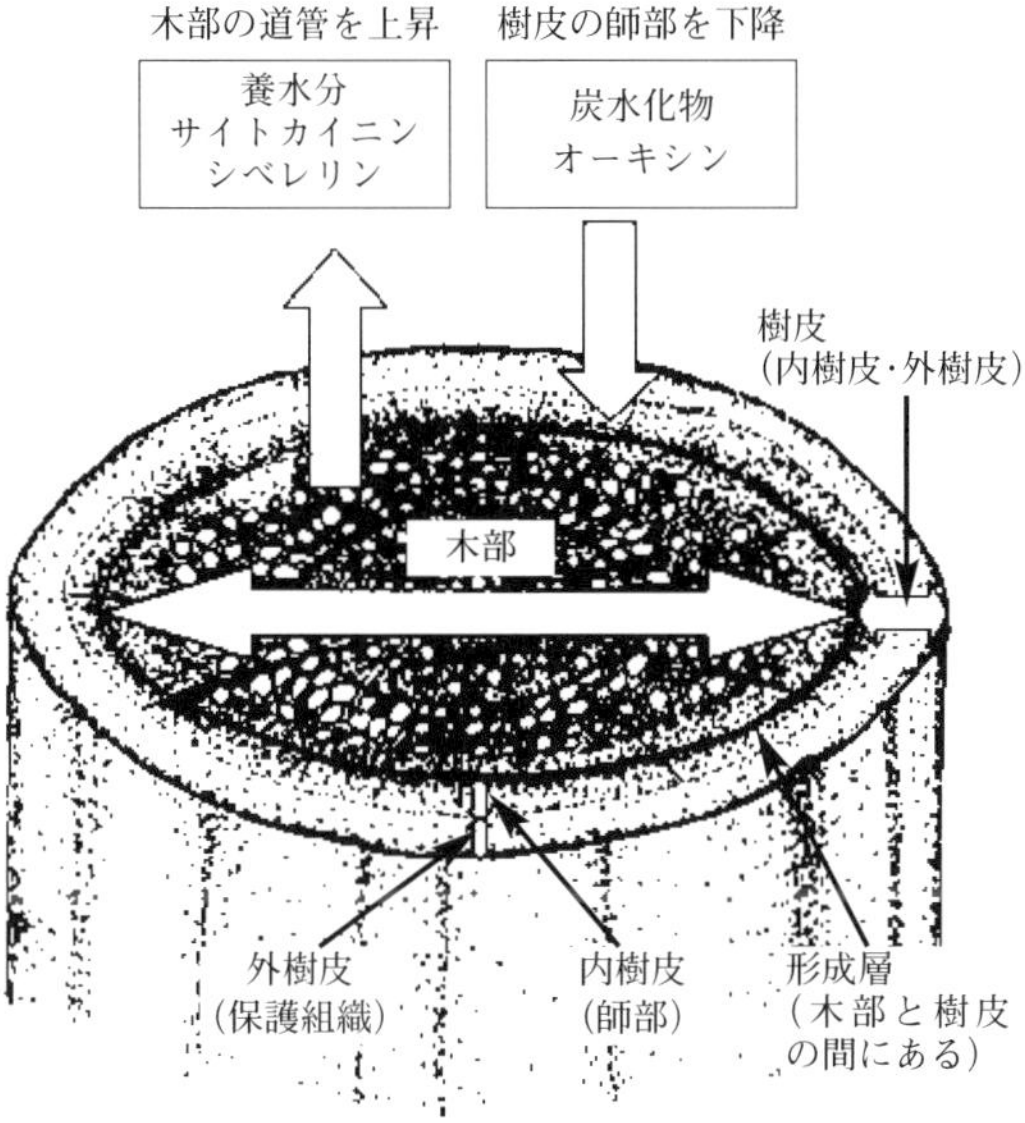
木部の道管を上昇
養水分
サイトカイニン
ジベレリン
樹皮の師部を下降
炭水化物
オーキシン
樹皮
（内樹皮・外樹皮）
木部
外樹皮
（保護組織）
内樹皮
（師部）
形成層
（木部と樹皮の間にある）

図1—5　養水分やホルモンの通路

・形成層は毎年内側に木部，外側に師部をつくる
・木部の道管は数年間にわたって通導機能を維持するが，師部では形成層に接する薄い層だけが機能をもつ

この関係についてドイツのザウレ博士が図1―6に示すモデルを発表している。ここで主役となるホルモンはオーキシンである。オーキシンはおもに若い葉と幼果でつくられ、つくられた場所から下方の芽や、さらにはるばる根のほうへ流れる。その場合の通路は枝や幹の師部である。オーキシンは〈生長ホルモン〉の代表と考えられているが、濃度が濃いと逆に生長をおさえる作用がある。とくに根では、芽におけるより低い濃度で生長がおさえられる。

根は冬でも休眠に入らないので、春に地面が温まってくると細根が活動を始め、サイトカイニンやジベレリンがつくられる。これらのホルモンは道管を通って地上部へ流れ、芽に達すると芽を刺激して発芽させる。新梢が生長し始めると、その先端付近の葉でオーキシンがつくられ、これが根へ流れて根の生長を促進する。するとさらに根で多くのサイトカイニンやジベレリンがつくられて、新梢生長をますます盛んにする。このように互いに相手の活動を強めあう現象を〈正のフィードバック〉と呼ぶ。

しばらくすると根のオーキシン濃度が高まり、その生長がおさえられ始める。ホルモン生

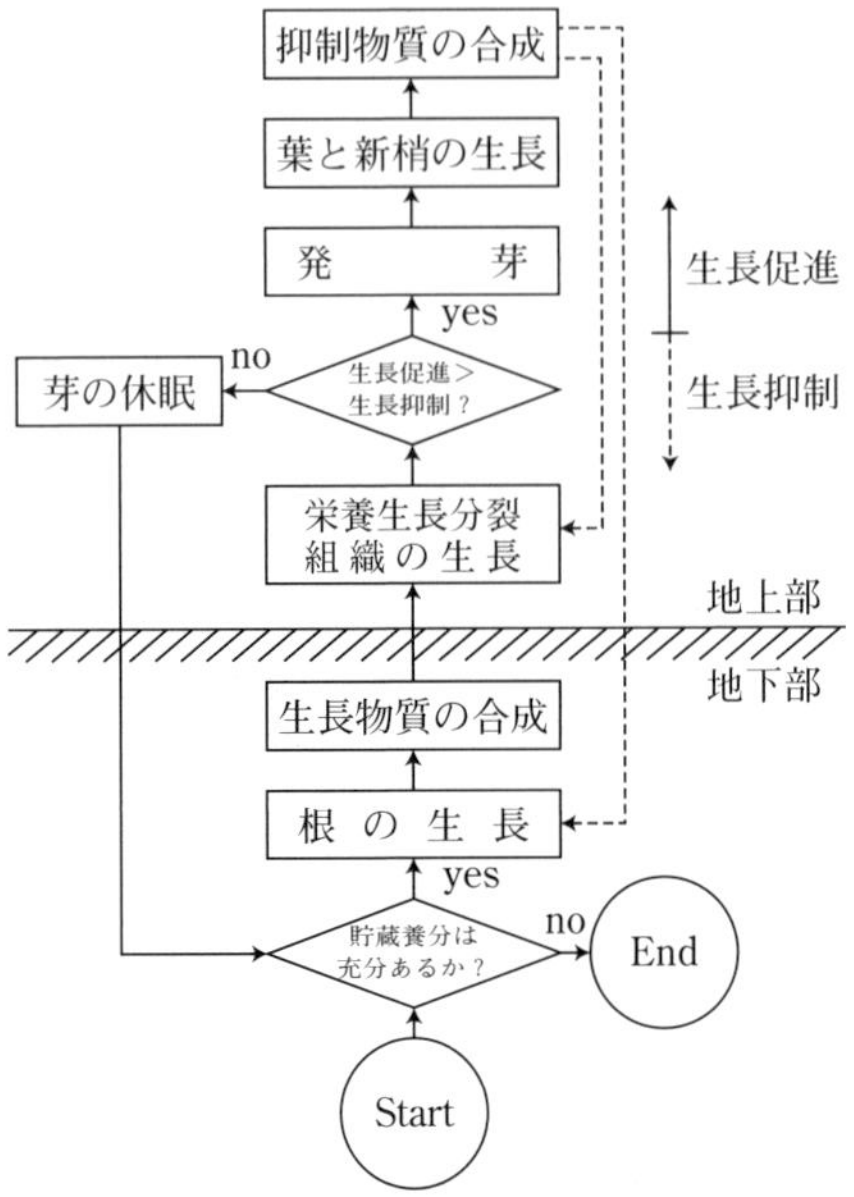

図1−6　未結実リンゴ樹の生長調節のモデル　(Saure，1971)

産は減少し、地上へ流れる量も減って新梢生長を減速させる。すると今度はオーキシンの生産が減少して、根へ流れなくなり、さらにその生長を弱めるのである。こうした相手の活動を弱めあう現象を〈正のフィードバック〉に対し、〈負のフィードバック〉と呼んでいる。

新梢と根は〈正のフィードバック〉によって強めあい、そのことが原因となって〈負のフィードバック〉に転じるという経過をたどる。春に生長を始めた新梢が、夏には生長を停止する理由がここにある。この仮説が正しいかどうかはわからない。しかしどんなに水や養分を与えても新梢が夏に生長を止める理由をうまく説明できることは、この仮説を説得力のあるものにしている。

樹勢を落ちつけたいと思ったら、樹全体の芽の数を増やすことである。これは樹自身のもつ調節機能を生かした樹勢調節の基本である。この場合、とくに大切なのは前年の新梢の先端の芽、頂芽である。そのほとんどで新梢が発生し、先端でつくられたオーキシンが地下部へ送られて根の生長抑制の時期を早めるからである。そのためには比較的弱勢な一年生枝が数多くつく状態が望ましい。ただし、あくまで日当たりのよいことが必要である。オーキシンは日当たりのよい新梢でつくられるからである。

フィードバック説では、せん定によって新梢が強勢になるのは新梢数の減少によりオーキシンの生産が少なくなり、根の生長抑制効果が小さくなるためである。しかし排水不良など根の環境が悪いために衰弱している樹では、せん定によって新梢生長は盛んにならない。根の正常な活動がない状態では、新梢数を減らした効果が根の生長を通してフィードバックしないためである。

このフィードバック説はあくまで仮説であるが、新梢の生長やせん定の効果に根が重要な関係をもつことを理解していただきたいと思う。

(3) 頂部優勢
——先端の新梢が優位を確立する仕組み

図1−1のA、Bのような直立した幼木や、成木でも強く立ち上がった一年生枝の頂端の新梢（頂端新梢）がもっとも強く伸び、下方の芽から出た新梢（側生新梢）ほど生長が弱くなることを、〈頂部優勢〉と呼ぶ。これは頂端の新梢の影響によって下方の新梢の生長がおさえられる現象である。さらに下方の芽は発芽しないことが多い。下方の新梢ほど幹からの発出角度が広くなるのも、この現象の典型的な形である。これはとくに幼木を育てる場合に重要なことである。

春先に頂端の新梢があまり伸びないうちにこれを摘み取ってしまったり、あるいは摘心（伸びつつある新梢の先端を指で摘み取ること）して生長を一時的に止めると、上から二番目の新梢の生長が強くなる。最上部の新梢に事故がおこれば、ただちに次の新梢を立てて代わりをつとめさせ樹高の確保をはかるわけである。

頂部優勢の原因についても、先のホルモン関係で説明されてきた。一年生樹で考えてみる。

春に細根でつくられたホルモンは水と一緒に直立した幹の頂端にある芽（頂芽）に流れやすい（図1—7）。その刺激によって頂端の芽がほかの芽より少し早く発芽し、オーキシンの生産が始まる。オーキシンがつくられる部分は養分を強く引きつける。オーキシンには維管束（道管や師部）を発達させる作用もあるので、頂端新梢への養水分やホルモンの流れはさらによくなる。このようにして頂端の新梢と下方の新梢の生長の

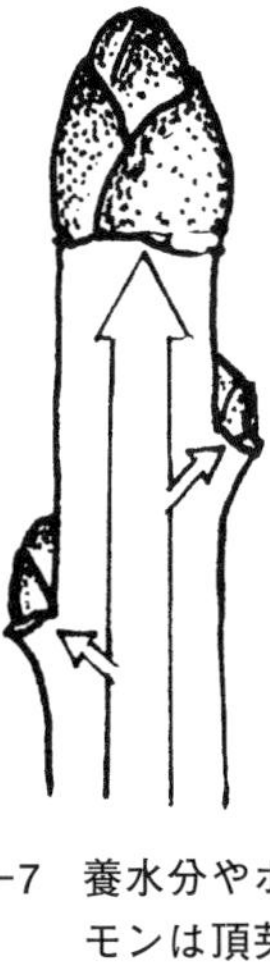

図1—7　養水分やホルモンは頂芽に流れやすい

差は急速に拡大する。

頂端新梢の先端付近でつくられるオーキシンは、樹皮の師部を通って下降する。これが下方の芽の生長を抑制したり、発芽をおさえたり、下方の芽から発生した新梢の発出角度を広くする作用をもつ（図1―8）。

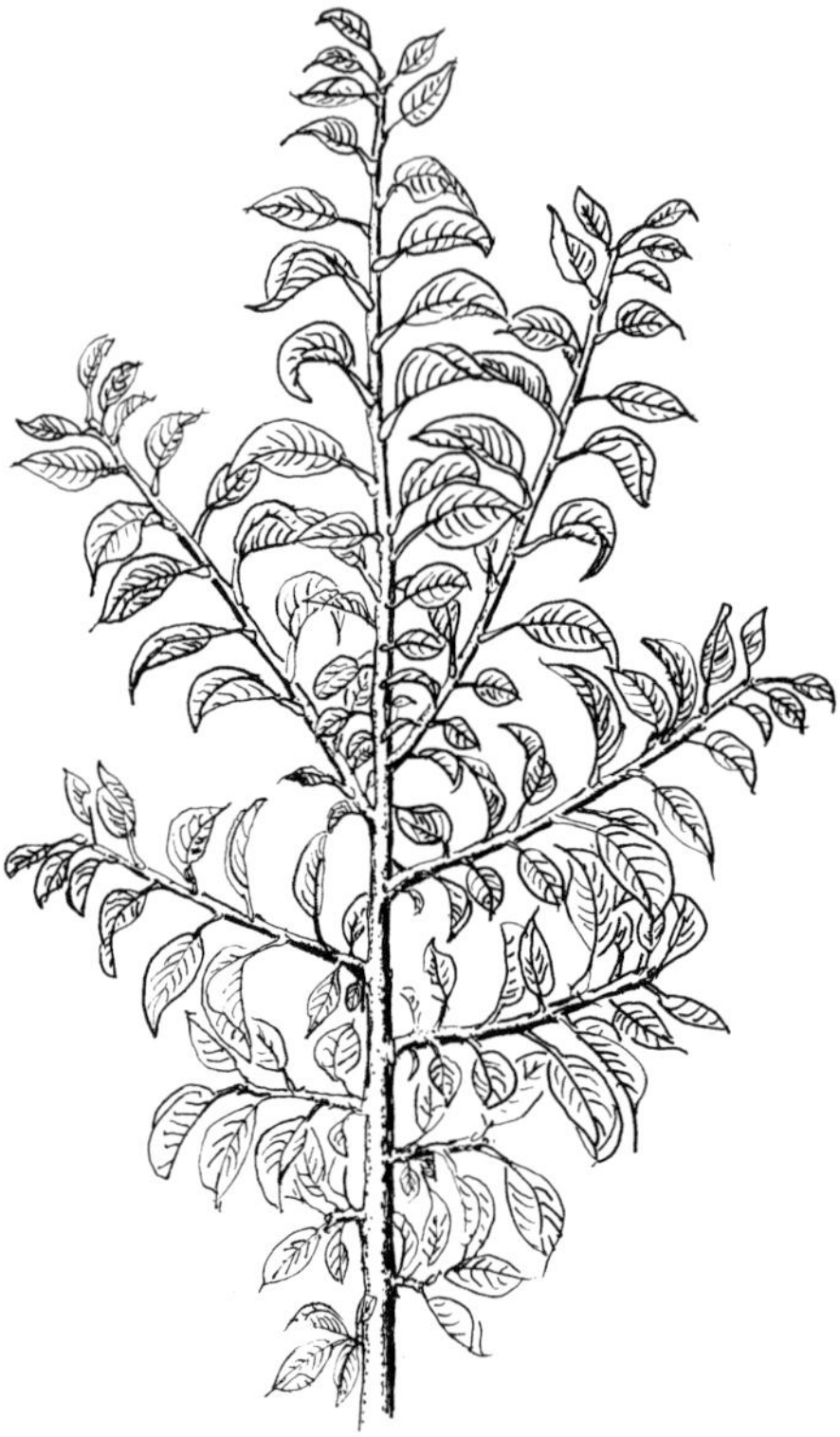

図1－8　下部の新梢ほど発出角度が広い

一年生苗木を切り返すと、切り口に近い二、三本の新梢が同時に伸び、一緒になってそれより下の新梢の生長をおさえる。これはもとの頂芽と違って、切り口付近の二、三本の芽の間には優劣関係がないからである。

この項の最初に述べたように、頂部優勢は直立した枝で強くおこる。しかし枝が傾くにしたがい頂端新梢による抑制は効かなくなり、枝背面の腋芽から発生した側生新梢が伸びるようになる。これは、背面の芽に対するオーキシンの抑制効果がなくなるためと説明されている。

ところで、頂部優勢は一年生枝上において見られる頂端新梢と側生新梢との関係だが、それに似た現象が一年生枝以上の枝の間にも広く見られる。上部の枝が下から出た枝の生長を抑制する関係である。しかし、これは頂部優勢のようにオーキシンによっておこるものではない。根からの養分やホルモンが上部の枝により多く流れるためにおこるもので、主幹先端の心が下部の側枝を牽制しているのは、その典型的な例である。

(4)　一歩先んじた芽がほかの芽を制する

春の発芽期には樹上の全面にわたって、長短さまざまな一年生枝（前年の新梢）の頂芽、腋芽、そのほか莫大な数の芽が発芽する。発芽したばかりの芽は、当初は付近にある貯蔵養分を使って生長を始める。しかし貯蔵養分の量は限られており、すべての芽にまんべんなく分配していては間に合わない。どの芽からも満足な新梢が伸ばせなくなる。

そうならないために、一部の芽を優先的に生長させる仕組みが樹にできている。付近の芽より少し早く発芽した芽が貯蔵養分を優先的に引き寄せて生長し、有利な立場に立つのである。一歩先んじた新梢では先端付近でオーキシンを生産して、貯蔵養分を引きつけ、根からも養水分を引きつける。オーキシンはその新梢につながる維管束も発達させるので、さらに優位に立つ。こうして、ほんのわずか早く発芽できた芽が周辺の芽をおさえて強く生長するのである。

しかしどの芽がほかより有利になるかは、偶然ではない。たとえば一年生枝のよく発達した頂芽からは強い新梢が発生することが多い。せん定によっても芽と芽の間の関係は変わってくるのである。その関係をふまえて枝を切ることが、せん定では必要になる。

(5)　新梢生長を強くする条件、弱くする条件

ここで新梢生長に影響するそのほかの条件についてまとめておきたい。

基部からの距離が離れるほど……

樹の基部から主幹、骨格枝にそって新梢基部までの距離が長いほど、新梢生長は弱くなる。これは養水分、ホルモンの通路である維管束の距離が長くなると抵抗が大きくなるためだと説明されている。主幹から発出した長い側枝を強く切り戻せば新梢生長が強くなるが、これは主幹からの距離が短くなったことが大きな原因である。

分枝を重ねるほど……

分枝を重ねるほど新梢生長は弱くなる。養水分を枝先

に引き寄せるのは葉による蒸散作用であるが、枝分かれしても葉面積はあまり増えず、加えて分枝内の維管束の通路が細くなることで養水分の流れが悪くなるためと考えられる。

潜芽から発生する徒長枝は非常に強勢で利用しにくい枝であるが、太い枝から直接発生していることが原因である。太い枝には太い維管束が通っており、根からの養水分が多量に流れている、いわば幹線道路である。ふつうの新梢はこの幹線道路から分かれた支線のさらにその支線から発出するのに対し、徒長枝は幹線道路から直接発出するうえ、樹の基部からの距離が近くなるため、生長が強くて、短期間に成り枝にすることは難しいのである。

母枝が長いほど……

母枝である一年生枝が長いほど、頂端新梢は長く伸びる傾向がある。一年生枝が長いということは、樹としてはその部分に養水分を多く送り込む態勢がつくられていることを意味する。そのため今年も新梢を長く伸ばす可能性がある。

枝と枝との競合関係

典型的には図1‒9のように枝の背面に強い枝があれば、この枝が養水分を優先的に吸い上げてしまうので、それより先に位置する枝の生長が弱くなるという関係である。こういう枝間の競合関係はさまざまな形で樹上に展開している。図1‒9のような競合関係を、それより先の枝の勢いを弱くするために積極的に利用することがあり、こういう枝は〈牽制枝〉と呼ばれる。

(6) だいじな樹冠と樹冠の間の距離

花芽がよくつき、よい果実が成るためには、新梢は太めで基部から先端までの差が小さく、ずんぐりした感じになるのがよいといわれている。日当たりの悪い部分の新梢はひょろ長くなる。またほとんど摘果をしないで果実を多く成らせると、新梢の長さは変わらないが細くなる。新梢の長さが前年秋に貯められた貯蔵養分によって大きく決まるのに対して、新梢の太さはその年における同化養分（炭水化物）によって決まるからである。

わい化栽培が始まってから、樹間が狭いほうが早期多

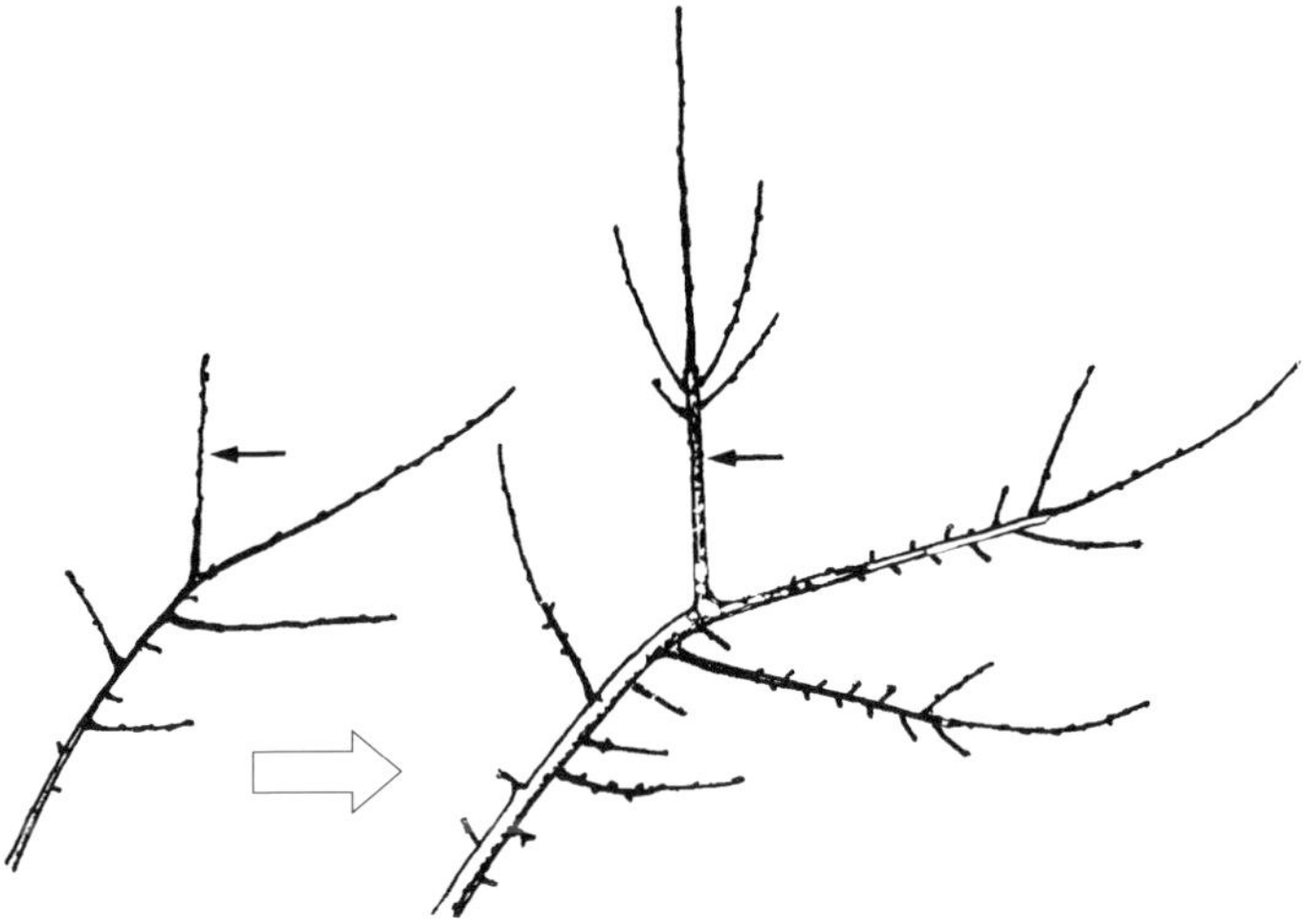

図1—9　牽制枝はそれより先の枝の勢いを弱める
小さい矢印で指してある枝が牽制枝

収に有利だという考え方が広がっている。たしかに単位面積あたりの初期収量が高くなる可能性はあるが、樹が大きくなり、隣接樹とぶつかるようになると日当たりが悪くなって、果実生産には一番悪い条件になる。枝の無理な切り戻しを余儀なくされ、新梢が強勢になって花芽がつかない悪循環に陥っている場合が少なくない。こうしてその樹の生涯を通して、栽培管理に苦労することになる。

樹間が狭いと樹は高さを求めて強く伸びようとするので、樹高をおさえるのも難しくなる。林の中で若木がひたすら上へ向かって伸びるのと同じである。まわりに樹がなく、水平方向に自由に分枝しながら樹冠を広げられる状態にあれば、樹は比較的低い扁平な樹冠をつくって落ち着く。先のフィードバック説によれば、多くの芽が十分に日光を浴びることで多くのオーキシンが根に送られて根の活動が早くに止まり、強勢な新梢生長がおこらないためと説明できる。このことは樹高を低くしたい場合に考慮に入れておくべきである。

以上、述べたことから、密植栽培でも隣りあった樹の枝が交叉しないようにすること、具体的には休眠期せん定が終わった段階で樹列を横断できる程度の余裕があるほうが、栽培管理の便宜も含めて結局、得である。

3 花芽はいつ、どうやって着生し、育つか

(1) なぜ花芽がつくのか
——C－N説とホルモン説

図1－10は、以前は果樹園芸の教科書によく出ていたものである。枝の中の炭水化物が少なくチッソが多いと、栄養生長（枝葉の生長）は盛んだが花芽ができない。逆にチッソが少なく炭水化物が多いと、生長が弱く花芽もつかない。チッソと炭水化物が適量であるとき、生長はやや弱いが花芽はよくつくというものである。これはC－N関係と呼ばれており、Cは炭水化物、Nはチッソを意味する。C－N関係は実際栽培の経験によくあう。たとえば環状剥皮は枝の中の炭水化物を増やすことによって、断根はチッソを減らすことによって花芽がつきやすくなる、と説明できる。日当たりのよい枝には花芽がよくでき、日陰の枝には花芽ができないことも、炭水化物の関係で理解できる。

しかし植物生理学のほうでは、だいぶ昔から花芽のできる本当の原因はホルモン関係にあるという考えが主流になり、C－N関係は問題にされなくなっていた。果樹においても三〇年くらい前から、花芽形成にはジベレリンやサイトカイニンが関係しており、C－N関係は本当の原因でないという考えが急速に発展し、定着していった。しかしC－N関係と違って、ホルモン説は栽培技術と結びつけにくい。そこで現在では「花芽形成の直接の原因はホルモン関係にあるが、炭水化物が十分に供給されることが必要な条件だ」というような説明がされることが多い。

花芽ができる直接の原因はホルモン関係だとしても、それを実験で確かめるのは難しい。そこで推論に推論を積み重ねて理論が組み立てられてきた。だから栽培技術に関係づけるのはもともと無理なのである。その点、C－N関係は直接の原因でないとしても、花芽形成と密接な関係のあることは間違いない。C－N関係にもとづ

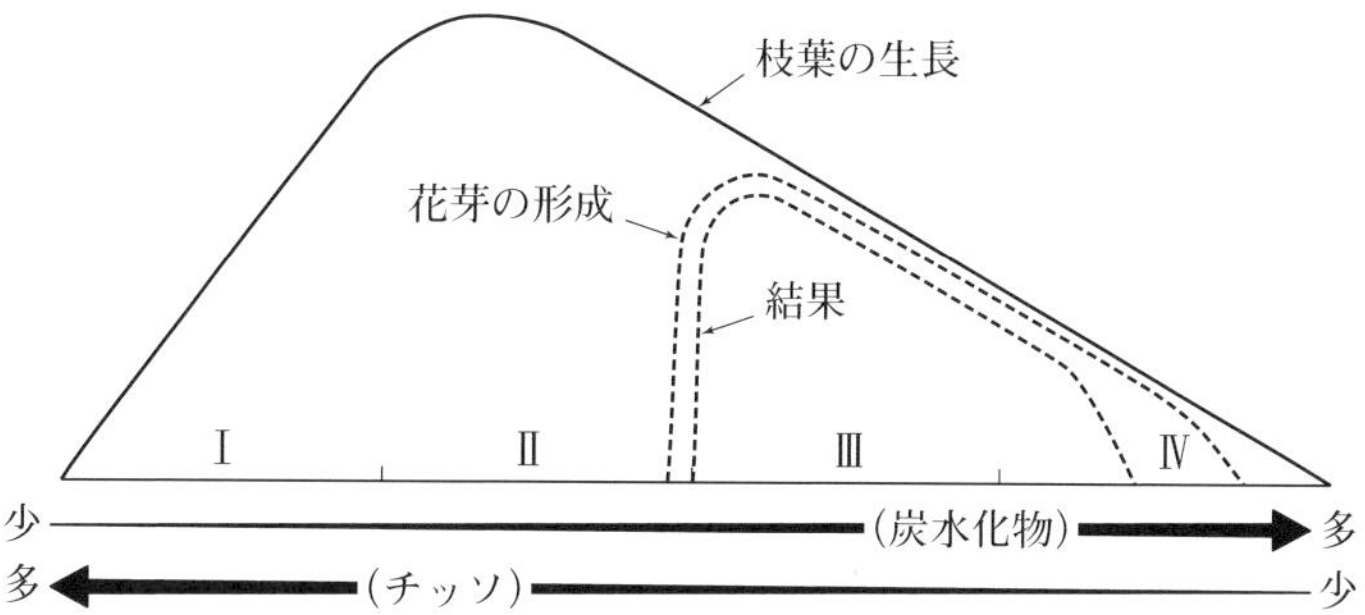

	炭水化物欠乏	炭水化物やや不足	チッソも炭水化物も適量	チッソ欠乏
炭水化物の割合が高くなる栽培管理	軽いせん定 チッソ無施用	軽いせん定 チッソ減量 間伐	無せん定 土の乾燥	
チッソの割合が高くなる栽培管理	強いせん定 しゃ光	強いせん定 チッソ多用 密植	せん定 チッソ施用 土の改良	

図1－10　果樹のC–N関係と枝葉の生長，花芽の形成および結果の関係
→は，たとえば，Ⅰの状態に軽いせん定やチッソ無施用の栽培管理を行なえば，Ⅱの状態に変化するということを示している。（熊代氏の著書より）

いて樹や枝を望む方向にもっていこうとすることは、大筋では間違っていない。ホルモン説は当分は果樹生理学者に任せて、実際栽培にたずさわる者はC–N関係で考えていくのがよいと思う。

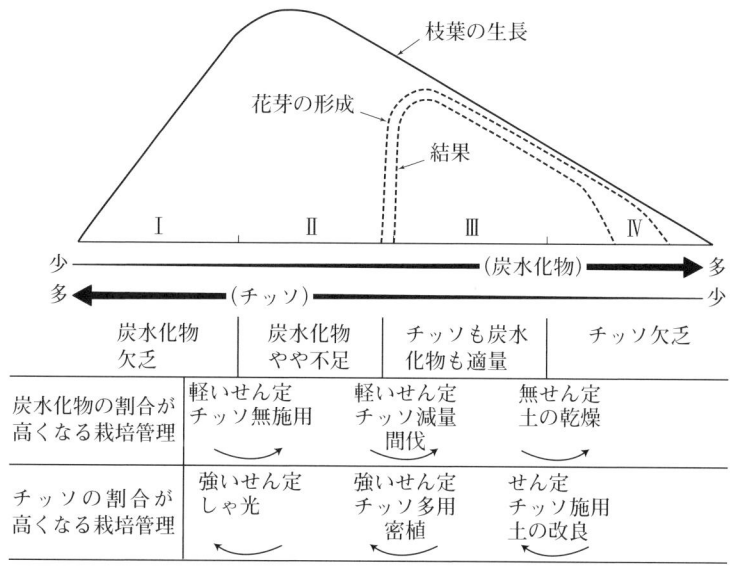

(2)　花芽ができる場所

リンゴでは一年生枝（前年の新梢）上の腋芽から発出した新梢がある程度短く止まると、その頂芽に花芽ができる（図1–11）。五センチ以下のものは短果枝、六〜一〇センチのものは中果枝、一一〜二〇センチのものは長果枝と呼ばれ、それより長い新梢は発育枝と呼ばれることが多い。

発育枝の腋芽に花芽ができることがあり、腋花芽と呼ばれる。腋花芽はできやすい品種とそうでない品種があり、〝紅玉〟はできやすい品種として知られている。また図1–12はドイツの果樹の本に載ってい

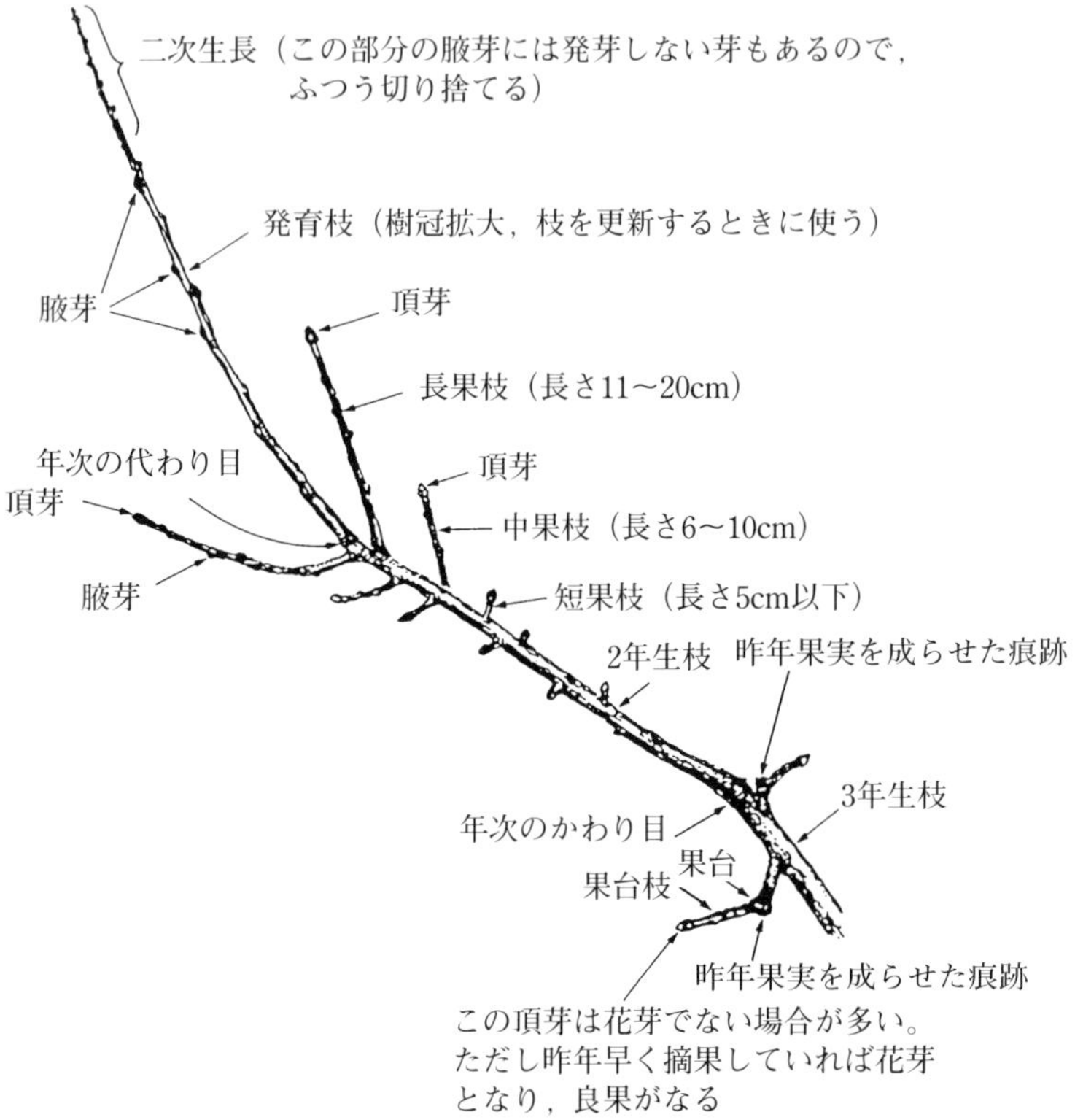

図1—11　枝，芽の種類

るものであるが、腋花芽はある程度長く伸びた新梢の中央付近にできることが見てとれる。ただし、こういう関係は気候が異なると違ってくるし、品種によっても違うので、参考程度に見ていただきたい。

(3) 花芽ができる芽の状態と時期

新梢が伸びている間は、その先端に花芽はできない。腋花芽の場合も、新梢の伸びが止まらないと花芽はできない。新梢の伸びが止まると頂端に鱗片に包まれた頂芽ができる。外観は伸びが止まっているように見えるが、内部では生長点が生長をつづけ、次々と鱗片や葉の原基（将来葉になる）をつくる。それがある数に達すると、生長点が花芽に変化する。

図1‐13はリンゴの花芽の内部を示したもので、鱗片や葉などの原基が合計二一見られる。生長点が花芽に変わるために必要な鱗片や葉などの原基の合計数は品種によって異なり、イギリスの主要な品種である〝コックスオレンジ〞では約二〇、〝ゴールデンデリシャス〞では一六と少ない。〝ゴールデンデリシャス〞は花芽のできやすい品種として知られているが、このことが原因かもしれない。

新梢が遅くまで伸びた場合、その頂芽内で二〇枚もの鱗片や葉などの原基ができるだけの日数がない。それまでに秋がきてしまう。そのため長い発育枝の頂芽や腋芽には花芽ができない。同じ理由で、生育期間の短いヨーロッパ北部の産地では、花芽は短果枝の頂芽にしかでき

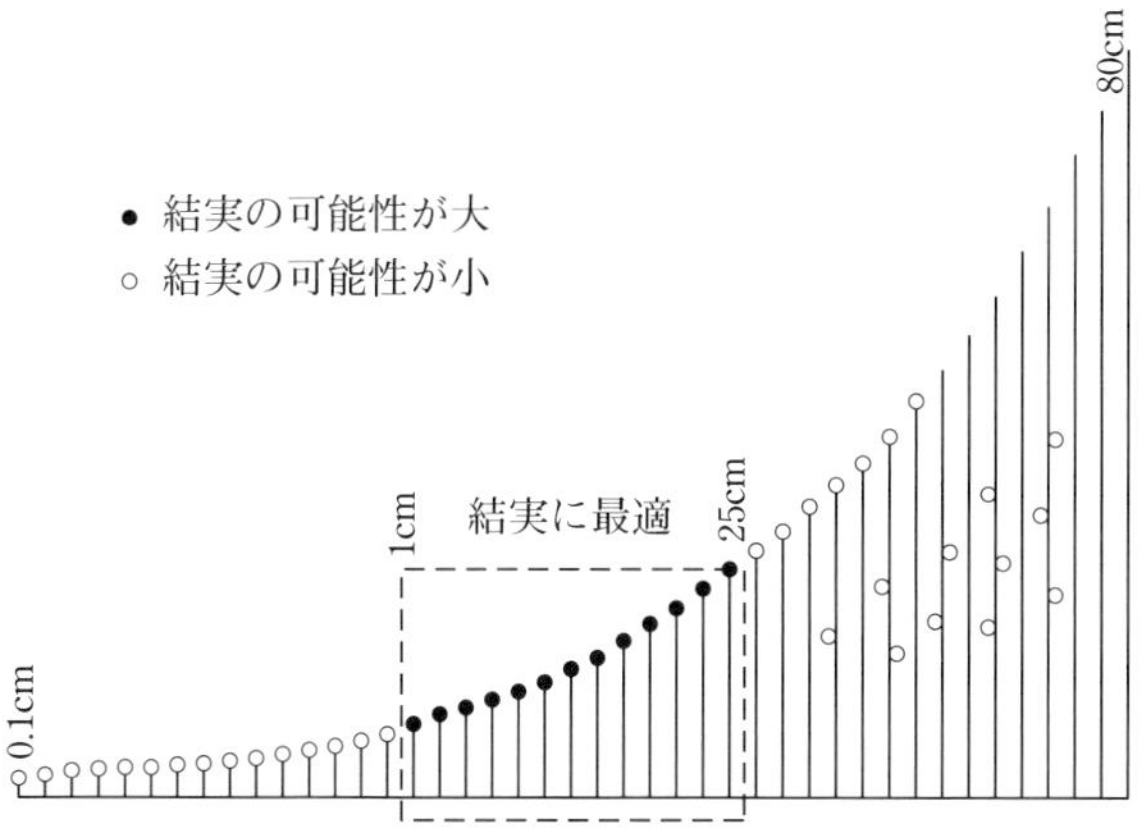
● 結実の可能性が大
○ 結実の可能性が小
0.1cm
1cm
結実に最適
25cm
80cm

図1－12　1年生枝（前年の新梢）の長さと花芽の着生
（Feucht，1968）

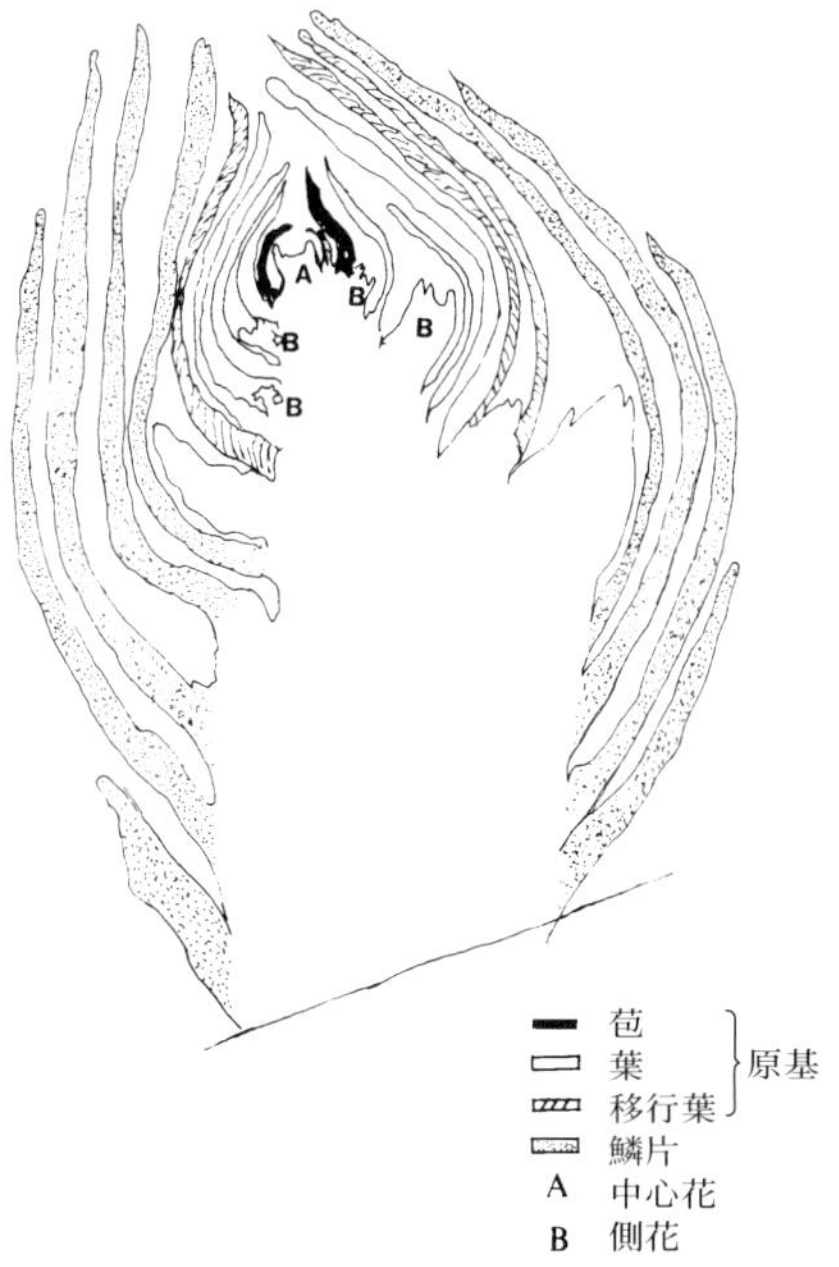
A
B
B
B
B
苞
葉
移行葉
原基
鱗片
A　中心花
B　側花

図1－13　リンゴの花芽の断面（Faust, 1989）

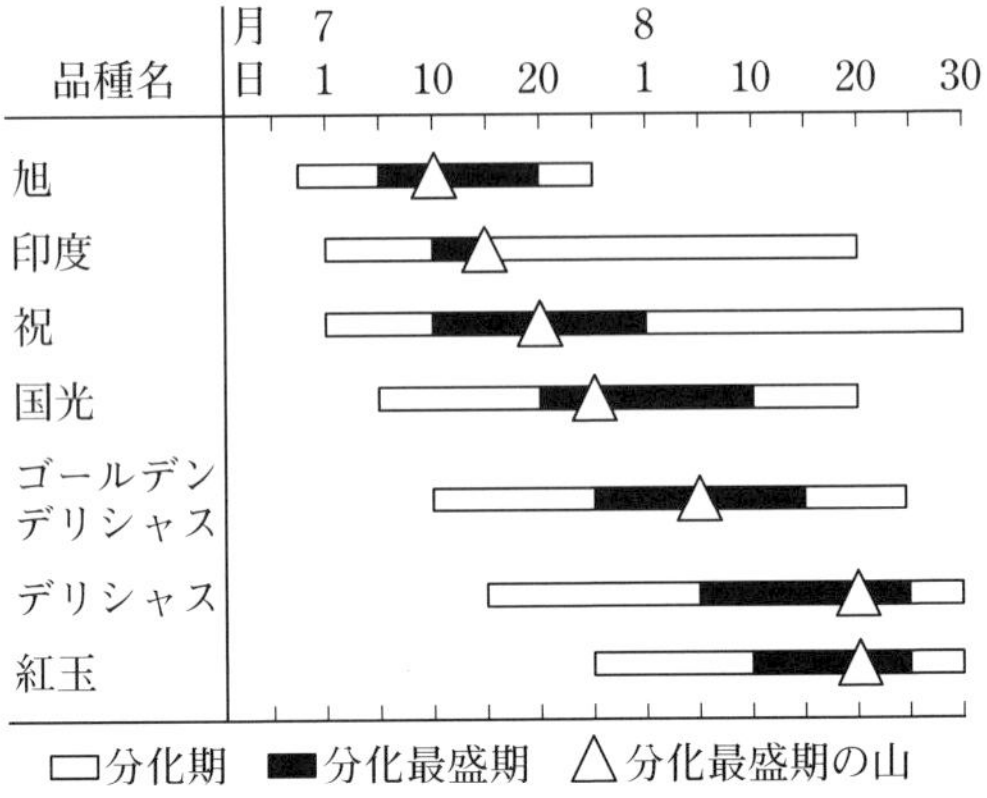

図1—14　リンゴのおもな品種の短果枝頂芽の花芽分化期　（青森県—後沢・福島）

‘ふじ’および‘つがる’の花芽分化期は，ゴールデンデリシャスとデリシャスの中間ぐらいである。（熊代氏の著書より）

ない。青森県より長野県のほうが花芽ができやすく、ニユージーランドではさらに花芽ができやすいのは、春から秋までの生育期間の長さが大きく関係していると思われる。

生長点が花芽に変化する時期については、昔、青森県りんご試験場が調べた結果が知られている（図1-14、短果枝頂芽）。これを見ると花芽の分化は品種によって早晩があり、七〜八月にかけてかなり長期にわたる品種もある。同一樹内でも、短果枝の頂芽、中果枝の頂芽、長果枝の頂芽、腋芽の順に分化は遅れる。花芽ができるのが遅いと落葉までの期間が短くなるので、発達も不十分で、果実の肥大、品質も劣ることが多い。

花芽分化期は生長点に目に見える変化がおこった時期を指すが、それよりかなり以前に芽の中では何らかの生理的変化がおこっているはずである。翌年の花芽を十分に確保するための「摘果は落花後二五日までにすますこと」という指導は、この生理的な変化をふまえてのことである。

(4)　せん定の強弱と花芽のつき方

せん定が強いほど栄養生長、つまり新梢の生長が盛んになり、花芽が少なくなるというのが、ごく大雑把な関係である。しかし個々の枝について考えるとさまざまな要因が絡みあって、話は簡単ではない。日本では〝紅玉〟など一部の品種を除いて、腋花芽から発達した果実は生産の対象にしない。せん定の効果を考えるとき、果実生産の主体となる短果枝、中果枝の頂芽の花芽が問題になる。せん定と花芽形成との関係について考えられるのは、次の諸点である。

① 強せん定のために新梢生長が強くなると、短、中果枝になるはずだった一年生枝上の腋芽が発育枝になってしまう。これは枝を切り返した場合に顕著に見られるが、基部から切除する間引きせん定でも枝数を大きく減らせば、頂端新梢だけでなく腋芽からの新梢も長く伸びる可能性がある。

② 新梢の生長が強いと付近の短果枝などの頂芽における花芽の形成が阻害される。これは炭水化物が新梢生長のほうに使われることと、伸びつつある新梢の先端付近でつくられるジベレリンが花芽分化を阻害することが原因になっている。

③ 樹全体として新梢生長が強いと樹冠内部の光条件が悪くなる。光条件が悪いと花芽形成が悪くなる。

(5) 実止まりと果実の発育を決めるもの

開花した花が果実として生長できるかどうかは、花に対する貯蔵養分の供給によるところが大きい。無せん定樹では花がたくさんついても大部分が落ちてしまう。花芽や葉芽が多すぎて個々の花に十分に貯蔵養分がゆきわたらないことが大きな原因である。このような樹では、せん定して芽数を減らし、残った花に対する供給をよくすると実止まりがよくなる。逆に若木でも成木でも勢いのよすぎる枝は、花がついても実止まりが悪いことが多い。こちらは新梢生長に貯蔵養分の多くを取られてしまうことが原因だが、すでに前年の段階で新梢生長が強くて花芽形成が遅れ、十分に発達できなかったことも関係している。

無せん定樹の果実は小さく、せん定樹の果実は大きい。リンゴの幼果は開花後三週間くらいは盛んに細胞分裂を行なって果肉の細胞数を増し、その後は個々の細胞容積が増大して果実として肥大する。細胞分裂はおもに貯蔵養分を使って行なわれる。せん定によって芽数が減ると残った花に多くの貯蔵養分が供給されるので果実は細胞数が多くなり、果実の肥大が促進される。これには果実あたりの葉面積が大きくなることも関わっている。摘果は細胞分裂が終わってから行なわれるのがふつうであるから、細胞数を増やす効果はなく、個々の細胞容積を増大させる効果しかない。無せん定で摘果だけ強くしても大きな果実を得ることはできないのである。

(6) 摘果の重要性

せん定の重要な目的は毎年多くの品質のよい果実を成らせることである。しかし毎年果実が成るかどうかは、十分な摘果が行なわれるかどうかに大きくかかっている。どんなせん定の名人でもろくに摘果をしない樹を、鋸《のこ》と鋏《はさみ》でよく成る樹に育てることはできない。せん定と摘果は「車の両輪」だといっても過言ではない。摘果の方法については詳しく述べないが、前述のように落花後二五日以内とかなり早い時期に行なうことが望ましい。

新梢の頂端に花芽ができるためには、新梢の伸びが止まって、しかも芽の内部で生長点が活動をつづける状態にあることが必要である。生長点が活発であるためには、細胞分裂を盛んにするサイトカイニンが必要である。このホルモンは根から供給される。つまり花芽の形成には根の活動が重要な意味をもつことになる。

新梢が盛んに伸びている若木では、葉でつくられた炭水化物やホルモンが根に多量に送られて根を養い、根からの養分やホルモンは新梢に送られて、ますます新梢生

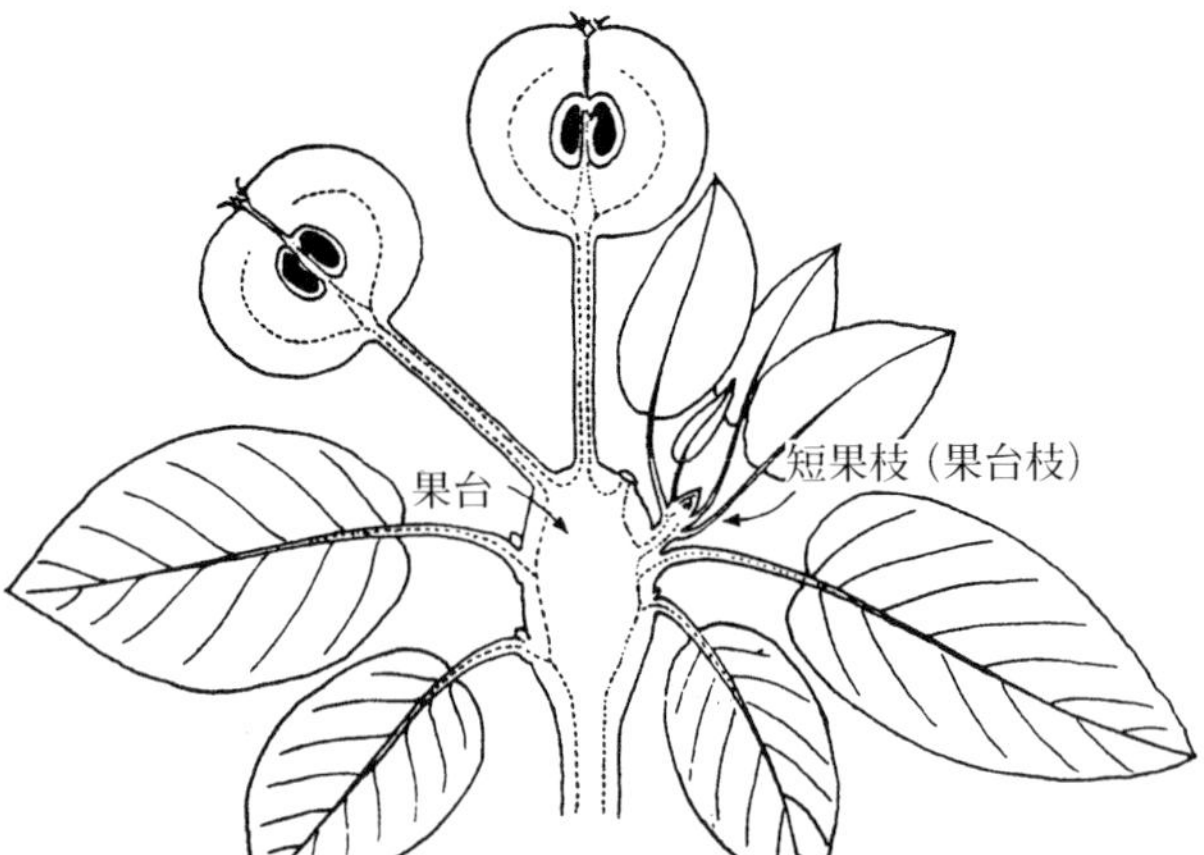

図1－15　種子でつくられるジベレリンが果台上の短果枝頂芽の花芽形成を阻害する　(Luckwill, 1970)

長が盛んになる。そういう状態では花芽はできにくい。これが適度に果実が成ると、多くの炭水化物が果実に流れ、根の生長がおさえられるので新梢の生長が弱まる。しかし根からのサイトカイニンの流れはつづくので花芽のできやすい状態になる。さらに進んで果実が多く成りすぎた樹では、葉でできた炭水化物が果実に独占され根へ流れないため、新根ができなくなる。サイトカイニンの芽への供給も止まり、花芽もできなくなるのである。

以上はイギリスのアボット博士の仮説であるが、毎年適切な摘果を行なって適度に果実を成らせることが、樹を花芽のできやすい状態に維持するための条件であることを理解していただければと思う。

また果実の直接的な影響として、果実中の種子でつくられるジベレリンが、果台上の短果枝に流れて頂芽の花芽の形成を阻害するとする仮説がある（図1－15）。たしかに着果した果台上の短果枝には花芽ができにくく、早い時期の摘果は花芽形成に効果のあることが期待される。

第2章

成らせる切り方とは——せん定と結実との関わり

1 枝の切り方とその効果の現われ方

(1) 切り返しと間引き

「切り返し」とは一年生枝（前年の新梢）の途中で切ること、「間引き」は枝齢に関係なく、枝をその基部から切ることである（図2−1）。「切り返し」を一年生枝に限ったのは、ふつう二年生以上の枝をその長さの途中でぶつ切りしたりしないからである。枝齢の大きい枝は基部から「間引く」か、枝途中で切り戻す際は「切り上げ」や「切り下げ」が行なわれる（図2−2）。

リンゴのせん定では、幼木、若木を除いた、つまり樹冠がほぼ完成した樹においては主として間引きせん定と切り上げせん定が行なわれるのがふつうである。

リンゴでは花芽は主として短果枝の先端につくが（図1—11）、切り返しせん定では母枝上の結果枝になるべき芽が発育枝になってしまい、たとえ結果枝ができても、付近の発育枝の影響で花芽ができにくくなる。一方、間引きせん定では残った付近の枝の分枝状態はそのまま残

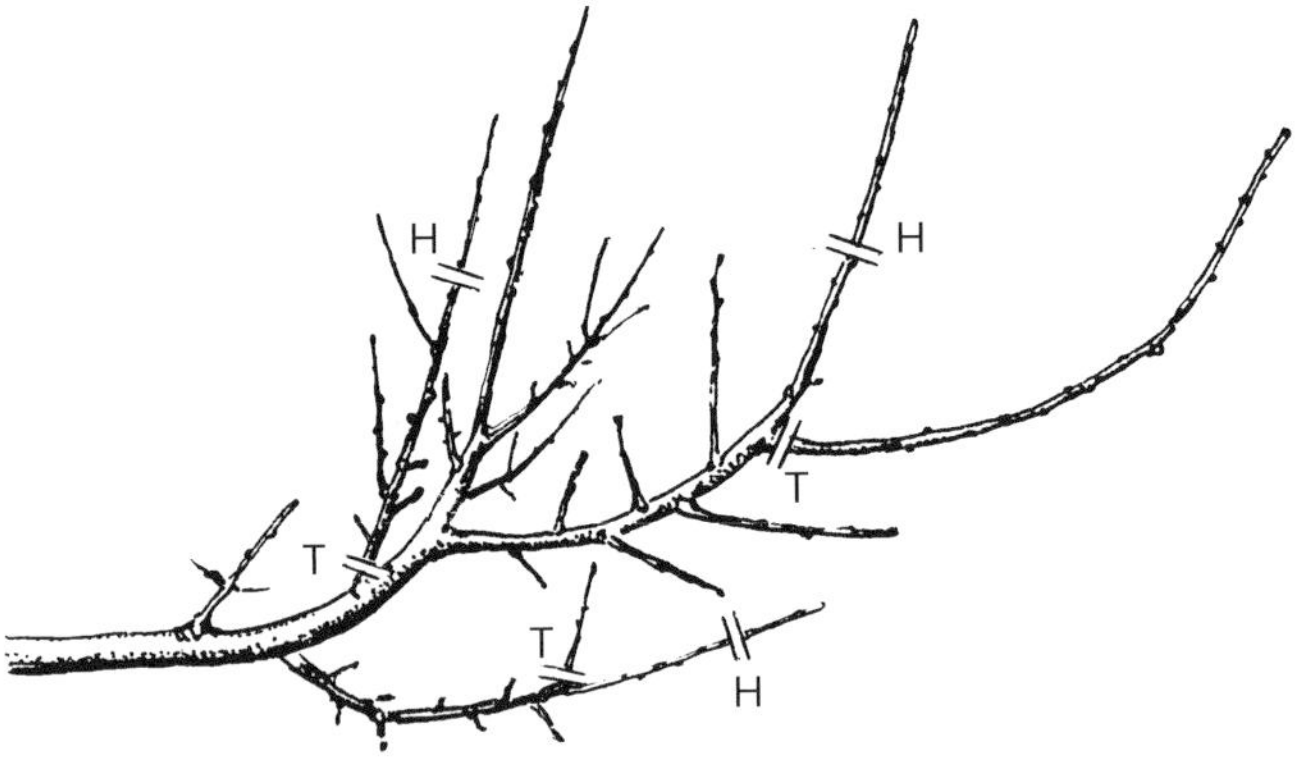

図2—1　切り返しせん定と間引きせん定
H：切り返しせん定，T：間引きせん定

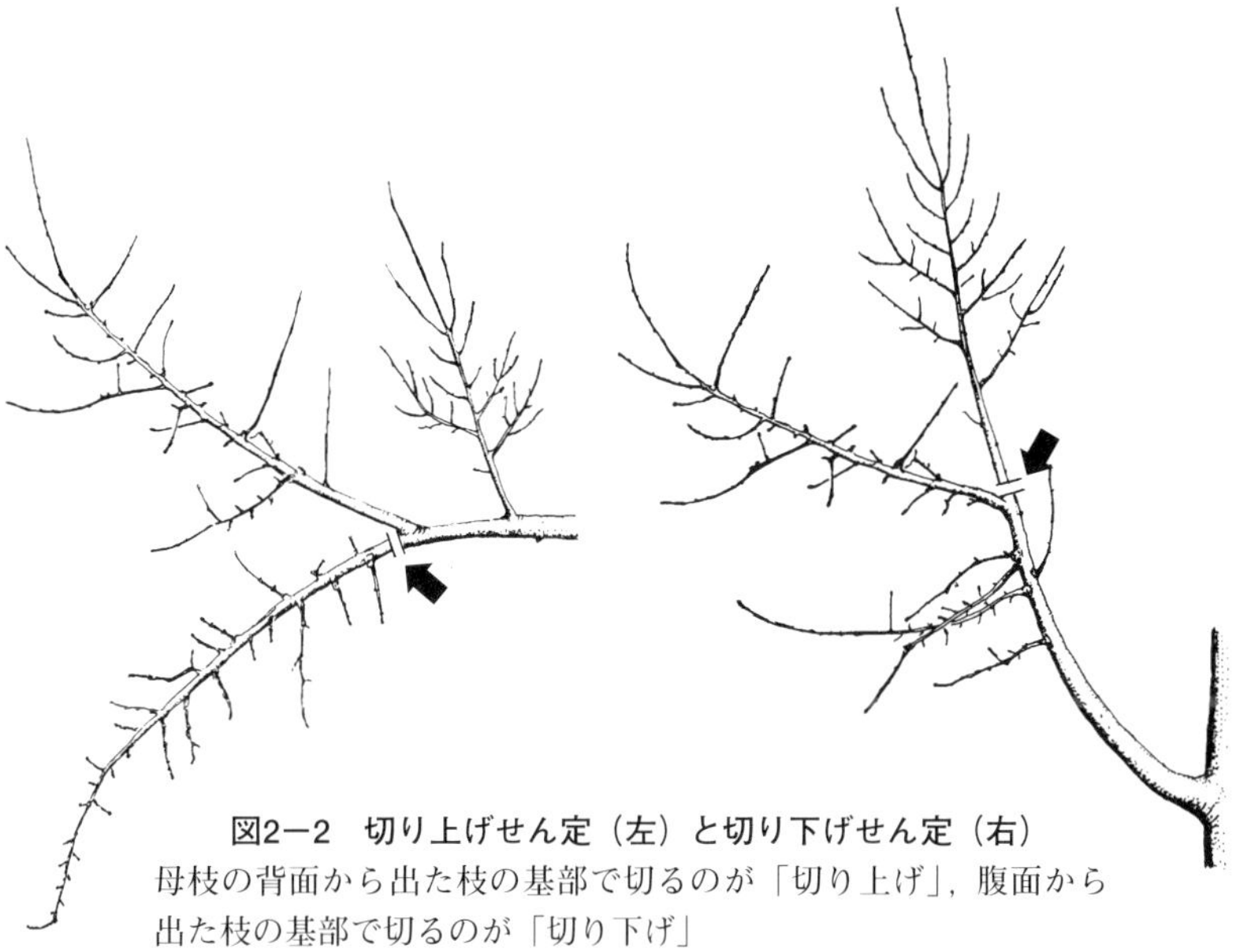

図2―2　切り上げせん定（左）と切り下げせん定（右）
母枝の背面から出た枝の基部で切るのが「切り上げ」，腹面から出た枝の基部で切るのが「切り下げ」

されるので、花芽の着生に対する悪影響が少ない。「せん定は新梢生長を強勢にする」とは疑う余地のないことと思われている。しかしこのことについては、樹全体としてのせん定の効果と個々の枝についてのせん定の効果を分けて考える必要がある。

春の発芽期において、芽の間には貯蔵養分をめぐって激しい競争があることは先に述べた。せん定によって全樹の芽の数が少なくなると、残った芽への貯蔵養分の供給が増える。そして当面、根の量は変わらないので、その後の根から新梢への養分の供給もよくなり、新梢生長は盛んになる。また競合関係にある枝が切除された結果、付近の新梢が強勢になっていることがしばしばおこる。これらの原因によって養分の供給が潤沢になれば、一年生枝の頂芽だけでなく腋芽からの新梢生長も盛んにする。そういう効果が、個々の枝を切った効果と重なっていることが多いのである。

(2)　切り返しせん定と樹の反応
――必ずしも枝を強勢化しない

切り返しせん定を行なえばつねに頂端から強勢な新梢

が発生すると考えている人が多い。しかし枝の置かれた状態、芽の状態などによって、頂端新梢が長くなる場合、変わらない場合、逆に短くなる場合などさまざまである。

切られて失った高さを取り戻す

一年生樹（直立した一本棒の状態）では、強く切り返すほど頂端から長い新梢が発生する。そのうえ切り口付近から同じくらいの強さの新梢が二、三本発生することが多い（図2―3）。この印象が強いと思うが、これは直立した幼木にのみ見られる特殊な現象であり、切り返しせん定一般には当てはまらない。

無せん定　1/3せん定　2/3せん定

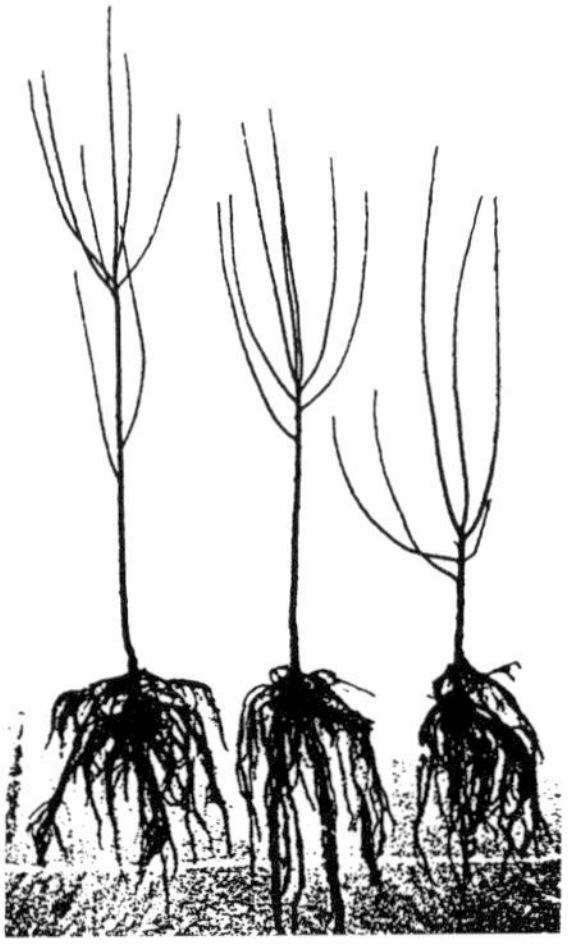

図2―3　切り返しせん定の強さと新梢生長状態の一例
（'ふじ'／マルバカイドウ）

一年生樹ではせん定の対象となる幹（一年生）が根に直結している。根でつくられたホルモン（サイトカイニンやジベレリン）は、真上に向かって流れやすい。しかも根から頂部の芽までの距離が近い。強く切れば根と頂部の距離はますます近くなる。そのため根からこれらのホルモンがよく発達した維管束を通って頂部に十分に供給される。ここからは頂部優勢について説明したとおりで、頂部の新梢生長は非常に盛んになるのである。この場合、幹が短くなるほど、葉でできた炭水化物の中で幹を太らせるぶんが減り、その節約分が新梢を伸ばすのに多く使われるようになる。このことも、新梢生長を盛んにする原因になっている。

二年生以上の樹でも盛んに上へ伸びている間は、頂部の新梢の生長も強い。しかし根からの距離が長くなるのと、樹は一本棒でないので根からの養水分はほかの枝へも流れる。それに炭水化物の節約分も新梢以外の部分に流れる可能性が大きい。したがって二年生以上の樹では、切り返しせん定に対する反応は一年生樹におけるほどは強くない。

ただ、樹形が一応でき上がった主幹形樹において、心枝を更新するために強く切り下げた場合に強い徒長枝が発生することがある。これは失った樹高を回復するために樹が自ら発動する緊急対策である。主幹の太い維管束に直結し、貯蔵養分や根からの養水分を、芽間の競争を

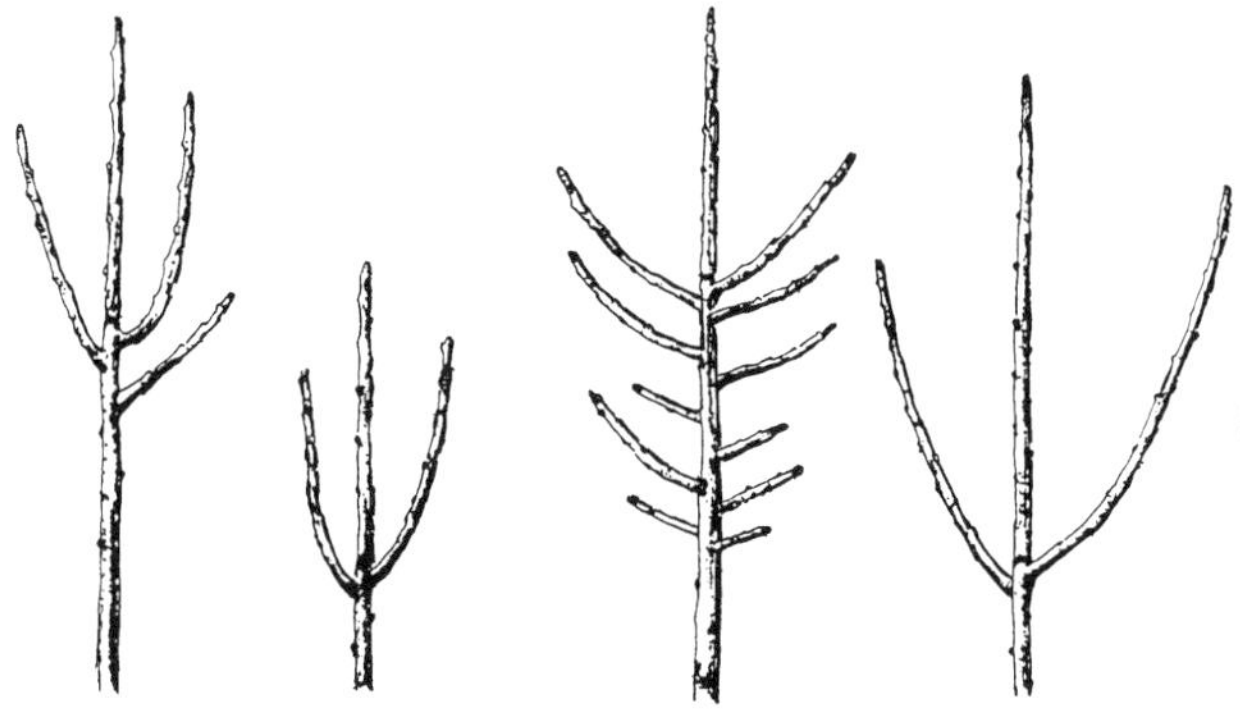

図2－4 切り返しせん定に対する反応

受けずに享受することができるなど、樹の中では別格の待遇を受けているのである。

頂芽と腋芽の生長関係を変える

筆者らは、七年生から三〇年生以上のさまざまな樹齢のリンゴ樹で、切り返しせん定を加えた枝（一年生枝）と、無せん定の枝を設けて、その効果を比較した。いずれの場合も斜立した枝であった（図２－４）。

〝ふじ〟では切った枝も切らなかった枝も、頂端から発生した新梢（頂端新梢）の長さは同じであった。この結果は意外だったが、考えてみれば私たちは日頃、枝を切って出る新梢が本当に長くなったかどうかなど確かめたりはしていない。実際は同じ長さの新梢が出ていても、母枝（一年生枝）が短くなるから、長くなったと感じることもあると思う。

一方、〝紅玉〟は、切り返した枝から無せん定の枝より長い頂端新梢が発生した。このわけは、側生新梢の発生数と関係がある。〝紅玉〟では、切り返しせん定をしない母枝から側生新梢が多く出る傾向がある。リンゴでは春の発芽期に、母枝やその付近に貯蔵されていた養分を使

って各芽から新梢が伸びるが、側生新梢の数が多いと使われる貯蔵養分は分散して、頂端新梢の生長は弱くなる。新梢の生長はその後、根からの養水分に切り替わるが、やはり新梢間で競争関係が生じるので、それぞれの生長量はおさえられる。〝紅玉〟のように側生新梢が多く出る性質をもつ母枝では、強く切り返すことで発出する側生新梢数が減り、新梢間の競合も少なくなる結果、頂端新梢が長く伸びるのである。これに対し〝ふじ〟はもともと側生新梢の数が少ないので、切り返しせん定をしても新梢数に大きな変化がなく、頂端新梢も長くならないのである。

ところで〝ふじ〟のように、切っても切らなくても頂端新梢の長さが同じだということは、春の発芽期にすでにその伸びる長さは大体決まっていることを意味する。それぞれの一年生枝には〈潜在生長力〉とでもいうべきものがあるということである。それは貯蔵養分の量や維管束の発達などが関係していると考えられる。

昔、浅見与七博士がカキの樹について、一年生枝の表面積と、その枝から発生する新梢の総長（頂端新梢と側生新梢の長さの合計）の間に比例関係があることを発表している。つまり長くて太い枝から出る新梢の総長は長いということである。これは〈潜在生長力〉にあたるものである。そして〈潜在生長力〉が強くても、側生新梢が多く出る枝では頂端新梢はそれほど長く伸びないことになる。

筆者らは骨格枝上の徒長枝についても切り返しせん定をやったところ、〝ふじ〟では頂端新梢は長くならず、紅玉では長くなるという、これまで述べたことと同じ結果を得た。だからこの結果は、広く一般に当てはまることだと考えている。ほかの品種においても、側生新梢が出やすいかどうかによって、切り返しせん定に対する枝の反応は違ってくると思う。

くり返しになるが、無せん定の一年生枝上の新梢の総長は決まっていて、切り返しせん定の効果は頂端新梢（頂芽）と側生新梢（腋芽）の関係を変えることにある。

なお、切り返しせん定によって頂端新梢の長さは変わらないとしても、母枝が短くなるので枝全体として下がりにくくなり、その後の枝の生長は無せん定の枝にくらべて強くなることが多い。

切り返しせん定の効果を変える条件

①枝と枝との関係

図2-5は、切り返しせん定の効果はほかの枝との関係で決まることを示している。すべての枝を強く切ると、頂端新梢も側生新梢も長くなる（a）。すべての枝を弱く切ると頂端新梢の生長は弱い（b）。二本の枝は弱く切り、一本の枝を強く切ると、強く切った枝からの頂端新梢は相対的に短くなる（c）。根からの養水分、ホルモンの流れには、樹の高さを増す仕組みがはたらいている。長くて上に伸びた枝があれば、樹としてはそちらのほうに力を入れることになる。短くてほかの枝より低くなった枝は葉数も少なく、養分を引っ張る力が弱いので、新梢生長は強くならないのである。

同じ意味で樹冠下部にあって日当たりが悪く弱った枝は、樹としては養分を投資して伸ばす価値がない。そこで、枝齢の大きい部分まで強く切り戻しても新梢生長は強くならない。

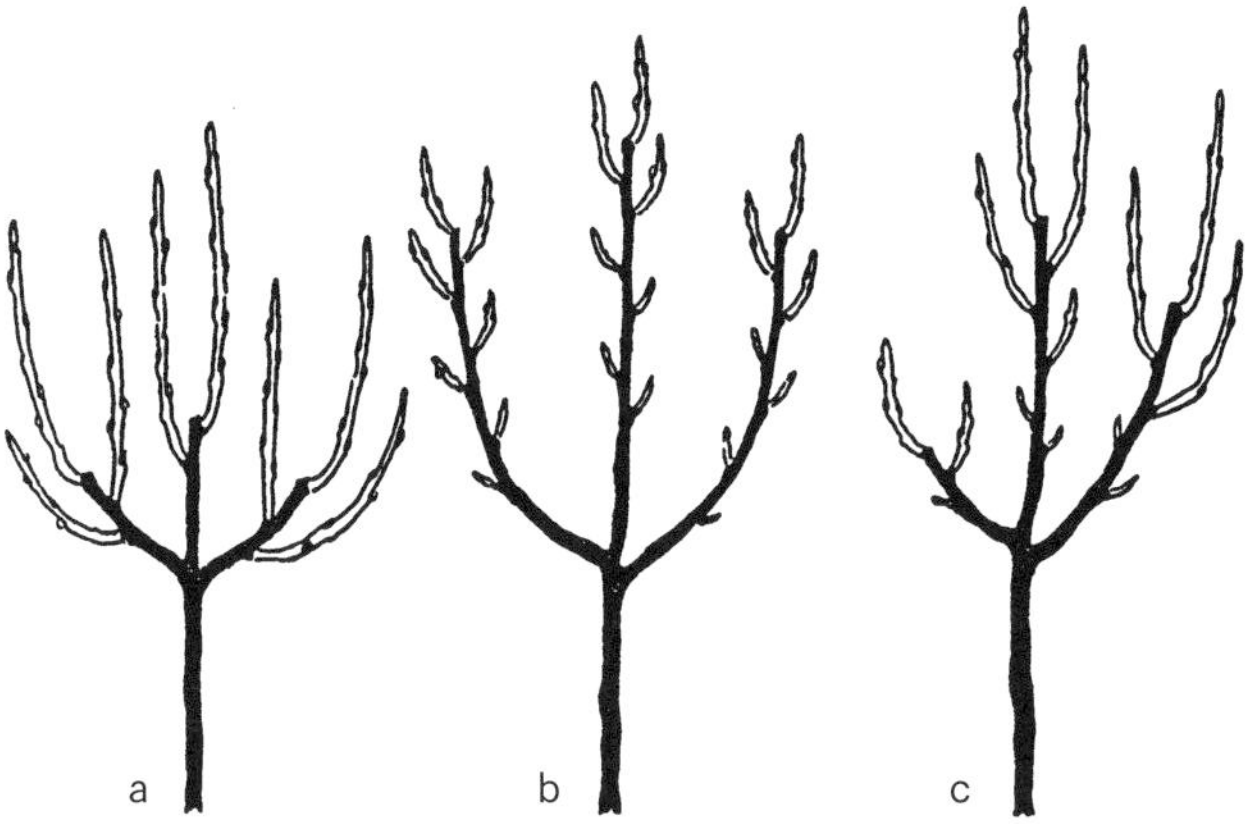

図2－5　切り返しせん定の効果は枝間の関係で異なる
（Riess, 1972）
a：強せん定，b：弱せん定，c：強・弱せん定

②切り戻す芽の発達の良否

頂端新梢の強さは、一年生枝上のどの位置の芽まで切り返すかによってかなりの程度決まってくる（図2-6）。もともとの頂芽からは強い新梢が発生し（a）、頂芽の少し下の芽まで切り返した場合は弱い新梢が発生し（b）、中央付近の芽からは強い新梢が発生し（といっても無せん定枝と同程度の長さだが（c））、基部付近の芽

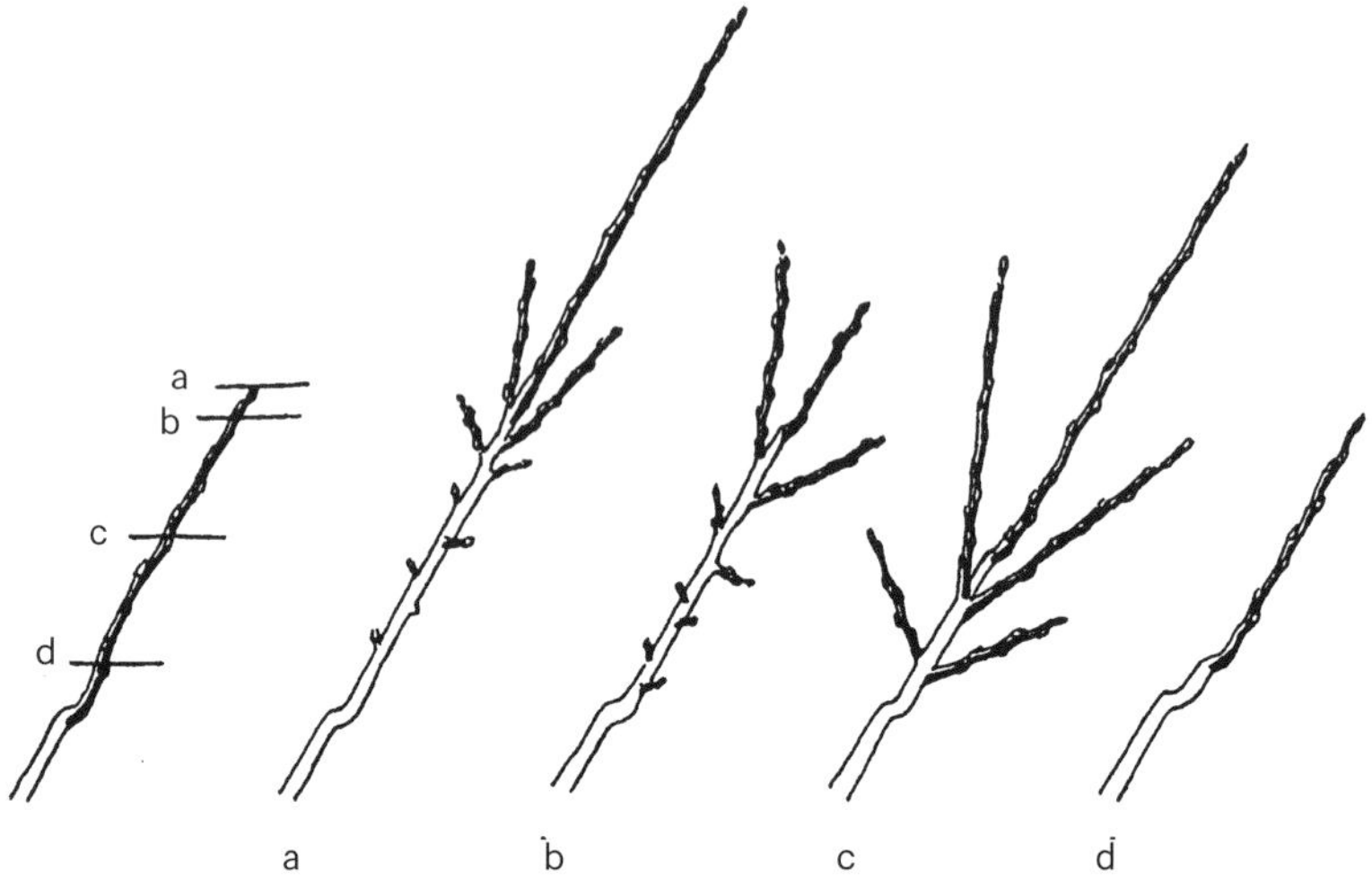

図2－6　母枝上の芽の位置により切り返しせん定の効果は異なる

（Schumacher, 1975）

からは弱い新梢が発生する（d）。よく発達した芽は春に早く発芽し、この少し早い発芽が短期間に有利な状況をつくり出す。一年生枝上の部分による芽の発達程度の違いは品種によって異なるし、徒長的な枝では頂芽の発達が悪いこともある。それらは実際に芽を見れば判断できることである。

図2－7　外芽切り（左）と内芽切り（右）

③上（内）芽で切るか下（外）芽で切るか

斜立した枝の場合、下（外）芽で切り返すことが多いが、上（内）芽で切るか下（外）芽で切るかによって、新梢生長は違った反応をする。これについてハンガリーのブルンナーは興味ある説明をしている（図２−７）。すなわち、下芽で切ると、切り口が上側にできるから枝の上面が乾燥する。すると先端の新梢からのオーキシンが枝の上面に流れないため、枝の背中から徒長枝が立ちやすくなる。逆に上芽で切ると、上端の芽と反対側の切り口付近が乾燥して、養水分やオーキシンが流れなくなる。上芽で切れば先端の新梢は上向きに伸びるが、枝の上面をホルモンが下降するので、背中から徒長枝が立ちにくく、枝の下面から新梢が発生しやすくなる。

(3) 間引きせん定と樹の反応
——意外と大きな刺激

小枝の間引き

間引きせん定は切り返しせん定にくらべて実験材料の取り扱いが難しいので、その効果については意外にわかっていない。筆者らは〝ふじ〟／マルバカイドウの二年生樹を用いて、側生の一年生枝をすべて切除する実験を行なった（図２−８）。その結果、頂部の一年生枝の頂端新梢が長くなるとともに、側生新梢も多く発生し、生長もよかった。このように側生の一年生枝を間引くと、母枝（二年生枝）中の貯蔵養分が同じ母枝上に残った一年生枝の芽に流れて、その生長を盛んにする。しかし枝齢

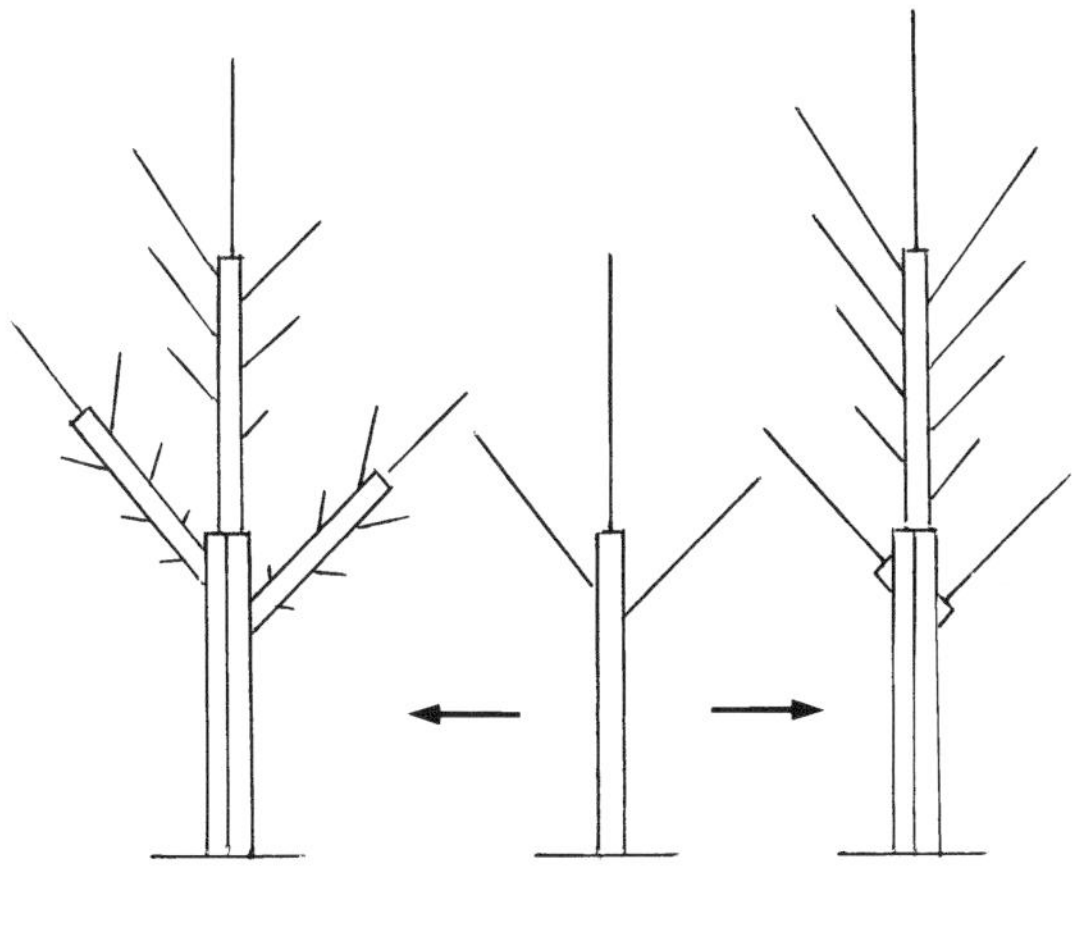

図2−8　2年生‘ふじ’／マルバカイドウの側生枝を切除する試験

樹全体の新梢総長は無せん定樹のほうが長い

の大きい枝の場合には、そのような状況は生じない。たとえば四年生くらいの枝が何本かあって、その中の一本を間引いても、隣の四年生枝の先端の一年生枝の頂芽や腋芽に対する刺激はほとんどない。

したがって、樹冠内の光条件が悪いなどの理由で枝を間引く場合、小枝を数多く切るより、少しまとまった枝を数少なく切るほうが、新梢を強勢化することが少ない。そこで樹が強勢な間は大きな枝単位で間引いて、残った枝のせん定は極力軽くし、樹勢が落ち着くにしたがって小さな枝単位で間引くのがよい。そして老衰樹では小さな枝まで、ていねいに鋏を入れなければならない。

青森県のリンゴ産業の偉大な指導者であった渋川伝次郎氏は、「初心者は鋏をもつな」と指導したという。これは大局を見誤ることをいましめた言葉と理解されている。初心者にはじめから鋏をもたせると、いきなり目の前の小枝を多く切ってしまう傾向がある。鋸ならある程度の太い枝しか切れないので、樹全体の状態を考えて切ることができるということだと思う。実際に鋏を持つかどうかは別として、せん定を行なう者にとって重要ないましめだと思う。

背面の枝か腹面から出た枝かで違う反応

図2-9のように母枝の背面に立った枝Aを間引くと、この枝の影響で生長をおさえられていた広い範囲の枝が強勢化する。一方、母枝の腹面から出た枝Bを間引いた場合は、付近の枝に対する刺激作用は小さい。それはこの付近一帯の生長抑制・被抑制関係が乱されないからで

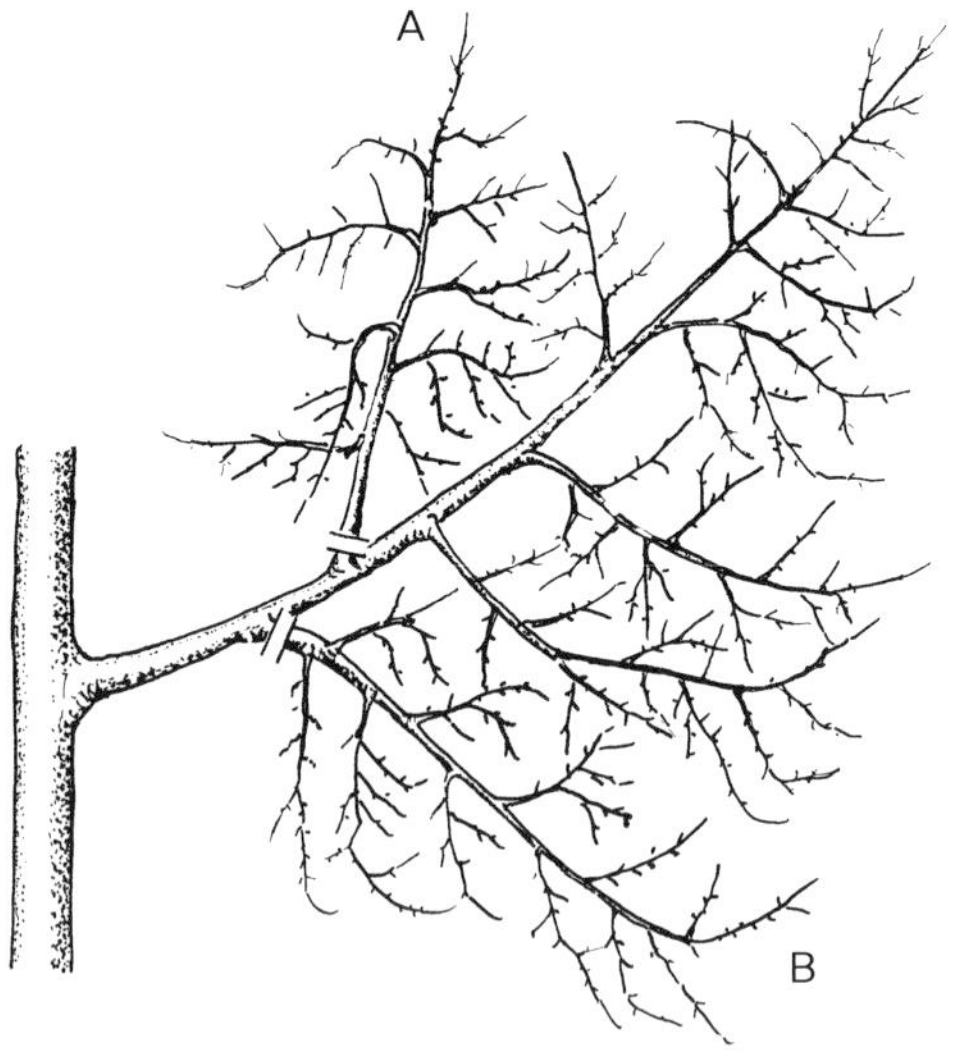

図2－9　間引きされる枝の着生位置と刺激作用
A枝の間引きはB枝の間引きより刺激作用が大きい

ある。

大枝を切るときは枝を少なくしてから

大枝は特定の根と養水分の流れを通じてつながっているから、大枝を切り取るとそれにつながる根が弱り、恐ろしいモンパ病が発生しやすいといわれている。そこで大枝を切る場合には一挙に切らず、しだいに枝量を少なくしてから切り取るべきだといわれてきた。

大枝と特定の根がつながっていることは間違いないが、どの程度の大きさの枝からこのような関係が現われるのかわかっていない。一方で、養分の流れには特定の通路に縛られない融通性があるのも事実である。ただ大枝を一挙に切り取ることは、果実生産の面で好ましくない。そこで大枝を切るにあたっては、「追い出しをかける」のがよい。これは一〜二年、ときには数年かけて大枝の基部から枝を落としていき、枝量を少なくしたうえで切る方法である。

(4) 刺激の弱い「切り上げ」と強い「切り下げ」

二年生以上の枝を短くするとき、途中でぶつ切りすることはふつうしない。切り口付近に従来の延長部分に代わる新しい枝が必要だからである。その枝は母枝より格段に細いものは適当でない。切り口の癒合がよくないうえ、新しい延長枝上の新梢が強勢になり、果実生産を担える枝に育つまでに年数がかかるからである。そこで母枝よりあまり細くない枝を新しい延長枝とするように、その発出部の付近で切るのがふつうである。この場合、母枝の背面から出た枝の基部で切るのが「切り上げ」、腹面から出た枝の基部で切るのが「切り下げ」である（図2−2参照）。

ふつう何年間か成り込ませた枝などは、衰弱してくると準備しておいた更新枝のところまで切り戻す。また主枝候補枝に無茶な成らせ方をして、延長部がつぶれかかった場合は、その枝の背面に発生している元気のよい枝に替えたほうがよい。これらは「切り上げ」せん定が有効に使われる場面である。

「切り上げ」は新しく延長枝となった枝の生長状態が乱されることが少なく、その後の果実生産も順調に行なわれる可能性が大きい。一方、「切り下げ」は母枝の切り口付近の背面や新しい延長枝の基部寄りの背面から徒長枝が多発することが多く、果実生産のための枝として育てることが難しい（写真2－1）。「切り下げ」をしたくなるのは、強く斜立している枝を開かせたい場合だが、極力「切り下げ」は避けて、枝の誘引（本章3）を行なうのがよい。鋸目を入れる方法でかなり太い枝でも開かせることが可能である。

「切り上げ」「切り下げ」の影響の違いも、リンゴの気持ちを考えればよくわかる。「切り下げ」の場合、母枝を上へ向かって生長させるように、養水分の流れる態勢ができ上がっていた。それを急に頭をはねられたので、上向きの生長をつづけるように残った枝の部分から強勢な新梢を発生させる。これに対して「切り上げ」の場合は、新しい延長枝は母枝より上向きに伸びた枝なので、母枝が切られた影響はあまり受けないのである。

写真2－1　側枝の切り下げせん定

➡は切り下げ箇所

⇨は切り下げの刺激で発生した徒長枝

(5)〝鳥足〟の扱い——分岐した枝先の切り方

冬季せん定時に、斜立した一年生枝の先端付近に三、四本の新梢が発生しているのを見ることが多い（写真2－2）。これをどう扱うかはせん定者が必ず出合う問題である。青森県の生産者はこういう状態の枝を〝鳥足〟と

写真2－2 “鳥足”状に発生した新梢（○印）
・2，3本発生した新梢は，ふつう母枝の延長部だけ残す
・残した新梢の頂芽は花芽の場合が多いので，蕾刈り，もしくはごく軽い切り返しをする

呼んでいるが、「ぴたり」の表現だと思い本書でも使うことにした。著しく強勢な新梢にはこの表現は使われず、勢力の落ち着いた枝について使われるのがふつうである。したがって、通常は母枝の延長部の新梢以外は切除したほうがよい。なお、延長部新梢の頂芽は花芽であることが多いので、軽く切り返すか蕾刈りをしたほうがよい。しかし著しく強勢な樹で、早く樹勢を落ち着かせ結実を見たい場合は、手をつけないこともある。

母枝の背面と側方から出た新梢は、多くの場合残すのは好ましくない。背面の新梢を残すと、その新梢を境に基部側と先端側（延長部の新梢がある）の太さに差がつき過ぎるし、側方の新梢を残すとこの枝の横への広がりが大きくなって、付近にある同等の母枝の間引きが早くなるからである。

なお、先端が二股になっている場合でも、〝鳥足〟に準じた考え方をしてよい。二股の新梢は頂芽が花芽のときに多く見られ、果台枝にあたるものである。この場合、どちらを残しても母枝の延長線上からずれるので、できたら前年のせん定時に軽い切り返しや蕾刈りをしておくべきである。

(6) 〝割り〟を入れる

これまで述べてきた切り方のほかに、〝割り〟を入れるということが行なわれる（図2－10）。樹冠（枝）を外方に拡大（伸長）させたくない場合などに、枝の両側方に枝分かれしている部分まで切り戻す方法である。切り戻される枝は三年生あるいはそれ以上の枝であるから、

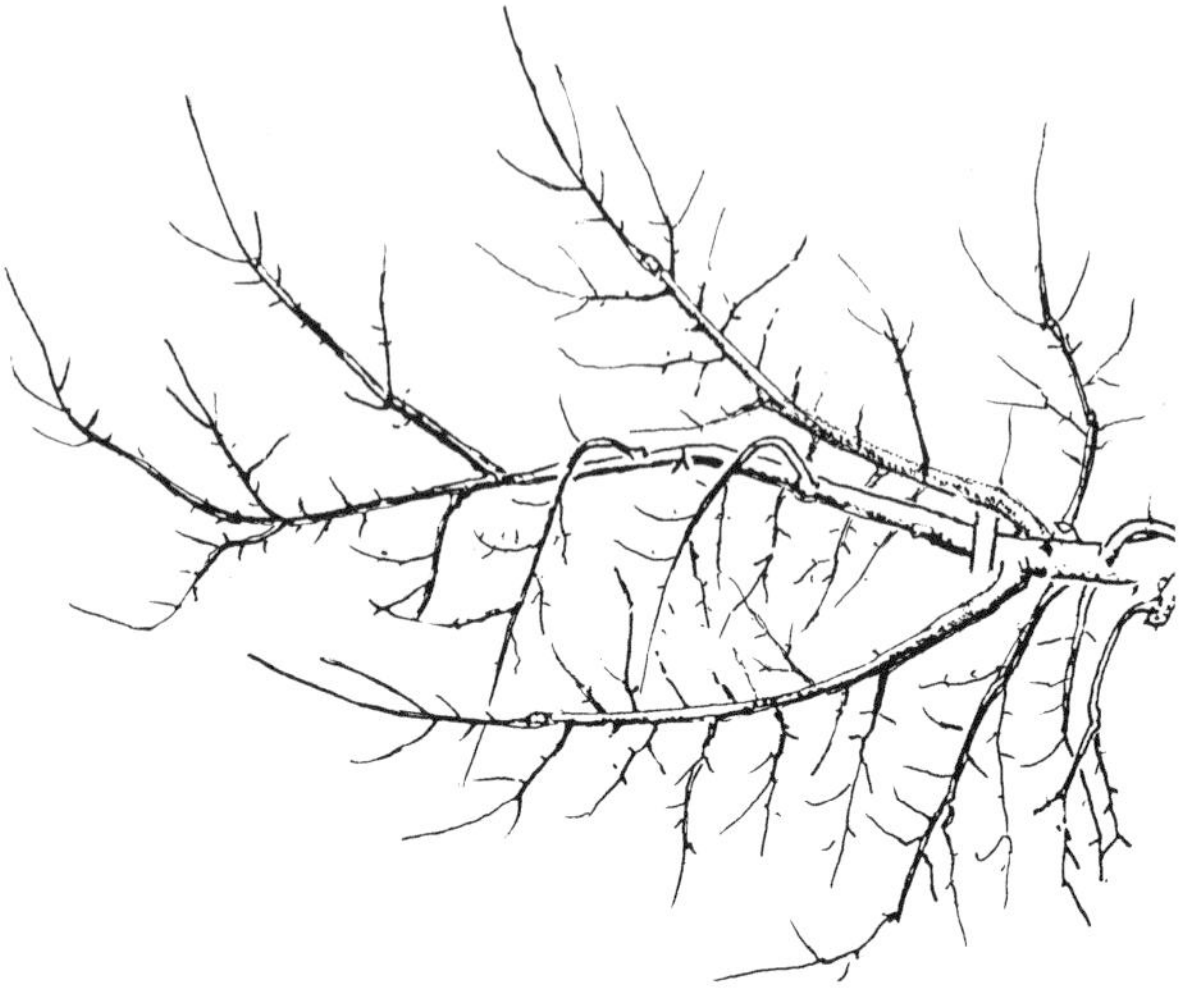

図2—10 “割り”を入れる
・枝を外方に伸ばしたくない場合の切り戻し
・残った枝に花芽が十分ついていないとやれない

切り戻された付近の枝に十分に花芽がついていなければ、枝の生長を強くしてしまう。この切り戻しは疎植の開心形で行なわれてきたものであるが、密植、半密植栽培でも古い側枝の長さを短くしたいときに用いる。

2 夏季せん定はどこまで必要か

せん定はその時期によって冬季せん定(休眠期せん定)と夏季せん定に分けられる。一般にはせん定は冬季せん定のことを指す。これに対して夏季せん定は新梢に葉のついている期間に行なわれるせん定で、切る対象は主として新梢である。

(1) 夏季せん定の効果の範囲

密植栽培で必要な技術

日本の開心形の栽培では、おもに主枝など骨格枝の背面から発生した徒長枝切りは重要な栽培管理のひとつであるが、それ以外の目的で夏に新梢を切ることは行なわれていなかった。わい化栽培が普及に移されて以来、「ヨーロッパでは夏季せん定が重要な技術だ」といわれたことがあった。西欧で密植栽培の普及にともなって夏季せん定がある程度行なわれるようになったのは事実である。しかしそれは、夏に樹冠内が過繁茂状態になった園で、樹冠内に光を入れるために、新梢やときにはそれより古い枝も含めて切るもので、かなり乱暴な作業である場合が多い。そこでのもっとも重要な目的は、樹冠内の光条件をよくし、それによって果実の着色をよくすることである。

日本の密植栽培でも水平な側枝の背面から徒長枝が発生することが多く、とくに樹齢を増すにしたがって樹の頂端付近から多発しやすい。これらを切除することが夏季における重要な作業になることが多い。

しかし、そういう邪魔な枝を除くための夏季せん定とは別に、「翌年の新梢を強勢にしない」「花芽を増加させる」という考えから、積極的に夏にふつうの新梢を切る人がいる。後述するように、これら特殊技術としての夏季せん定は実用面から考えて推奨できる方法ではない。

従来の開心形では、樹形やせん定が適切であれば樹冠内の光条件を良好に保つことができるので、骨格枝上の徒長枝以外は夏に切る必要は少なかった。徒長枝以外の新梢の夏季せん定は、せっかく生長した新梢を切るので樹にとって損失であり、時期によっては残った新梢上の葉腋から二次枝が発生するので、樹の生理にとって好ましいことではない。

夏季せん定は、残しておいては都合の悪い枝を除くためにのみ行なうことが望ましい。そしてそれ以前の問題として、徒長枝が出にくいように整枝せん定をすることが重要である。とはいえ、密植栽培樹では徒長枝が出やすいのは事実であるし、密植栽培や半密植栽培を長年にわたって維持するためには、夏季せん定もある程度利用しなければならない。

八月下旬以降のせん定は休眠期せん定と同じ

諸外国の研究の多くは夏に新梢を切った場合、冬まで待って切った場合と同様に翌年の新梢を強勢にするとの結論を出している。しかしそれらの研究では夏季せん定といっても晩夏に切っている場合が多い。筆者らは〝ふじ〟／マルバカイドウの二年生樹（前年春に定植）について、さまざまな時期に新梢を切る実験を行なった。その結果、六月と七月のせん定では翌年の新梢は強勢にならなかったが、八月下旬以降のせん定は休眠期せん定と同様に翌年の新梢を強勢にした。

筆者らはこの結果を、新梢と新根の比率によって次のように説明した。すなわち六月、七月のせん定では、切り口付近から夏の間に強い新梢（二次枝）が発生した。これによって新梢と根の比率が元に戻るので、翌春の新梢は強勢にならない。しかし、八月下旬のせん定では二次枝の生長は弱く、そのため休眠期せん定と似た状態で冬を越すことになる。そこで新梢生長も強勢になるということである。

夏季せん定を行なわないと樹冠内が暗くなって困るというのは、樹間距離や樹形や休眠期せん定の方法に問題があると考えるべきである。

夏季せん定は花芽を増加させる？

筆者らは夏季せん定と花芽着生との関係についても〝ふじ〟/マルバカイドウの四年生樹を用いて実験を行なった。夏季せん定は、新梢基部に小さな葉が密に着生した部分を残して一～二センチの長さに切る方法をとった（図2-11）。六月下旬と七月下旬のせん定では強い二次枝が出たが、長さ二〇センチ以下の二次枝頂端の花芽形成率は約八〇％と高く、翌年における結実率も低くはなかった。たしかに夏季せん定は発育枝を結果枝にする可能性はある。しかし一方において、同様な夏季せん定によって花芽ができなかった事例も多く見聞した。

かつて弘前市近郊の〝スターキングデリシャス〟園（台木マルバカイドウ）が、全樹に強い夏季せん定を行なうことによって、毎年多くの果実を成らせていることで評判になった。せん定の時期は新梢の伸びが止まる直前ということで、樹齢や樹勢によって六月中旬から七月上旬にわたる。強い新梢は四葉残して切り、ふつうの新梢は三～四葉残して切るという、非常に強いせん定が行なわれた。たしかに果実はよく成っていたが、果実は小さかった。主幹から直接成り枝のついている樹もあり、果実が成りやすい状態にあることを示していたが、幹を押すとぐらぐらする樹もあった。毎年新梢を強く切るため根が弱り、樹勢を弱くしたのだと思う。これらの樹は夏季せん定を始めてから、はじめのうちはよく成らなかったらしい。何年もかかって樹の上下のバランスが微妙にうまくとれて、果実が成りやすい状態になったと思われる。このせん定を真似てうまくいった人はおらず、やがて忘れられてしまった。

以上の事例から考えられることは、「夏季せん定によって花芽ができやすい樹は、ほうっておいても花芽のできやすい状態の樹である。花芽のできにくい状態の樹は夏季せん定によって花芽ができるようにはならない」ということである。夏季せん定は花芽のつきにくい樹に花芽を多くつけるために効果のある技術ではない。夏季せん定は行なわないですめばそれが樹の生理状態にとって一番よいことである。花芽を多くつけることなどを目的として夏季せん定を積極的に行なうことは、実用的技術としては勧められない。

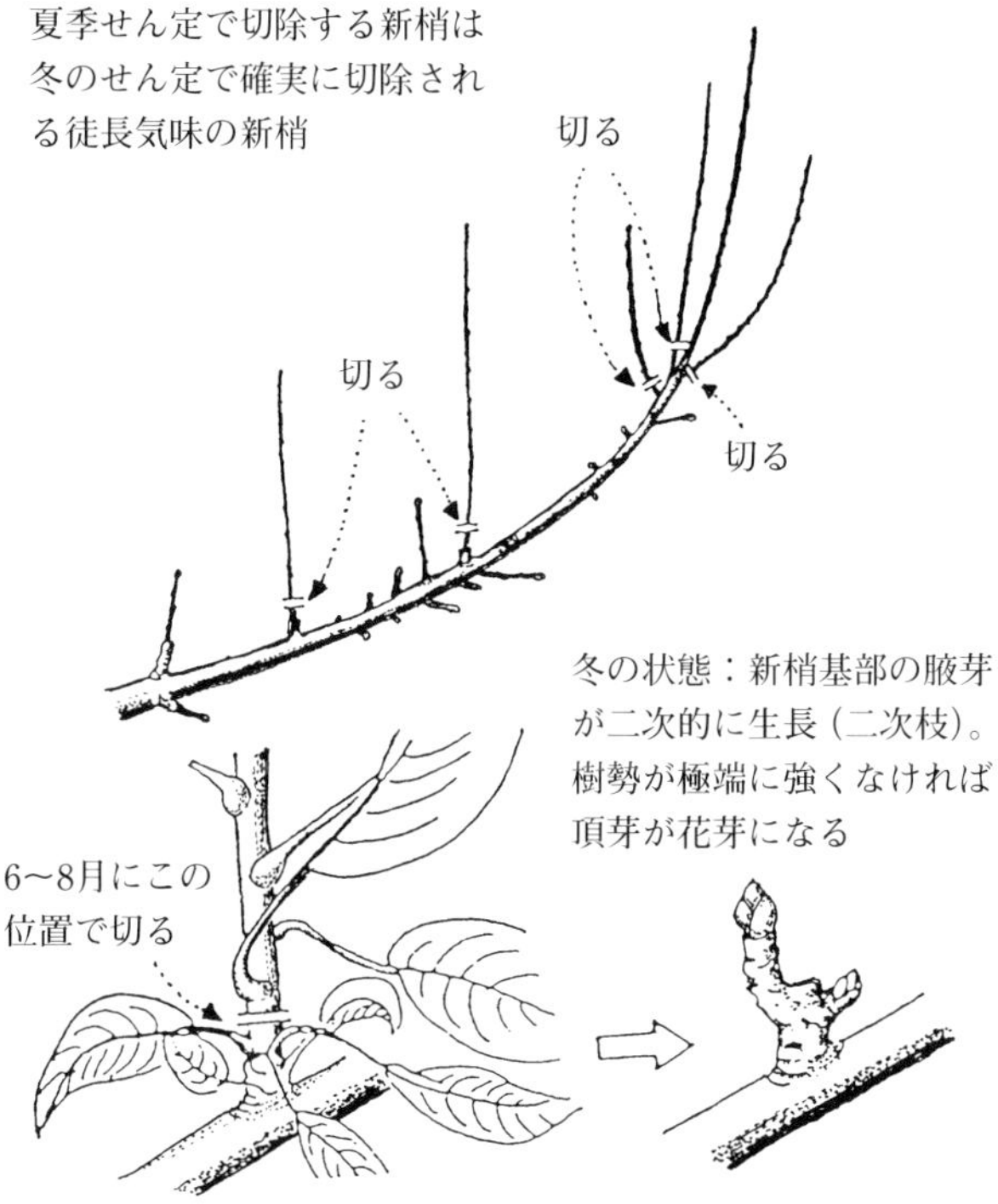
夏季せん定で切除する新梢は
冬のせん定で確実に切除される徒長気味の新梢
切る
切る
切る
切る
冬の状態：新梢基部の腋芽が二次的に生長（二次枝）。
樹勢が極端に強くなければ
頂芽が花芽になる
6〜8月にこの
位置で切る

図2−11　夏季せん定の方法と反応
（‘ふじ’／マルバカイドウ，4年生樹）
・切り株の長さは1〜2cmくらいにする
・この位置は小葉が数枚，密に着生している

(2) 欠かせないのは徒長枝切り

徒長枝が出ない樹はない

徒長枝と呼ばれるものの多くは、枝の表面からは見えない潜芽(隠芽)と呼ばれる芽から発生する新梢を指すことが多い。多くの果樹が潜芽をもっているが、リンゴはとくに潜芽をつくり、長年にわたって維持する性質が強い。太い枝が折れたり基部付近で切られたりすると、その刺激で傷口付近の潜芽から多数の強勢な新梢が発生

する。潜芽はこういう事態に備えて何十年でも枝の皮の下で待機している。だからリンゴでは太い枝でも容易に更新できるし、リンゴ樹は数十年にわたって現役をつづけることができるのである。

幼木期からまったく無せん定で育ったリンゴの樹では、徒長枝はほとんど発生しない。たまに見られるとすれば、枝が強風や果実の重みなどで折れた場合に、傷口の付近から発生したものである。無せん定樹の枝の伸び方の特徴は、

①　高さを求める枝の生長に制約を受けない
②　枝分かれに制約を受けない
③　枝の急激な方向転換がない

ということである。リンゴ樹としてはこういう条件のもとでは潜芽を発動する必要がない。しかし栽培しているリンゴではそういうわけにはいかない。まったく徒長枝の出ない樹があるとすれば、それは衰弱樹だといってもよい。

春に生長を始めた新梢は葉腋に芽をつくる。そして翌年にそれらの芽が発芽する。しかし新梢の基部付近にある芽は、とくに母枝が立ち上がっているほど頂部優勢の影響を強く受けて発育が悪く、春に発芽せずに休眠芽となる。枝は年々肥大していくが、休眠芽は芽の内部で数個の生長点に分かれ、それぞれの生長点が潜芽となって何十年でも樹皮の表面のすぐ下で生きつづける。太い枝を切ると、その刺激で切り口付近で待機していたこれらの潜芽が一斉に発芽するので、徒長枝が林立することになる。

しかし徒長枝は果実生産に貢献しない

徒長枝は太い枝の切り口付近の潜芽から発生しやすい。とくに幹や強く上へ伸びている枝を切った場合によく発生する。上向きの枝を切り下げた場合、切り口付近の枝の背面に多発しやすい（写真2-1、図4—6）。

徒長枝は多くの葉をもっているが、そこでつくられた光合成産物は骨格枝や幹を太らせるのに使われ、根へも流れるが、成り枝が近くにあってもそちらへは流れない。リンゴとすれば、徒長枝は失った高さを回復するために樹が発動した緊急処置であり、成り枝への維管束の連絡態勢はできていない。だから徒長枝は、誘引して新

しい側枝として使うなどとくに必要な理由がなければ、切除すべきである。

徒長枝の切り方

①切り株を残さない——開心形樹の場合

従来の開心形樹では主枝、亜主枝の背面から毎年多数の徒長枝が発生する。これは強勢な台木に接いだ樹（自然に伸ばせば七〜八メートルを超える）を四〜五メートルにおさえ、主枝、亜主枝をほぼ水平に寝かすような格好でつくっているからである。当然、徒長枝は立ってくるのである。そして徒長枝は、一般に日陰をつくり、通風を妨げ、アブラムシや斑点落葉病などの繁殖場所になる。農薬も樹冠内部までかかりにくくする。したがって徒長枝は切除する必要がある。

徒長枝を切除するとき、切り株を残さないようにできるだけ短く切るのがよい。とくに開心形樹〝ふじ〟の骨格枝上の徒長枝は、若木のうちからていねいに切るべきである。わずか数ミリでも残せば切り株に残った芽が潜芽となり、五年後、一〇年後に一カ所から一〇本以上も徒長枝が発生して、成木になってからの徒長枝整理に多くの時間を費やすようになる。

②密植、半密植樹の若木では切り株を残す

密植栽培や半密植栽培では若木の側枝を太らせないようにし、その基部付近まで成り枝をつけることが大切である。しかし側枝は太さに応じた長さを与えないと生長が落ち着かず、基部付近がはげ上がりやすい（とくに下段側枝）。そうなると今度は成り枝をつけるのが難しくなる。

その場合、側枝背面に発生した徒長気味の新梢を夏の間に一〜二センチくらいの切り株を残すように切り、その切り株から短い新梢を発生させるとよい（図2−12）。これら徒長気味の新梢を休眠期せん定まで待って切ると

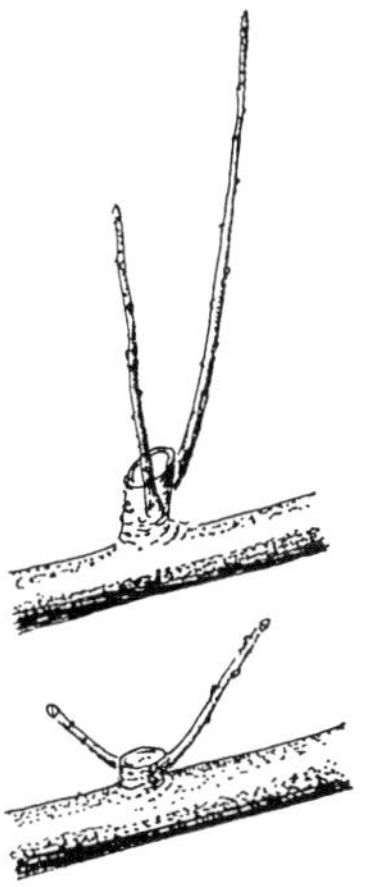

図2—12　徒長枝の切り株から成り枝候補枝

切り株を高くすれば強い新梢，低くすれば弱い新梢が発生しやすい

側枝を太らせて、翌年の新梢を強勢化する。それを防いだうえに成り枝候補の新梢が発生させられるので、この方法はぜひ取り入れてほしい。

3 枝の誘引と外科処理を上手に生かす

(1) せん定を補う枝の誘引の効果

リンゴ栽培では、昔から鋸と鋏で果実のよく成る樹をつくることが生産者の誇りであった。紐や棒を使って枝を開かせることは、〈剪定道〉に精進する者のとるべき道でないと見られていたように思う。しかし密植(わい化)栽培が始まってから、狭い空間に枝を収めるために誘引を利用することが、とくに幼木の段階で重視されるようになった。密植栽培や半密植栽培では枝の誘引は必須である。また開心形樹でも、とくに幼木期のせん定には積極的に使うべきである。

曲がることと曲げることは違う

「直立した枝はもっとも生長が強く花芽がつきにくい」「枝が水平に近づくにしたがって生長が弱くなって、花芽、果実がつきやすくなる」ということは広くいわれてきた。しかし、自然に枝が垂直から傾いて果実がつきやすい状態になるのと、強く立ち上がった枝を人為的に開かせるのとは、まったく別の問題である。自然に枝が水平に近づくのは分枝の結果としておこる場合が多い。母枝が強く立ち上がっていても、その腹面や側面からは水平に近い枝が出やすい。二度、三度と分枝をくり返すことによって、そういう状態になることも多い。果実の重みで枝全体として水平あるいは下方へ曲がることも少なくない。これは長い時間をかけたゆっくりした変化である。これらの場合、単に枝の角度だけの問題ではなく、分枝に伴う枝勢の低下、幹や骨組みの枝からの距離の増大など、さまざまな要因が同時にはたらいている。

直立、または強く斜立している枝を水平に近く曲げる場合は、まったく事情が異なる。枝としては上へ向かって伸びる態勢ができ上がっているところへ、一挙に違った条件に置かれるのである。調子を狂わされた枝は態勢の立て直しをはかろうとする。すなわち、ふたたび強く上へ伸び上がろうとすることで、それは花芽のできるのを遅らせることになる。

枝の誘引と新梢生長

直立している一年生枝を人為的に水平に近づけると、頂端から発生する新梢は短くなるが、枝の背面から強い新梢が発生する（写真２－３）。この場合、枝の基部に近い部分ほど、背面から強い新梢が発生する傾向がある。さらに水平に近づけると、先端の新梢はほとんど生長せず、基部付近からより強い新梢が発生する（図２－13）。

こうしたことがおこる原因の一つは、頂端新梢による頂部優勢作用が距離が離れるほどはたらかなくなることである。同時に、基部に近いほど、根からの養分やホルモンの供給がよくなることが原因となっている。とくに二年生以上の枝の場合には頂部からの距離が長くなるので、より頂部優勢の影響は受けにくく、基部からの影響が大きくなる。

枝を誘引する場合、枝先を軽く上げるのがよいとされているが、これは頂部優勢作用を利用して背面からの新梢発生をおさえるのがねらいである。しかしそれほど強くおさえられるわけではなく、多少とも新梢の発生が見られるのがふつうである。

写真2−3　強い側枝の水平誘引は徒長枝を林立させる（○印）

・水平面より30度くらいの角度を持たせた誘引をすると徒長枝の発生が弱い

・徒長枝は早めに夏季せん定する

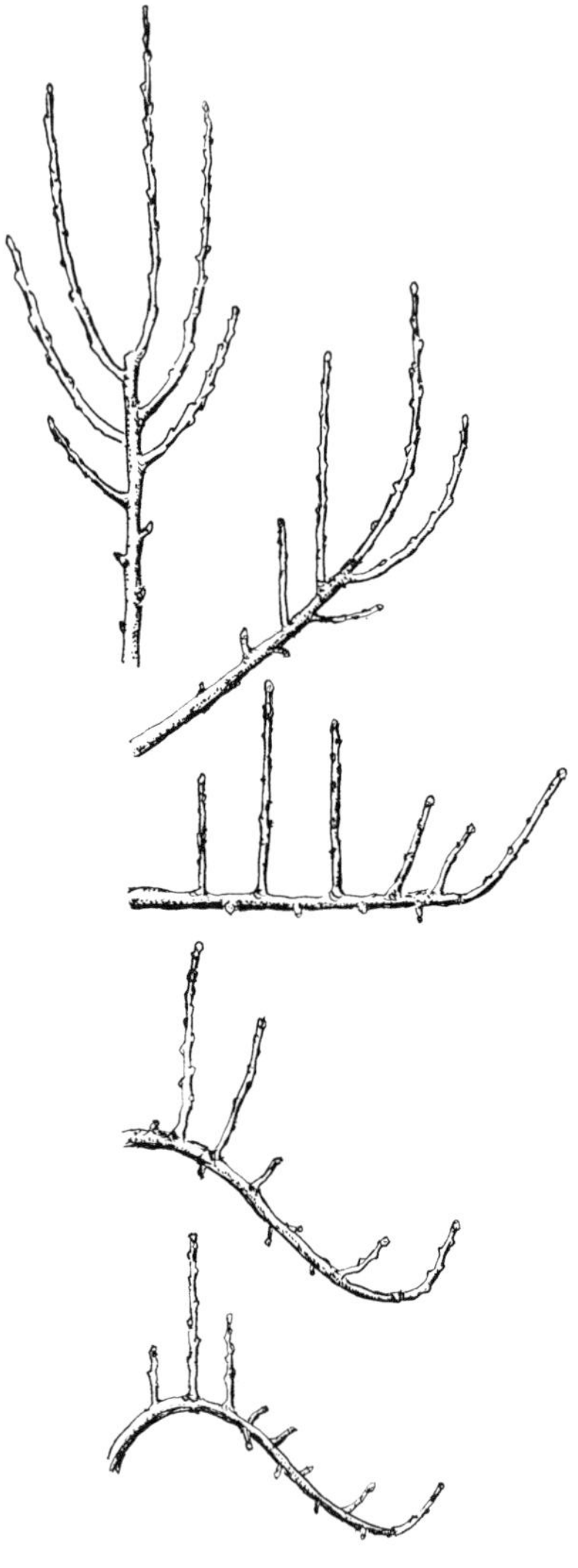

図2—13　枝の誘引角度と発生する新梢
（Riess, 1972，若干改変）

誘引したほうが花芽形成に有利

「枝を水平に近づけると花芽がつきやすい」ということは当然のように思われているが、これは意外にはっきりしていない。ヨーロッパのある研究者は、「生産者が枝を曲げたら果実がよく成るようになったといっているのをよく聞くが、それは枝を曲げたことの直接の効果ではなく、枝を切らなかったことの効果であることが多い」と述べている。別の研究者も、二年生や四年生樹について実験を行ない、同じ結論を得ている。また一年生枝を強く下方に誘引した場合、枝の生長は低下するが、花芽の形成も大きく減少することを指摘し、枝の基部の背面から強い新梢が発生することがその原因かもしれないと述べている。枝を水平または下方へ誘引した場合、短果枝になる可能性のあった芽が新梢として生長すれば、花芽が減少するのは当然である。また、同一枝上に長く伸びる新梢が何本かあれば、新梢でつくられるジベレリンの花芽形成阻害効果や養分の競合によってほかの芽における花芽の形成が阻害される可能性もある。

論議はさておき、実際面ではっきりしているのは、枝を切らないで誘引したほうが有利な場合が多いということである。とくに幼木の育成において、直立した幹から発出した枝が強く斜立しているとき、そのままでは強勢になりすぎて側枝にも成り枝にも使えない。切ってしまうと、その刺激で残った枝が強勢になる。しかし誘引した場合には、枝そのものを側枝や成り枝として使えるようになるだけでなく、枝を切らないことで、樹の生長が全体として落ち着き、結実が早まるのである。

また、若木などでは誘引によって樹冠内部まで光がよく入るようになるが、このことも花芽形成に貢献している。

欧米の誘引のやり方――時期と角度

枝の誘引は日本の開心形栽培では一般的に行なわれていなかったので、具体的なやり方についての経験が十分に整理されていない。そこで欧米の栽培指導書を見ると、密植栽培の例だが、八月に新梢を誘引するのがよいと述べているものが多い。この頃なら新梢はまだしなやかで折れないし、誘引しても背面から多くの徒長枝が立つこともない。それに何よりも、ここで放置すれば新梢はそのまま長さと太さを増して、翌春、仮にこれを誘引しようとしても、狭い樹間距離内に収まる側枝をつくることはできないということが基本にある。西欧の密植栽培は、一〇アール当たり二〇〇〇本以上、樹間距離で一・五メートル以下がふつうであり、枝が長く伸びては困るのである。また、新梢の腋芽にできた花芽（腋花芽）も果実生産に使えるので、こういう誘引技術が行なわれている。

曲げる角度については、側枝をどの程度伸ばしたいかによって違ってくる。樹の下方ではやや強勢にする必要があるので、新梢は水平かやや下方へ曲げる程度とし、樹の上方では枝の生長を極力おさえるために、水平から三〇度程度まで下方へ強く曲げると解説されている。

いつ、何度ぐらいに誘引したらよいか

前項で述べたように、誘引する枝の齢、時期、角度の選択には、樹間距離と誘引した枝をどの程度大きくしたいのかが大きく関係している。日本ではわい化栽培といっても極端な密植は行なわれないし、大玉生産が必要で

あることから、八月に新梢を誘引する方法は適していない。

そこで枝の誘引は一年生以上の枝について行なうのが適当である。時期は休眠期せん定のときに行なうのが実際的である。せん定と誘引は一組の技術として行なうことが重要だからである。そして枝は水平ではなく、三〇度程度斜立させるのがよい。

筆者らは密植栽培においても樹間距離が二メートル程度あれば、一年生枝よりは二、三年生枝の誘引が適当だと考えている。幼木の主幹に着生した一年生枝を誘引してできた枝は生長が悪く、果実が成れば下垂して、よい側枝に育ちにくいからである。一方、二、三年生枝であればよく育っているし、水平から三〇度程度に誘引することによって徒長枝の発生が比較的少ない。

誘引した枝を固定するためにはスプレッダーを使うのがふつうである。スプレッダーは針金製、木製いずれでもよい。一～二年生の細い枝には針金製のものが使いやすい。八番線の針金を適当な長さに切り、両端をとがらせたものを用いる。二〇センチ、三〇センチ、四〇センチ、三種類くらいを準備して、枝の状態によって使い分ける。両端は同じ側を削ることが大切で、これを図2―14のように幹と枝に突き刺して使うのである。ただ、針金のスプレッダーは往々にして地面に落ちたものが草刈機の刃を傷つけることがあり、注意が必要である。

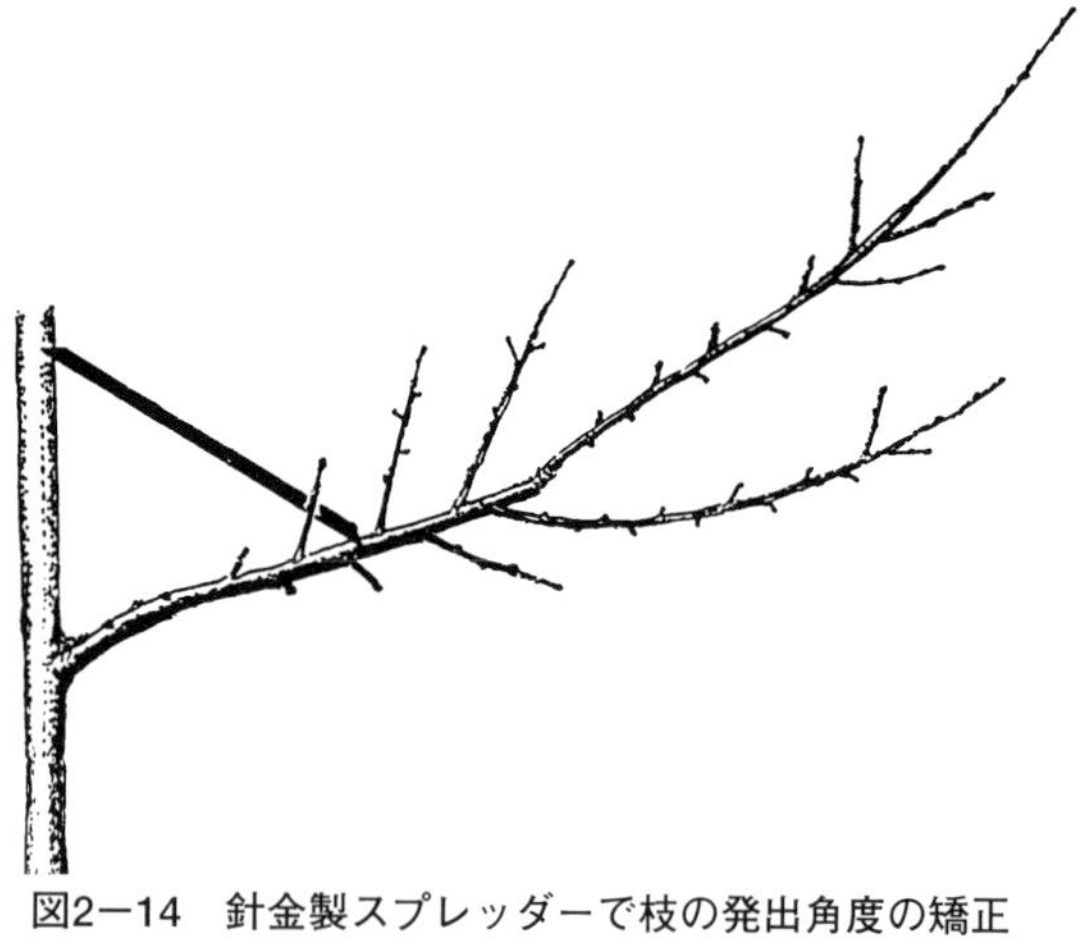

図2―14　針金製スプレッダーで枝の発出角度の矯正

・針金製，木製いずれでもよい
・針金製は両端を鋭く細工して，枝に突き刺して用いる
・木製は両端に切り込みを入れ，外れにくくする。材を選べば太い枝の誘引も可能である

木製のスプレッダーは外れやすいので、その両端は分

岐している小枝の基部に引っかけなければならない。そういう小枝がない場合は使えない。両端は小枝に引っかかりやすいように切れ込みを入れるなどの細工をすればより安定する。木製のスプレッダーは針金製のものとは異なり、太い材料を用いればかなり太い枝の誘引も容易である。

筆者らは二年生以上の枝はポリ縄や麻紐で誘引し、幹に結わえることにしている。

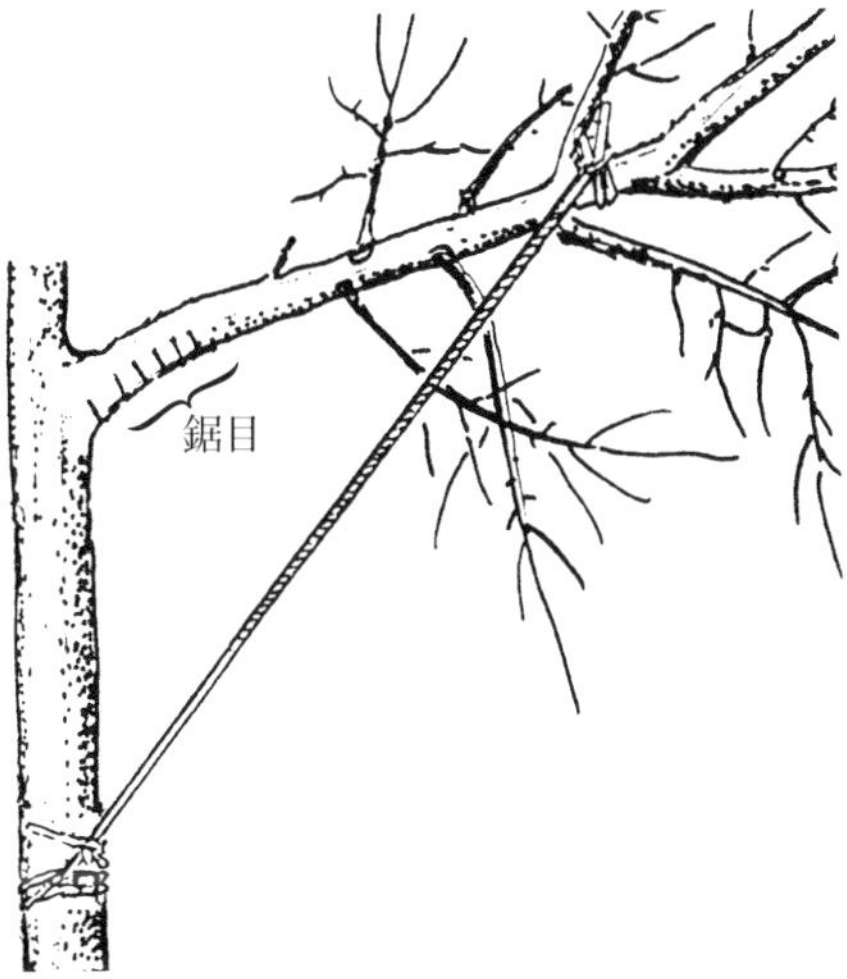

図2―15　鋸目を入れれば太い枝の誘引も楽
枝の直径の1/3～1/2に達する鋸目で4～5cm離して数本入れる

太い枝には鋸目を入れる

強く斜立した太い枝も、切り捨てるよりは枝の腹面に鋸目を入れて開かせたほうが得な場合が多い。この場合、浅い鋸目を多数入れても曲がりにくい。図2―15のように、枝の直径の三分の一～二分の一に達する鋸目を四～五センチ離して数本入れる。太い枝ほど深く多数入れればよい。これだと直径五センチ以上の枝でも容易に曲げられる。狭い間隔で鋸目を深く入れると、鋸目と鋸目の間が枯死するので注意しなければならない。処理後はスプレッダーやポリ縄などで、鋸目が開かないようにしっかり誘引し、固定しないと傷が癒合しない。

(2)　外科処理で花芽形成を促進

環状剥皮やスコアリングなどは俗に外科処理と呼ばれる。外科処理は栄養生長が強く花芽が少ない樹の主として主幹に施し、花芽形成の促進、結実の増加を目的に行なうものである。なお目傷も外科処理であるが、これは萌芽をおこさせることが目的である。

外科処理が必要な樹とは

花芽が少なく栄養生長の強い樹は、苗木や若木を別にすれば強せん定された樹である。強せん定されるのは、せん定技術が未熟な場合、計画密植栽培の間伐樹、そして最近もっとも気になるのは、密植（わい化）栽培の〝ふじ〟をもてあまして間伐に至っている例である。密植栽培樹では隣の樹と下段側枝が交叉する前に十分花芽がついていなければ、側枝の切り戻しができない。花芽の少ない側枝を無理に切り戻せば、栄養生長を強くするばかりでますます側枝が大きくなってしまう。これが悪循環の始まりである。そうなる前に環状剥皮などの外科処理をし、成り癖をつけておいてやれば、側枝を大きくし過ぎて間伐をする必要がなくなる。

環状剥皮とスコアリング

①なぜ花芽が増えるか

樹皮には師部があり、この師部を通って、葉でつくられた炭水化物（糖）や生長が盛んな新梢の先端部でつくられたオーキシンなどがほかの器官に運ばれる。環状剥皮やスコアリングはこの通路を除去、もしくは遮断することによって、処理部より上部に炭水化物を蓄積して花芽形成を促すと一般に説明されてきた。しかし第1章3で見たように、地上・地下部の相互関係（フィードバック関係）も花芽着生には関係していると見るべきである。すなわち、これらの外科処理によって、根には新梢からの糖やオーキシンが送られなくなる。当然、根のはたらきも弱くなる。そうすると新梢の生長停止が早くなり、徒長枝が減少し、短い枝（結果枝）が増加してきて、結果枝に花芽が形成されやすくなるというものである。

環状剥皮の効果はその幅に関係なく、五ミリでも五センチでも施術後一～二カ月で師部がつながるのに必要な程度に回復する。環状剥皮の効果はその年限りということになる。

②いつ、どれぐらいの処理を行なうか

環状剥皮は、主幹の樹皮をある幅で形成層を残して一周除去する。ふつうは数ミリの幅で行なう。木部側に残った形成層を乾燥させないようにビニールテープなどで包帯しておくと、やがてカルス（癒傷組織）ができて樹皮が再生されていく。この内側に師部ができる。除皮の幅が広い場合、形成層まで傷つけてしまうと、溝をカルスで埋めつくすのに時間がかかり、そのぶん効き目は強く現われるが、効きすぎれば樹の衰弱をまねく。

一方、スコアリングはナイフなどで木部に達する傷を、幹や枝を一周、あるいは螺旋状に一〜三周付けるもので、樹皮は取り除かない。ナイフによるスコアリングは手間がかかるので、鋸を用いたほうが実用的である。しかし、おっかなびっくりでやると甘皮（師部を含む樹皮の最内部）が残り、効果不十分となる。逆に乱暴にやると、木部の道管まで切りすぎて樹が衰弱する。樹皮の厚さを考えて行なわなければならない。これがコツである。

環状剥皮やスコアリングは花芽分化期前に行なわれなければならないが、分化期は品種、年によって異なる。筆者らはこれまでに六月上〜中旬に実施して効果を上げてきたが、五月の末に実施しても、六月の末、あるいは七月に実施しても、やらないよりやったほうが花芽の増加をもたらすと考える。ただあまり早いと、師部再生後に二次生長をする可能性があるだろうし、遅いと新梢の徒長をおさえる効果が小さく、樹冠内部の光環境の悪化防止や花芽増加に多くの期待がもてなくなる。極度に樹勢が強い樹は、一回目を五月末にやって、生長停止した新梢が二次生長を開始した頃にもう一度実施すればよい。

なお、「スコアリングマシン」などの名称で市販されている器具があるが、これは三ミリくらいの幅で除皮できるので、スコアリングでなくて環状剥皮である（写真2-4上）。このような器具は、樹皮が薄いと比較的きれいに除皮できるが、厚いと簡単にとれない場合が多く、ほじくり出すことになる。このとき木部側に残った形成層が傷つけられ、形成層から外側に向かっての樹皮の再生がおこらない。

樹は樹皮が除去されたままだと枯死する。樹皮除去後に師部が再生されなければならない。樹皮を除去すると形成層が露出するが、これをこすったり、乾燥させたり、農薬を塗ったりすると師部が再生されず、樹は枯死する。

中国では中国ナシの栽培で伝統的に「大剥皮」という技術がある。主幹の下部の樹皮を一メートルもの幅で除去するもので、剥皮部は被覆しないが間もなく樹

写真2−4　外科処理のいろいろ
上：「スコアリングマシン」を使っての環状剥皮（幅3mmくらい），効果は1年
中：剥皮逆接ぎ。幹周の10%は残す。効果は3〜4年
下：大剥皮。効果は1年
いずれの処理もビニールなどで被覆する

皮が再生し、樹が衰弱するようなことはない。これは幹を若返らすための技術だと説明されているが、本当の目的はわからない。しかしこれまでの果樹園芸界の常識では考えられないことであった。そこで塩崎はリンゴについて以下の方法で試してみた（写真2－4下）。たしかに「大剥皮」は成り立つことがわかった。

幅五〇センチで樹皮を除去し、形成層にさわらず、ポリエチレンフィルムで被覆するなどして乾燥を防いでやれば師部は再生する。被覆は処理後約二週間で十分で、それ以上つづけると新しい樹皮表面が多数のいぼ状の小突起で覆われるようになる。樹皮の除去によって環状剥皮より樹勢が弱くなることはなかった。

「大剥皮」は実用価値のある技術ではないが、樹皮を幅広く除去しても木部側に残った形成層を保護してやれば、短期間で樹皮が再生することを知っていただきたいと思い、紹介した。

③剥皮逆接ぎ

　これは五～六センチの幅で樹皮を剥ぎ取り、上下を逆にはめ込み活着させる方法で、効果は三～四年、またはそれ以上つづく（写真2－4中）。幹の滑らかなところを選ばなければならないし、皮をはめ込んだ後一カ月くらいは堅く縛りつけておかないときれいに活着しない。

　剥皮逆接ぎにはほかの外科処理と異なる面白い点がある。ひとつは樹皮を一周全部ひっくり返したのでは果実の酸味が強くなってしまうことで、幹周の一〇％の皮を残しておいたほうがよい。全部ひっくり返せば、収穫直後の〝ふじ〟など酸っぱくて食べられるものではない。ただ、ふつうの〝ふじ〟は翌年の三月頃まで貯蔵しておくと味が淡白になって美味しくないのに、このリンゴはまだほどよい酸味が残っていて非常に美味しい。もうひとつは、剥皮逆接ぎした箇所は何年もの間肥大が進まず、一〇％残した部分の肥大だけが進むので、最初の一〇％が年を経るにつれて二〇％、四〇％と変わっていくことである。

④目傷の効果と実用的な処理法

　目傷は、発芽しなかった芽や潜芽を覚醒させるためにつける。疎植開心形の樹では必要なかったが、密植（わい化）栽培が普及するに及んで使われるようになった技術である。幼木の幹の前年発芽しなかった芽の上部にナイフで形成層に達する傷を付け、頂部からのオーキシンの流れを一時的に止めることで、芽からの発芽伸長をはかる方法である。しかし筆者らはこのやり方は実用性が低いと考えている。この方法で出た新梢は生長が弱く、よい側枝に発達しにくいからである。また、細い幹に傷をつけることは樹を弱らせることになり、好ましいことではない。

　筆者らの方法は、もっと大きな樹の三年生以上の側枝に、鋸で目傷をつけるやり方である。三年生以上の側枝の基部の腋芽が潜芽になり、結実部位が主幹から二〇センチ以上遠くなっている場合に、冬季せん定時に目傷を付ける。ナイフより能率がよい鋸のほうがよい。傷の深さは木部に達する程度である（第4章102ページの写真4－6）。

　目傷を施す側枝は斜立していても水平でも構わないが（〝ふじ〟は枝が水平になってくると、たいてい自然に潜芽が萌芽する）、側枝の腹側にある潜芽には施さなくてもよい。腹側に発生した枝はすぐに衰弱して大きな果実がとれないからである。

なお、衰弱しているか、あるいは若過ぎて細い側枝は施さないほうがよい。鋸による目傷は、ナイフで付けたものよりも傷が深く幅も広いので回復が遅れ、衰弱しやすいからである。目傷を付けても潜芽が萌発しない場合は、側枝の枝先側にスコアリングを施せばよい。

第3章

樹形の意味を考え直す

――〈連続変化〉の原理と樹づくりの〈勘どころ〉

ここまで枝を切るということはどういうことかを、切ることによる樹の反応と突き合わせながら見てきた。またそれらを踏まえ、花芽がつきやすい切り方とはどういうものかを探ってきた。しかしここでは、少し頭を転じて樹形について考えてみたい。なぜなら、枝を切るにしても花芽をつける外科処理を施すにしても、すべてはどういう樹形のもとで行なうのか、あるいはどういう樹形をめざして行なうのかによって、ねらいも実際の処理も変わってくるのであるから。

1　樹形問題の出発点

(1)　諸条件によって変わる樹形の構造特性

昔から整枝せん定について書いた本にはさまざまな樹形の名称が出てきた。主幹形、開心形、自然開心形、変則主幹形、盃状形など、またわい化栽培が普及に移されてからは、スレンダースピンドル（オランダで開発）、ヴァーティカルアクシス（フランスで開発）、パルメット、細型紡錘形などの名前が見られる。これらの樹形の多くは、欧米ほかの国々で自然環境条件、栽培条件、経営条件などに適応したものとして生まれた。具体的な例をあげると、

①　オランダをはじめとする西欧中北部の産地では、脚立のいらない低い樹が要求される労働事情に加え、生育期間における温度や日照の少ないことが、わい性台木を使った密植栽培を発達させた根本的な要因になっている。樹体を大きくすると光条件が悪化して花芽形成や果実の肥大、品質が著しく低下するからである。緯度が高いため太陽の入射角度が小さいことも、樹高を低くする理由である。逆に、緯度が低く太陽の入射角度が大きい地域では、低樹高だと葉で捉えられる日光量が少なく、地面に多くの光を逃してしまうので、収量を高めるにはある程度樹高を高くする必要がある。

現在、世界中に広がっているわい性台木を用いた密植栽培はオランダで発達したものであるが、以下に述べるニュージーランドなど環境条件に恵まれた地域の二分の

一から三分の一程度の収量しか上げられない。温度、日光に恵まれない地域では花芽のつきやすい樹、光の入りやすい樹冠をつくる方向に技術は組み立てられるのである。

②　「マッケンジー方式主幹形」といえば一〇アール当たり一〇トン以上の驚くべき多収を実現したニュージーランドの樹形として、一九八〇年代にわが国のリンゴ関係者の間で大変注目された（図３−１）。しかし、ニュージーランドは大変気候に恵まれて花芽がつきやすく、マッケンジー方式主幹形でなくても一〇トン以上の収量は珍しくない。気候条件に恵まれた地域では、花芽をつけることにはあまり問題がないので、多くの果実を配置し、支えられるような骨組みをもった樹をつくることが重要になる。じじつ、マッケンジー方式主幹形の特徴は、半密植栽培によって早くから高い収量を上げ、しかも大量の果実を支えられる丈夫な側枝を持った樹形なのである。

これに対し、日本のリンゴ栽培では、ニュージーランドの収量の半分を安定的にとることも難しい。マッケンジー方式主幹形をまねてがっちりした側枝をつくると、側枝の生長が強くなり過ぎ、樹を半密植の空間に納めることも、側枝上に成り枝を維持することも難しくなる。しかしその一方で、日本の環境条件ならオランダより高収量を上げる可能性もあるのである。日本には日本の条件にあった特性を備えた樹形が必要だということである。

図3−1　マッケンジー方式主幹形（樹高3.6m〜4.2m）

「気候も果実に対する要求も経営条件も違う外国の樹形は、けっしてまねようと思うな」。これは肝に銘じていただきたいことである。

(2) すべての樹形は主軸型か開心型になる

棚仕立てやY字型仕立てのような人工的な骨組みで樹体を支え、枝の誘引によって成り立つものは別として、基本的にすべての樹形は二つの型のどちらかに入る。

一つは主幹が樹冠の先端にまで達している樹形で、一般に主幹形と呼ばれる樹形やスレンダースピンドル、細型紡錘形などが、この中に含まれる。もう一つは主幹が樹冠の高さの途中で切られた樹形である。日本独特の開心形だけでなく、開心自然形、変則主幹形、盃状形などと呼ばれる樹形がこれに含まれる。それぞれに共通した特徴があるので、本書では以降、前者を〈主軸型樹形〉、後者を〈開心型樹形〉と呼ぶことにする。

それぞれの特徴を概観すると、以下のようになる。

①〈主軸型樹形〉は、幼木、若木の主幹を無理におさえることなく伸ばすとともに、主幹には骨格枝をつけず直接側枝をつける。根からの養水分やホルモンは主幹の中の維管束を通って、大きな流れとなって主幹の頂端へ向かって流れる。その結果、側枝への養分などの流れは弱く、側枝の生長をおさえることが比較的容易である。

主幹の先端部分で、側枝をつけない部分を心（芯）または心枝と呼ぶ。植え付けて数年以内の盛んに上へ伸びている樹の心は、頂端新梢による頂部優勢作用によって、側枝となるべき側生新梢を広い角度で主幹から発生させる。また、心は必要な数の側枝が出揃い、目標の樹高に達したあとも、最上段側枝が強勢になるのをおさえるために必要である。この場合の心は、二～三年生以上の枝齢のものを用いることが多い。牽制枝としての心による抑制作用は、頂部優勢作用によるものではなく、養水分などの流れを心に引きつけることによっておこるのである。根からの養水分の引き上げは、葉による蒸散作用によって行なわれる。したがって、この抑制作用を効かすためには、直下の側枝の状態によるのであるが、心はある程度大きくして葉数を確保する必要がある。

台木が同じであれば、〈主軸型樹形〉は〈開心型樹形〉より樹冠の広がりをずっと小さく維持できる。だから樹間隔が狭い場合は主軸型の樹形を採用すべきである。また主軸型樹形では側枝が上下に何段も重なるので、樹冠側面からの光が重要になる。このため側枝はあまり長く伸ばせないし、隣の樹の枝と交叉させてもいけない。

②〈開心型樹形〉は主幹上部の影響がないので、主幹から側方へ出た枝は生長が盛んでしだいに太くなり、それに応じて側方への広がりが大きくなる。枝は太さに応じた長さをもたせなければ、新梢生長が強くなり果実がつきにくい状態になる。

心を切れば必ず樹冠は横へ広がると考えるべきである。とくに日本の開心形のように主枝の数を少なくして、強勢な台木のわりに樹高を低くおさえる樹形では、主枝は多くの果実を支えられるように太くしなければならない。樹が横へ大きく広がるのは当然の結果である。

日本の開心形は、完全に日本の環境条件、経営条件などにあうようにつくられている。開心型の樹形を今後新たにつくるとしても、今の開心形か、または開心形の特性（後述の〈勘どころ〉）を基本的に備えた樹形以外に選択肢はないと考えている（それは外観の問題ではない）。そこで本書で単に開心形という場合、この樹形のことを指すこととする。

では、以下にそれぞれの樹形についてさらに詳しく見ていくこととする。

2 〈主軸型樹形〉の骨格構造

新しく栽培を始めるにあたってどんな樹形を採用するべきかは、樹間距離によって大きく決まる。樹間距離はわい化程度の強い台木ほど狭くなり、強勢な台木ほど広くなる。同じ台木でも浅くてやせた土壌では狭くなり、深くて肥沃な土壌では広くなる。つまり、樹勢の強くなる可能性のある樹ほど広く植えられる。大ざっぱにいえば、密植栽培、半密植栽培は〈主軸型樹形〉、疎植栽培は〈開心型樹形〉になる。

同じ〈主軸型樹形〉でも、台木や土壌の関係で樹勢の弱い樹ほど狭い間隔で、樹勢の強い樹ほど広い間隔で植えられる。

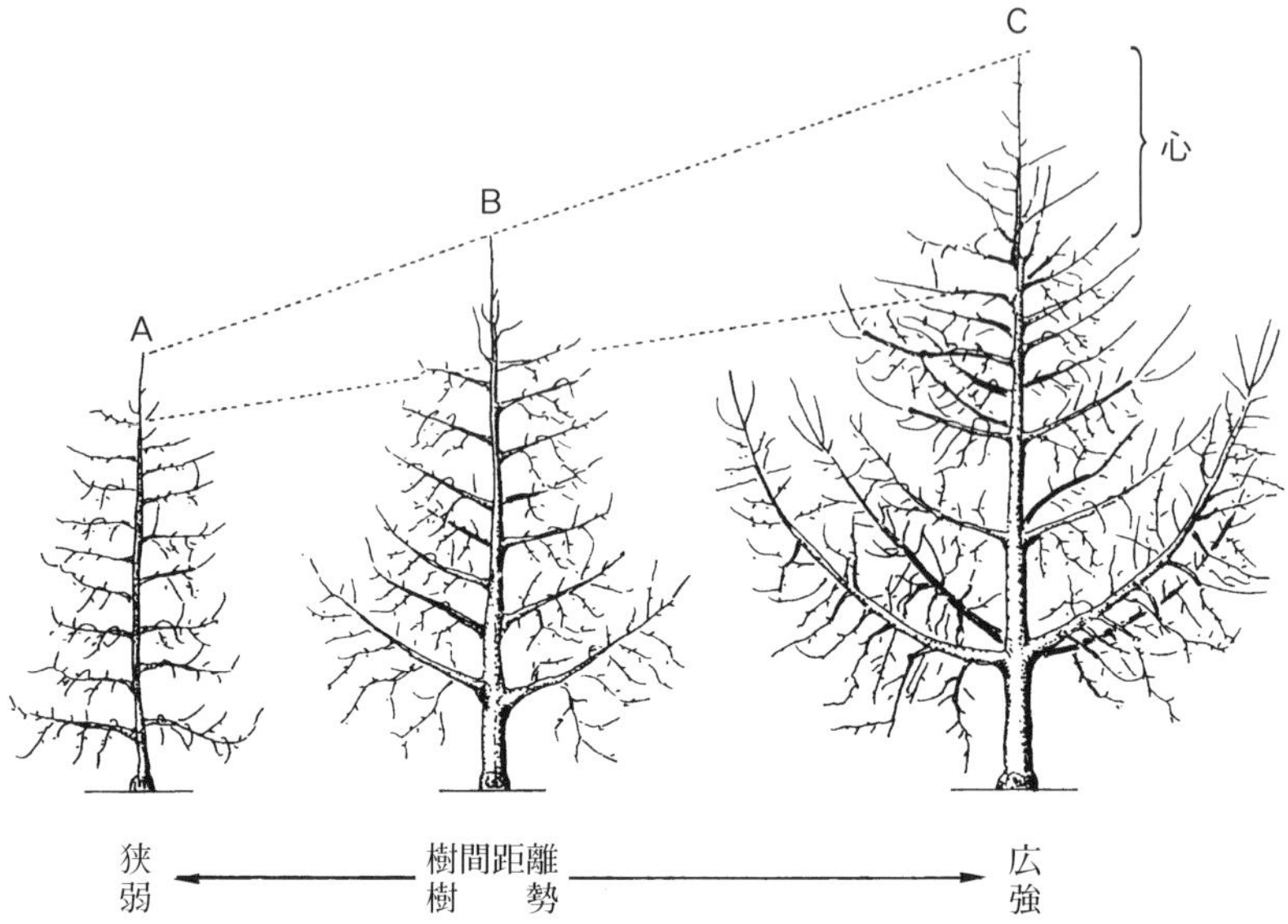

図3－2　樹間距離（樹勢）の変化に伴う主軸型樹形の変化
A，B，Cの間は連続的に変化する

(1) 樹間距離と樹形の関係

図３－２は、樹間距離と主軸型樹形の関係を見たものである。Aが樹間距離が狭い場合、Cが広い場合、真ん中のBがその中間の場合の樹形を示す。樹間距離と樹形の備えるべき特性を整理すると、以下のようになる。

① 図３－２のAは樹間距離が極端に狭い場合で、側枝は少し伸ばせば隣の樹の枝とぶつかる。そこで果実が成ったらその重みで下垂する側枝の基部付近から発出する新梢に、絶えず更新していくというかたちでつくりつづけなければならない。そのため原則として側枝の切り返しせん定は行なわれない。

② 図３－２のBは樹間が少し広い場合で、わが国の密植栽培はこの段階にあたるものが多い。この場合には樹間にむだな空間ができないように側枝を伸ばさなければならない。しかし、下段から上段にかけてすべて一律に伸ばすと、樹冠内に光が入らなくなり、とくに下段側枝の光条件が悪化して果実がつかず衰弱し

郵便はがき

おそれいりますが切手をはってお出し下さい

3350022

埼玉県戸田市上戸田2丁目2－2

（受取人）

農文協

読者カード係 行

◎このカードは当会の今後の刊行計画及び、新刊等の案内に役だたせていただきたいと思います。　はじめての方は○印を（　）

ご住所　（〒　－　） TEL： FAX：	
お名前　男・女　歳	
E-mail：	
ご職業　公務員・会社員・自営業・自由業・主婦・農漁業・教職員（大学・短大・高校・中学・小学・他）研究生・学生・団体職員・その他（　）	
お勤め先・学校名	日頃ご覧の新聞・雑誌名

※この葉書にお書きいただいた個人情報は、新刊案内や見本誌送付、ご注文品の配送、確認等の連絡のために使用し、その目的以外での利用はいたしません。

● ご感想をインターネット等で紹介させていただく場合がございます。ご了承下さい。

● 送料無料・農文協以外の書籍も注文できる会員制通販書店「田舎の本屋さん」入会募集中！
案内進呈します。　希望□

■毎月抽選で10名様に見本誌を１冊進呈■（ご希望の雑誌名ひとつに○を）

①現代農業　②季刊 地 域　③うかたま

お客様コード

お買上げの本

■ ご購入いただいた書店（　　　　書店）

●本書についてご感想など

●今後の出版物についてのご希望など

この本をお求めの動機	広告を見て（紙・誌名）	書店で見て	書評を見て（紙・誌名）	インターネットを見て	知人・先生のすすめで	図書館で見て

◇ 新規注文書 ◇

郵送ご希望の場合、送料をご負担いただきます。

購入希望の図書がありましたら、下記へご記入下さい。お支払いはCVS・郵便振替でお願いします。

(書名)	(定価) ¥	(部数) 部
(書名)	(定価) ¥	(部数) 部

てしまう。下段側枝だけは樹間の空間を埋めるように伸ばし、上段の側枝ほど短くする。また、下段側枝はすぐ下垂しないように硬さをもたせなければならないので、切り返しせん定が必要になることが多い。この段階では樹冠全体としては細長い円錐形に近い形になる。

③　図３-２のＣは〈主軸型樹形〉としては樹間がもっとも広い場合で、下段側枝はさらに長くする一方、中、上段の側枝はある一定の範囲に収める必要がある。樹冠内、とりわけ下段側枝の光条件を良好に保たなければならないからである。

下段側枝を水平方向に長く伸ばして下垂させないためには、ある程度の太さが必要になる。そのために毎年強く切り返すせん定を行なうことになるが、そうするとろくに果実が成らないうちに隣の枝とぶつかってしまうことになりかねない。そこで下段側枝を三〇～四五度くらいに斜立させると（発出部は主幹と直角に近くする）、枝を太くしないで長く伸ばすことが可能になり、毎年の強い切り返しが不要になるので果実が成りやすくなる。

従来のやや大型の主幹形はすべて樹冠が大きくなると内部の光条件が悪くなり、空洞化が避けられなかった。そうしないために塩崎が主体となって開発したのがこの樹形（弘大方式主幹形）である。そういう意味ではとっぴな樹形でも何でもなく、樹間距離の広い場合の〈主軸型樹形〉に必要な特性を備えた樹形であると考えている。

(2)　樹形は連続変化する

図３-２のＡ～Ｃは、便宜的に三段階に類型化したもので、実際には樹間距離が広がるにしたがって樹形は連続的に変化すると考えるべきである。そしてその変化でもっとも重要なことは、図３-３に示すように樹間距離が広くなるにつれて樹冠下部は広げるが、中、上部はある程度以上に広げないという点である。また距離の増大にともない樹高

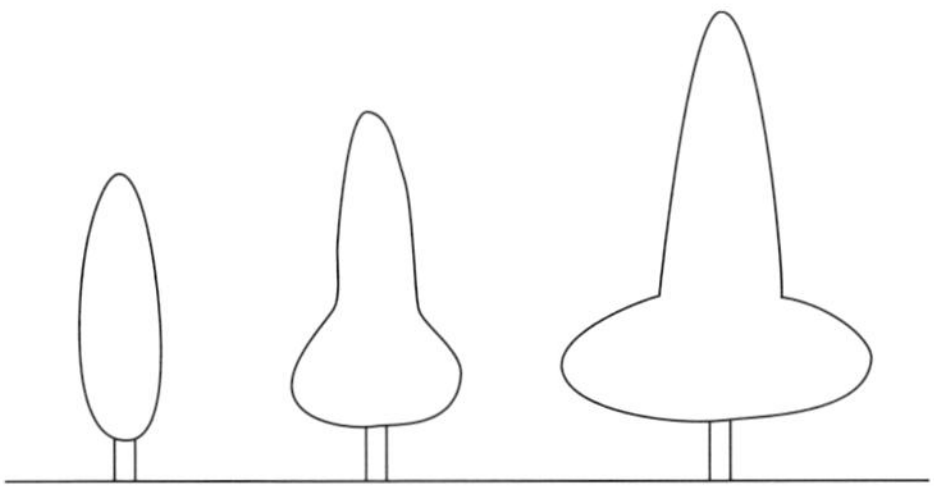

図3－3　主軸型樹形の外形変化の模式図

は増し、主軸の頂部の果実を成らせない心の部分が長くなる。この心は上段側枝の生長をおさえる（ある程度以上に広げない）のに必要である。

さて、主軸型樹形は大型になるほど樹形を維持するうえで留意すべき難しい問題が出てくる。

① 外国でも日本でも半わい性台木や強勢台木を使った大型の主軸型樹形（一般に主幹形と呼ばれている）は、一〇年生くらいまでは果実もよく成り、順調に推移する。一〇年生を過ぎる頃から少しずつ樹冠内部・下部に光が入らないようになり、やがて果実は樹冠表面だけに成って、下枝は衰弱することが多い。これは上、中段の側枝を大きくしてしまったためである。

重要なことは、樹が大型になっても上、中段の側枝をある範囲の長さ以上には伸ばさないということである。「主幹形はピラミッド型」という、従来よくある考え方を改めなければならない。

② 主軸型樹形では側枝を短くおさえることが必要になる。そのためには枝を細く維持しなければならない。太い枝を無理に短くしようとすると、新梢生長が強くなって花芽がつきにくくなる。

従来、主幹形において主幹から出た枝を「主枝」と呼ぶことが多かった。主枝には何本もの横枝がつけられ、そこに成り枝がつくられた。横枝は年々大きくなり、それに伴って主枝自体も太さを増していく。主枝が大きく広がり、樹冠内部は暗くなって成り枝がつかなくなる。しかし、〈主軸型樹形〉では主幹から発出した枝を「主枝」にしてはならない。それは直接成り枝がつけられる側枝であるべきで、本書でも主幹に直接つける枝は「側枝」と呼ぶ。

③ 大きい横枝をつけない側枝の一本当たりの果実収量は少ない。一樹当たりの収量を確保するためには、光条件が悪くならない範囲で側枝の数を多くする。

④ 樹間が広くなるにしたがって下段側枝は斜立させることが必要になる。

なお、〈主軸型樹形〉と〈開心型樹形〉の間も理論的には連続している。主軸の心を上から少しずつ切り下げてゆけば、〈開心型樹形〉の変化が連続的に進むことになる。日頃このことが注目されないのは、現実には心を高い位置で切り下げる樹形は使われないからである。

(3) 〈理想型〉が備えている〈勘どころ〉

前項(1)(2)で樹間距離に応じて〈主軸型樹形〉の樹が備えるべき構造特性について述べた。それはある自然環境条件、栽培条件などに対応して樹が備えるべき本質的な構造特性である。

ここで重要なのは「本質的な」特性ということである。「主幹上何センチ間隔で側枝を何本配置し、その長さは何センチ……」というような表面的なことではない。樹間距離に応じて主軸型樹形が備えるべき特性の中に、そのような数字はひとつも出てこなかった。下段側枝の光条件を良好に保つために中、上段側枝を細く短く維持すること、同時に中、上段の収量と品質を確保するために、光条件を損なわない範囲で側枝の数を多くすることを述べた。それが何本で太さは何センチで……ということが問題なのではない。要は肝心の条件が満たされていることが重要なのである。

本書ではこうした一連の本質的特性を備えた樹形を〈理想型〉と呼ぶことにしたい。〈理想型〉はいわば頭で描いた理想の樹である。図3-2に示した三段階の樹は、私たちが主軸型樹形について見出したわずかな数の特性にもとづいて描かれたものである。だからこの図に描かれた樹が〈理想型〉そのものではない。しかし、ここに示した特性を理解するだけでも、樹形の選択に関して大きな誤りを犯すことはずっと少なくなるはずである。今後、新たな特性が見つかれば、的確な整枝せん定の可能性がさらに高まることになると思う。

樹間距離と樹形の関係についても、「樹間距離の連続変化にともなって、樹形の理想型も連続的に変化する」といいかえることができる。本質的な特性を備えた樹形の〈理想型〉と「連続変化の原理」こそが、樹形を考えるうえで基礎にしたい原理なのである。

先にニュージーランドのマッケンジー方式主幹形についてふれた。この方式はニュージーランドでは理想型の特性を備えた樹形であったかもしれない。しかし、日本では意味のない樹形である。また密植栽培の樹形として世界的に採用されているスレンダースピンドルや、かなり注目されているヴァーティカルアクシスなどの樹形も、それぞれの国のリンゴ栽培をめぐる諸条件の中では理想型の特性を備えた樹形であるのかもしれない。しかし気候条件が大きく異なり、樹間距離は西欧より広く、大果で全面着色した果実が要求されるなど、栽培をめぐる諸条件の大きく異なる日本では、まねる必要のない樹形と見るべきである。

「樹形の理想型が備えるべき本質的な構造特性」は親しみにくい表現なので、今後はこれを〈勘どころ〉と呼ぶことにしたい。

3 〈開心形〉の骨格構造

前節で樹形には栽培をめぐる諸条件に応じた〈理想型〉があり、理想型には本質的な特性が備わっていることを述べた。そしてそうした特性を〈勘どころ〉と呼ぶことにした。

では、前節で見た主軸型樹形とは異なるが、わが国のリンゴの伝統的な樹形である開心形では、どうなのだろうか。たしかに栽培指導書などには標準的な樹形が示されている。しかし、生産者のリンゴ園で見るとその形たるや千変万化であり、一見してつかみどころがないのである。そのことが開心形の整枝せん定を難しくし、習得に長年の経験を必要とする一因になっている。しかし開心形にも〈勘どころ〉はあるはずなのである。それが見つかれば、開心形の整枝せん定はずっとやさしくなるだろう。

私たちはこのように考え、さまざまな環境条件下の生産者の園を調査し、いくつかの〈勘どころ〉を見出した。

(1) 樹高が低く長命な日本の開心形

一般に開心形とは、主幹が樹冠の高さの途中で切られた樹形である。世界にはさまざまな開心型樹形があるが、その中で日本の開心形はきわめて特殊な樹形であり、優れた特性をもっている。

欧米では、実生（強勢台木）に接いだ樹は七～八メートルかそれ以上の高さになることが多い。これに対し、日本の開心形は、強勢台木のマルバカイドウに接いだ樹を高さ四～五メートルにおさえることができるのが特徴である。樹冠内に日がよく入り、全面に大きな着色のよい果実がつく。また、側枝の更新が容易なので、数十年でも容易に栽培が継続できる。これらのすぐれた特徴は、その独特の骨格枝の構造によるものである。

開心形の成木は、およそ図３−４のようになる。主幹に二、三本の主枝がつき、各主枝の基部からかなり離れた位置に二本の亜主枝がつく。さらに各亜主枝に側枝がつき、側枝に成り枝がつくという構成である。

ただし、前述のように現実に見る開心形樹は、千変万化である。図３−５はその一例であるが、同じ園でもこのような違いはよく見られる。幼木から育てていくときのちょっとした違いが、長年の育成過程の中でもたらし

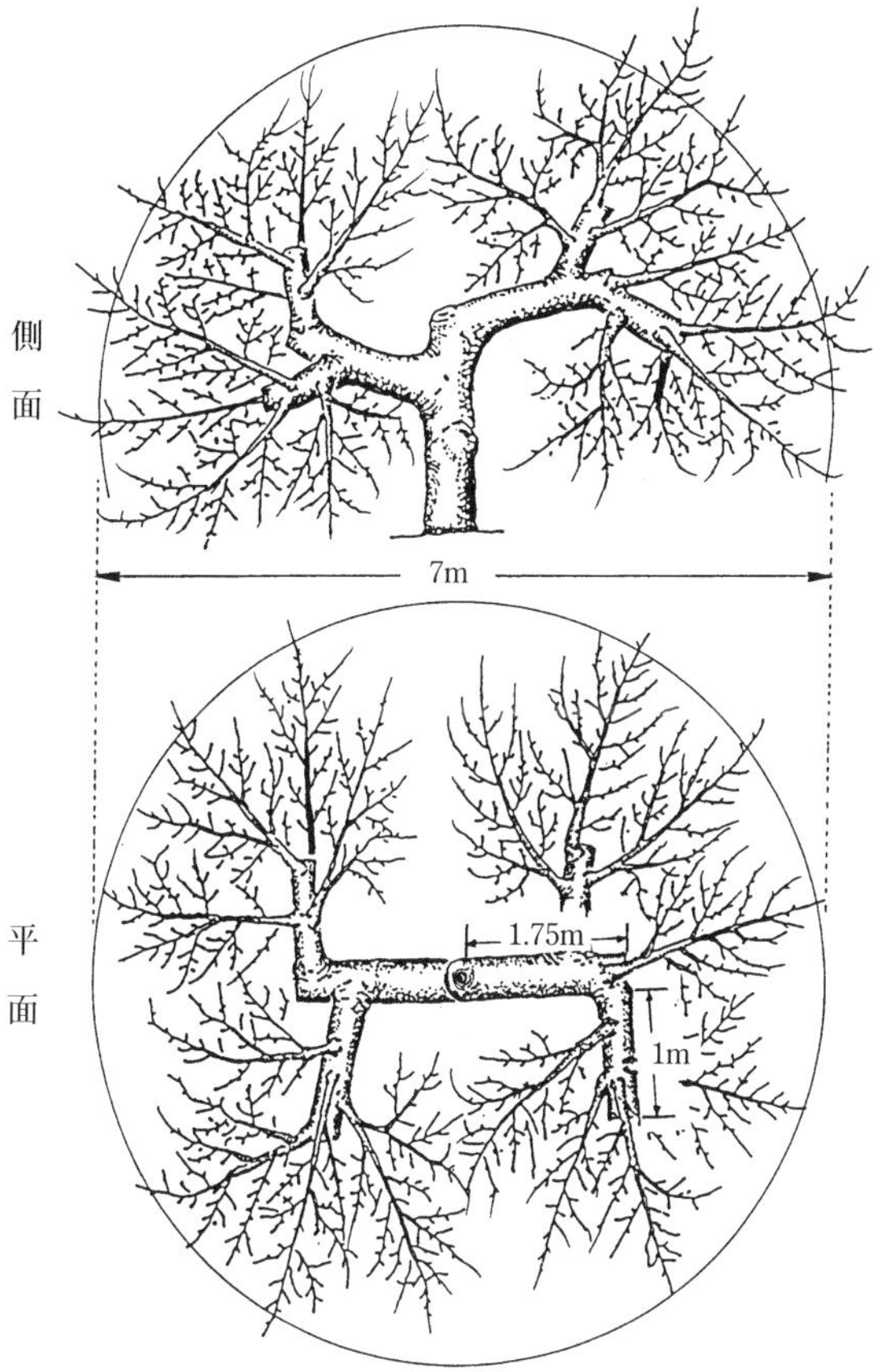

図3−4 開心形成木の主枝と亜主枝の配置

・樹冠は側面から見た場合，半円形になるようにつくる。ただし，栽植距離が広ければ上部は平らになる

・それぞれの主枝の芽数はほぼ同じであればよい

・図中の数字は，7m×7m植えにした場合の主枝長，亜主枝長の目安を示したものであるが，実際は40〜50％長い例が少なくない

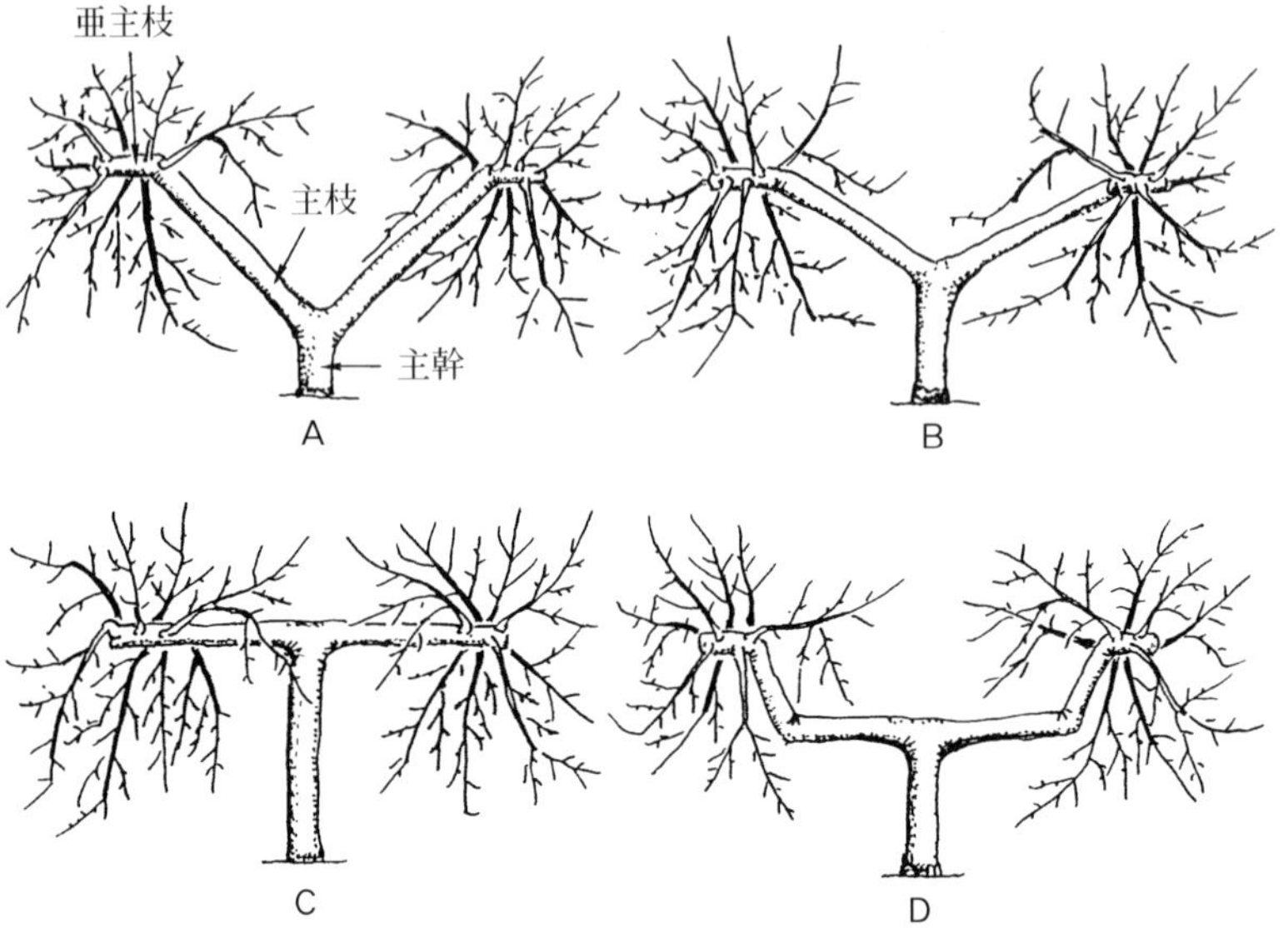

図3—5　開心形の骨格構造に見られる変異

た変化である。しかし、開心形樹が備える〈勘どころ〉はいずれも満たしているので、立派な成果は上げられる。これを無理に型どおりの樹形に育てようとすると、使える枝を切り落としたりして、果実の成るのを遅らせることになりやすい。

(2) 開心形の〈勘どころ〉

では、開心形が成果を上げられる〈勘どころ〉とは何か。筆者らが探り出したのは以下の諸点である。

主幹から水平方向で離れた位置に側枝を置く

樹木の枝は元来、樹の基部からの距離が遠くなるほど、新梢の生長が弱くなる性質がある。水平な主枝から発出した枝をせん定せずに伸ばすと、主幹に近い枝ほど強く伸び、主幹から水平方向に遠くなるにしたがって新梢生長が弱くなる。その結果、何年かすると半円形の樹冠が形成される（図3−6）。

開心形では側枝が主幹から水平方向でかなり離れた位置につけられる。私たちは、このことが開心形で樹高を

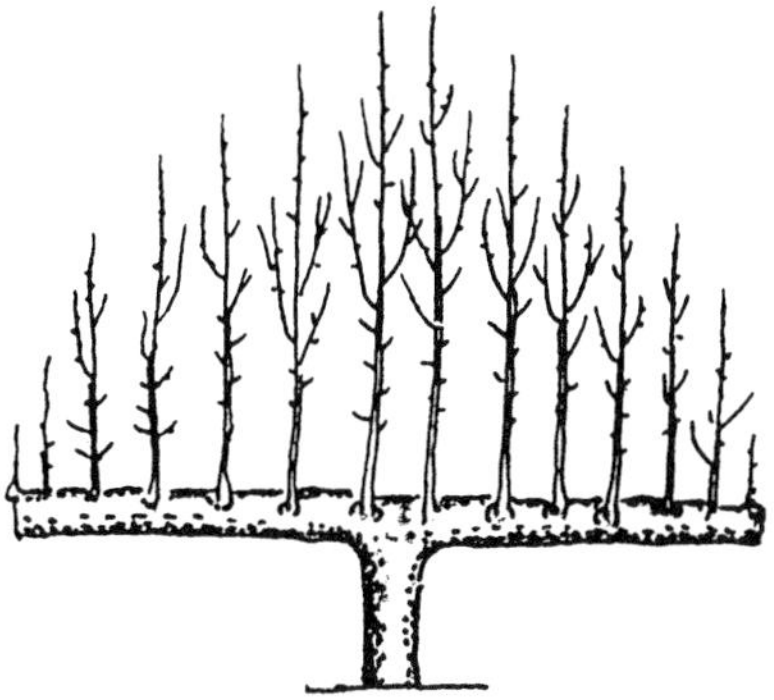

図3―6　主幹の真上（根にもっとも近い）の枝がもっとも旺盛に生長

何年か手を加えなければ樹冠頂部は丸くなる

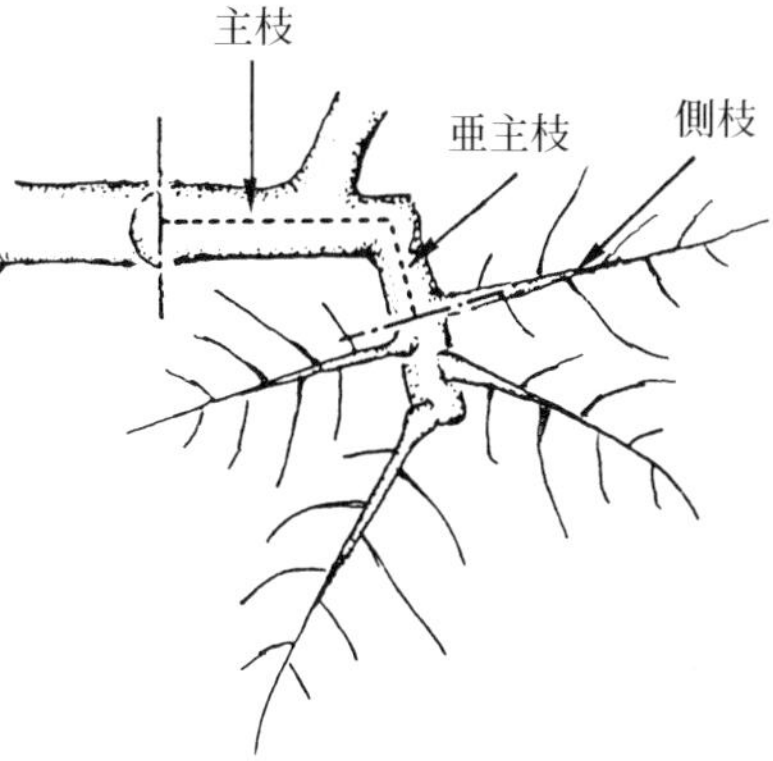

図3―7　主枝と側枝の間の水平距離の測定法

・主幹から主枝，亜主枝に沿って側枝（もっとも近い位置のもの）の基部までの水平距離を測る
・点線は水平距離を示す

四メートル程度におさえることを可能にしている原因だと考えた。そこで多数の生産者の園において、主幹から主枝、亜主枝に沿って側枝の基部に至る水平距離を測った（図３―７）。その結果、果実生産が順調に行なわれている樹では、例外なく水平距離が長いことがわかった。その長さは、青森県弘前市近郊の黒ボク土壌の台地では平均二・六メートル（九〇％以上の樹が二メートル以上）、急傾斜地では平均二・二メートルであった。前者は樹勢が中程度、後者は樹勢が弱い地域である。土壌条件など樹勢の強くなる条件にある地域や園地ほど、主幹から水平方向に離れた位置に側枝をつけるようにすべきなのである。

ここで主幹からの水平距離としたのは、樹高を低くおさえることを可能にしている原因が問題だからである。主枝、亜主枝に沿っての距離としたのは、枝が長くなるほど樹液が維管束を通るときの抵抗が大きくなり、新梢生長が弱くなることが、樹高を低くおさえることを可能にしているからである。

では、樹の基部から主幹に沿った垂直距離についてはどうだろうか。たしかにこれも距離が長いほど新梢生長が弱くなる。しかし、根から直上への養水分、ホルモンの流れが強いため、樹が相当な高さを得るまでは新梢の生長はおさえられない。主幹の低い位置から発出し、強く斜立した主枝も、長さのわりに新梢生長は弱くならないのはこのためである。こうしたことを考慮して、測定の対象を「主幹から主枝や亜主枝に沿っての水平距離」としたのである。

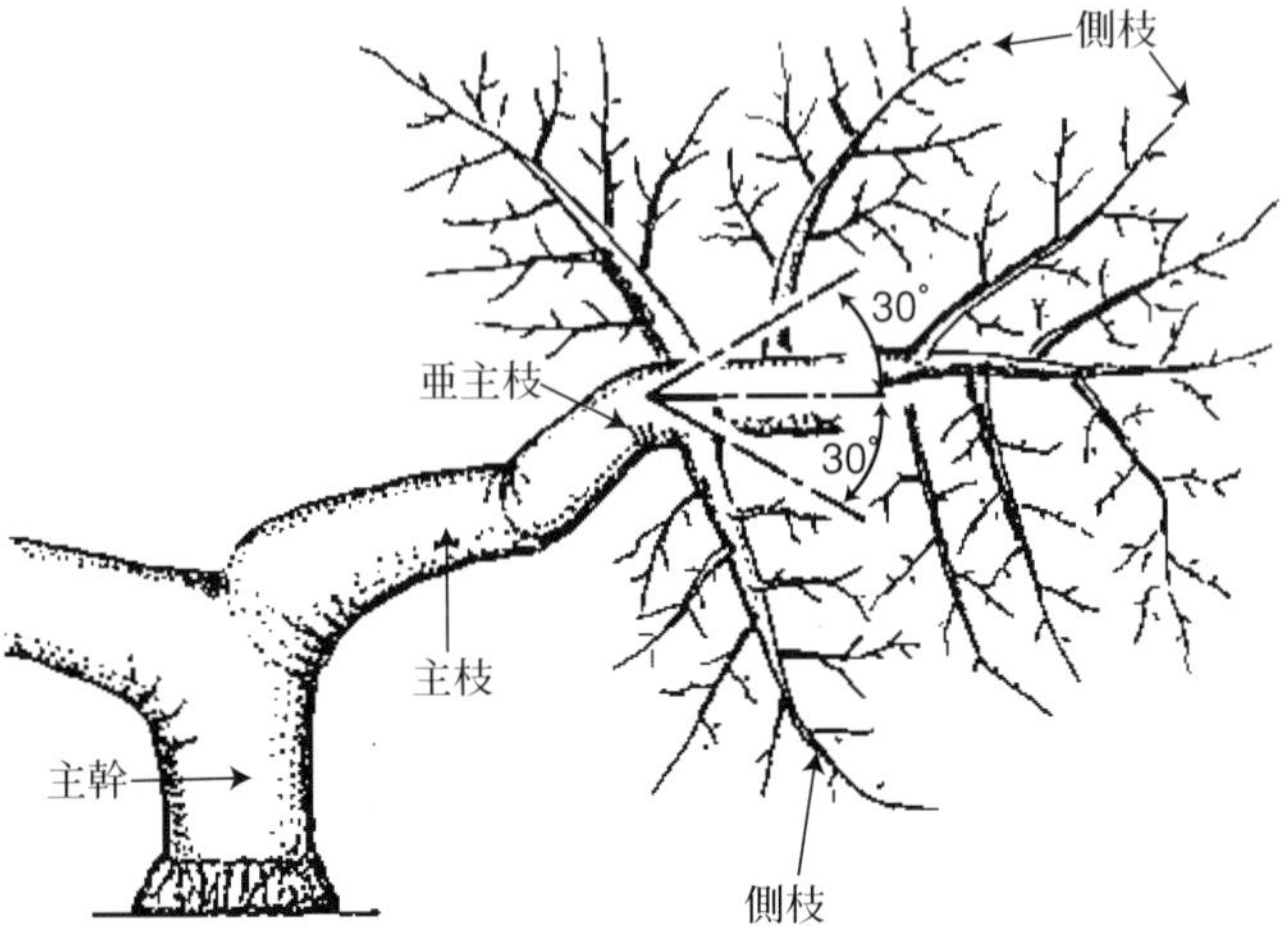

図3−8　亜主枝上の側枝着生部は水平から上下30度以内

側枝は亜主枝につける

側枝は直接、主枝ではなく亜主枝上につけられる。このことによって次のような利点が得られる。

① 主幹から側枝基部までの距離を長くすることができる。

② 主幹から個々の側枝までの距離を揃えやすい。これによって側枝の勢いもよく揃う。もし亜主枝がなくて、主枝に直接側枝をつけるとすれば、主幹に近い位置から出た側枝ほど勢いが強く、果実がつきにくくなる。

③ 樹冠内の空間に側枝をまんべんなく配置しやすい。

側枝の着生部は水平から上下三〇度以内

亜主枝上で側枝の着生している部分は、水平から上下三〇度以内にある（図3−8）。これによって側枝が上下に重ならない状態がつくられる。そして斜立、水平、下向の側枝を配置することにより、樹冠の厚みを確保するとともに樹冠内の光条件を良好に保つことができる。また光条件のよいこと、側枝の着生部が水平前後であることで、側枝更新用の新梢が発生しやすい。このことが開心形樹の経済寿命をきわめて長いものにしている。

上記の諸条件は成木に関するものであって、若木の段階ではあてはまらない。樹冠拡大時は、主幹との距離が短くても果実は成りやすいし、側枝の更新は必要ないので亜主枝の斜立度も問題にならない。しかしその後、強く斜立した亜主枝も果実の重みでしだいに先端が下がり、あるいは、亜主枝の腹面から発出した水平に近い枝まで切り下げられるなどして、側枝の着生部位もおのずと〝水平から上下三〇度〟に落ち着いていくのである。

(3) 千変万化の樹形ができる理由

ここでふたたび図3‐5の各樹形を見ていただきたい。

A樹は主幹上の低い位置から発出した枝を主枝にしたので、樹は高さを求めて上方へ強く伸びた。そのため亜主枝は、主枝上のある程度高い位置から水平方向へ伸ばす必要がある。D樹では最初につくった主枝が細かったので果実の重みで下がってしまい、もう一度主枝を上方へ向けつくり直し、必要な高さを確保したとが考えられる。いずれも生産者が理屈を考えてやったのではなく、何とか果実を成らせたいと試みるうちに、必要な樹の高さと広がりを得たと考えられる。そして成果が上がっているのである。

また、図3‐9はたまたま一本の亜主枝の発出位置が主幹に近すぎた場合である。これはこのように亜主枝を長くし、主幹から側枝の基部まである一定の距離を確保する必要があった。「亜主枝は主幹から何メートル離して……」と指導書にあっても、そのとおりの樹はむしろ少ないというのが現実である。それは生産者が果実を成らせようといろいろ試みているうちに、結果的にこのような調整が行なわれていたからである。知らないうちに〈勘どころ〉を捉えていたということになる。

昔から熱心な生産者、技術者、研究者は優秀な樹から

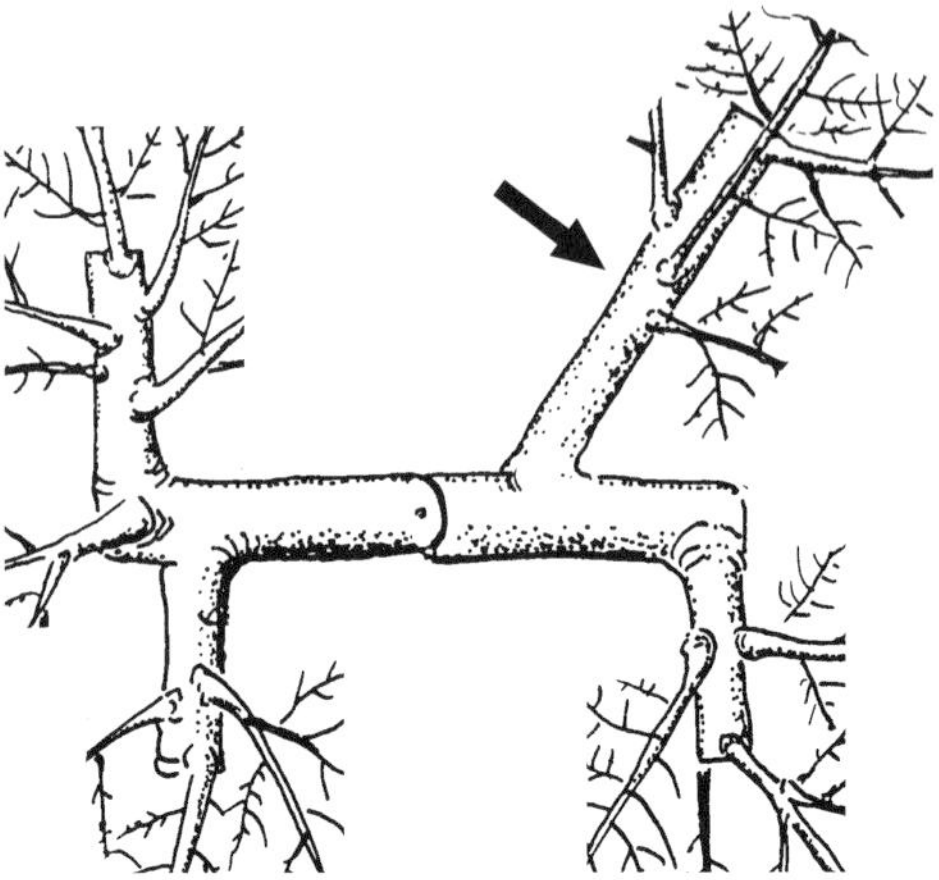

図3—9　亜主枝配置の例外の一例
主幹に近い位置につくられた亜主枝は長くなる（矢印）

学ぼうとしてきた。しかし優秀な樹の外見を調べ上げても、〈勘どころ〉は見えない。図3-5A樹を調べて、「主枝は地上五〇センチから発出させて四五度に斜立し……」というだけで終わってしまうのである。枝の配置やつくり方についても同じようなことがおこっている。〈勘どころ〉は外見の樹の形ではなく、数字でもない。側枝は、主幹から主枝、亜主枝に沿って水平距離で一定程度離して置く。側枝は主枝でなく亜主枝につき、亜主枝上で側枝の着生部分は水平から上下三〇度以内にあるという、むしろ簡単なものである。しかしこれを満たしていれば、樹の外見は千差万別でも、同じように成果を上げることができる。むしろ、個々の生産者によって千差万別になって当然なのである。

4　両樹型に関わる整枝せん定の課題

〈主軸型樹形〉と日本の〈開心形〉には、それぞれの構造特性に関わる独特の整枝せん定上の課題がある。共通の課題とともに、それを見てみよう。

(1)　共通の課題

栽植距離の判断

主軸型樹形は下段側枝もあまり伸ばすことはできないので、樹間距離は四〜五メートル以下となる。

一方、マルバカイドウを使った開心形の場合、樹間距離は七メートルぐらい必要な場合が多い。高さをおさえた樹形では、枝の勢いを落ち着かせるために水平方向への広がりが必要である。一般に土壌が深くて肥沃な土地ではさらに広くすることが必要になる。開心形を上記の樹間距離より狭く植えるには、適当な半わい性台木の使用が必要になる。

心の扱い方——すべての樹形の出発点

目標とする樹形の種類にかかわらず、植え付けたばかりの一年生苗木には必ず切り返しせん定が行なわれる。二年目以降も行ない、全部で数回切り返すことになる。切り返しの回数と高さに違いはあるが、その目的はいずれも所定の高さに枝を発生させる、ということである。

頂部優勢の性質によって、頂端の芽から発生する枝がもっとも強く生長し、下位の芽ほど生長が弱い。品種によって多少差はあるが、せいぜい上から数個の芽だけが枝として生長する。その下の芽は眠ったままで、いずれ潜芽となる。密植樹の側枝は多くの場合、地上五〇センチくらいのところからつくるので、この位置の芽が側枝として生長するかどうか、生長させられるかどうかに成否がかかっている。

半密植栽培の主軸型樹形で骨格枝といえるのは下段側枝のみであり、地上一メートルか、それより少し上につくられる。一メートル以下で切り返されてできた側枝は、初期収量確保のための枝であり、いずれ切除することになる。

開心形樹の場合は、一年生樹はふつう一メートル以下で切り返される。これは主枝の発出高として適正な高さよりずっと低い位置である。その理由は、一メートル以上で切り返すと重心の高い苗木になって風でゆすられ、根張りに悪影響が出ることと、重心が高いと、結実してから倒伏しやすくなることである。もう一つは、大きく育つ開心形樹でも樹体はリンゴを成らせながらつくっていく必要があるので、あとで間引く枝であっても一年以上成らせることができる枝はできるだけ多く必要だからである。では、リンゴを成らせるまで置けない枝は新梢のうちに間引いてしまってよいかというと、それもよくない。そうした枝でも残しておくことで根の生長がよくなる。樹冠内部の日陰がひどくならない範囲で多く残すべきである。

なお、所定の高さまで主幹に枝（密植、半密植栽培樹の側枝や開心形樹の主枝）をつくったあとも、心（心枝）は牽制枝として必要である。とくに主軸型樹形においては上段側枝の栄養生長が強くならないようにする役目がある。樹勢が強くなりがちな台木と穂木品種の組み合わせでは、心は大きく、それほどでない場合は小さい心を置けばよい。

(2) 主軸型樹形の課題

下段側枝の維持が大切

主軸型樹形の側枝は果実生産力を失ったり、長く太くなったりしたら更新する必要がある。大型の主軸型樹形では年数がたち樹冠が拡大すると、下段側枝の日当たりが悪くなって生長が弱くなり、成り枝がつかなくなる。そこで基部付近から新しい側枝をつくり直そうとするが、たいがい生長が弱くてよく育ってくれない。しかしこれは樹にしてみれば、当然のことで、いま上、中段の枝の葉で光合成をまかなっているのに、主幹の下部から新しい枝を育てることはむだな投資でしかない。根からの養水分も、蒸散作用によってそれを引っ張り上げる葉も、その通路である維管束も、みな上、中段側枝へ流れる態勢ができている。その中で、日当たりの悪い樹の下部から新しい枝を育てることは、何の得にもならない。下段によい側枝をつくりにくいのは、〈リンゴの気持ち〉を考えれば当然である。

結局、主軸型樹形は本質的に長もちしない樹形だということになる。なるべく長くもつようにするには、下段側枝の光条件をよい状態に保つこと、そのためには下段側枝は比較的大きくつくり、上の側枝は小さく維持することである。

最後まで維持するように努めるということでいえば、下段側枝は主枝的であるが、直接、成り枝をつけられる状態でなければならない。

側面からの光を確保する——作業道のとり方

主軸型樹形は側面からの光によって成り立っているといえる。オランダを最先端とするヨーロッパの栽培が超密植栽培の方向に発展してきたこともあって、樹間距離は狭いほうが収量が高くて有利だとの誤解が一部にあるように思う。しかし、主として光条件から、樹列内の樹間距離は十分余裕があったほうが長い目でみて結局得である。

樹列は一列ごとに作業道を配置する方式をとる。土地を有効に利用するためにと、二列ごとに作業道を配置するやり方もあるが、光条件が悪く、薬剤もかかりにくい。樹列の方向は日光が樹全体に長時間当たるように南北列がよい。樹列間距離については、スピードスプレーヤが通るのに必要な幅（一・五メートル以上）が確保できるように、樹冠幅を考慮して設定すべきである。

側枝は〝X字型〟に配置する

主軸型樹形でつねにつきまとうのが、いかにして側枝を狭い樹間空間に無理なく収めるかという問題である。同じ樹間距離でも側枝の配置の方向によって、側枝を伸ばせる長さにかなりの違いがある。それに作業がしやすいことも重要である。

図３-10は下段側枝の方向、発出角度と長さの関係を示したものである。側枝は通路と列の方向に〝十字型〟に伸ばすより、列方向に対し四五度ずらす〝X字型〟のほうが、長さは一・四倍とれる（どちらも水平に伸ばして）。四五度斜立させれば、さらに長さは二倍になる。こうすることで、主幹形樹では隣の樹の枝と交叉する前に果実を成り込ませることができる。

なお、下段側枝の間の空間は脚立を入れる作業空間になるので、中段、上段の側枝も作業の支障にならないように配置する。

主幹形維持への現実的な対応

大型の主軸型樹形（主幹形）では、中、上段側枝は細く短く維持し、光条件を損なわない範囲で数多くつけることが、高い収量と品質を維持するための必要条件である。そのために側枝の更新が必要となるが、なるべく側枝の基部付近から更新枝を出すべきである。しかし、現実にはそれは難しいことが多く、元の側枝が数十センチ、あるいは一メートルあまりも残されることになりやすい。そういう側枝上の切り株から発生する弱い徒長枝を成り枝として使うようになると、四、五年生の側枝の場合と異なり、ある程度長くしないと果実がつきにくい。そういう理由で、弘前大学の農場で栽培している弘大方式主幹形も、二〇年生近くなると中、上段側枝は上下の間隔を広くすることが必要になってきた。そして中、上段側枝は間引かれ、数が少なくなった。これは側枝間および下段側枝の光環境を良好に保つという、大型の主軸型樹形の勘どころに沿った現実的な対応ということができる。

(3) 開心形の課題

いつ心を抜くかが技術の核心

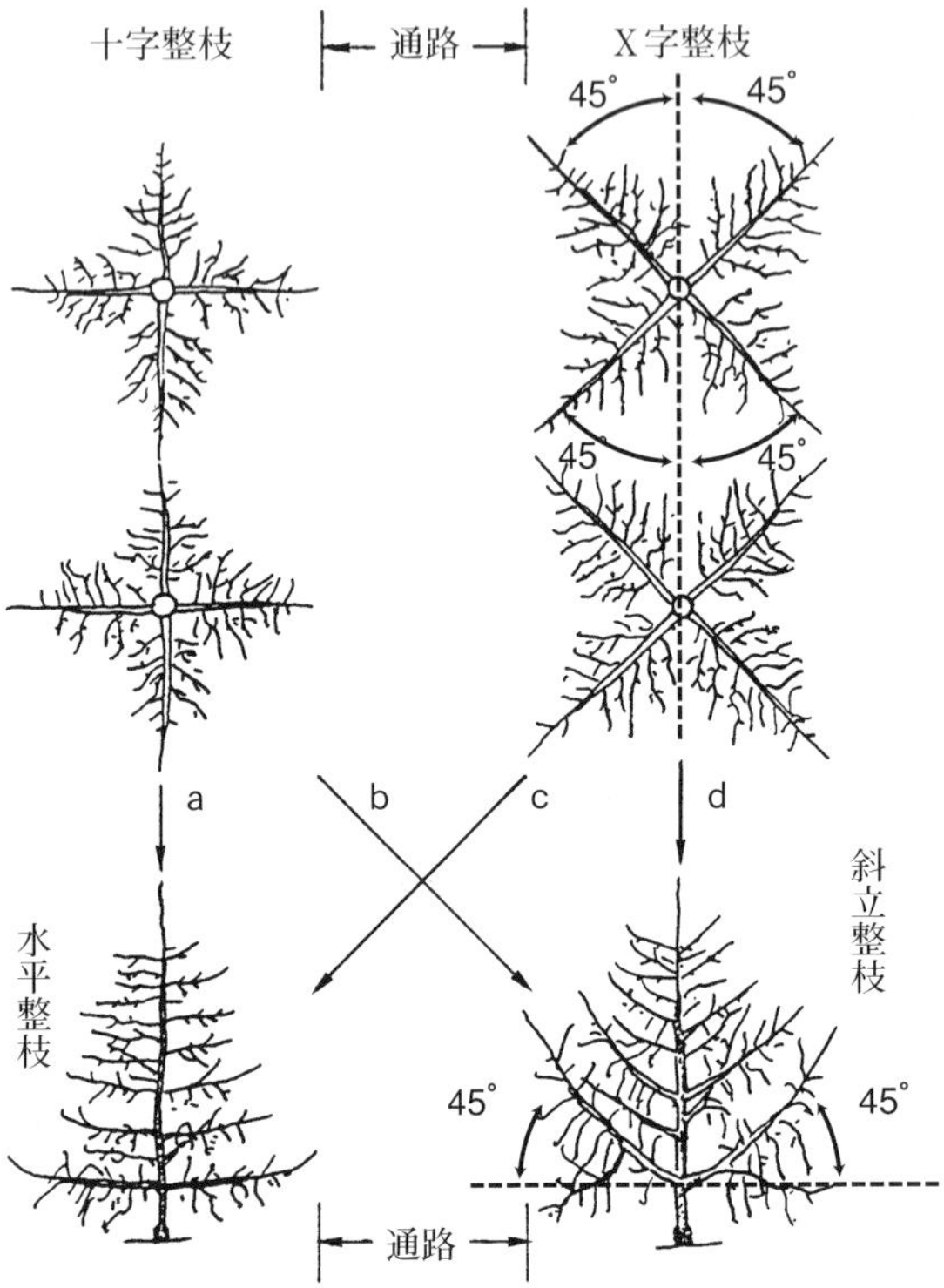

図3—10　側枝の方向・発出角度と下段側枝長の関係

・X字整枝の枝の方向は樹列から45度ずらし，斜立整枝の角度を45度とすれば，側枝の長さは以下のようになる

・aのように整枝（十字・水平）したときの側枝長を1とした場合，bの整枝（十字・斜立）とcの整枝（X字・水平）は1.4倍，dの整枝（X字・斜立）は2倍になる

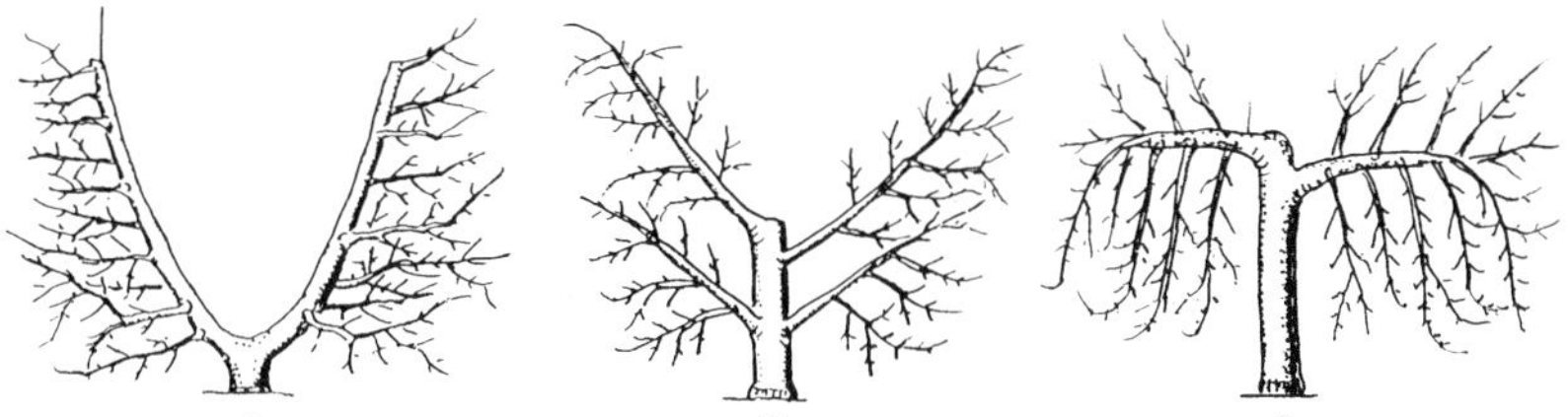

A　B　C

図3―11　心抜きの高さの違いに伴う樹形の変化

開心形を育てるうえでもっとも重要でかつ難しいのは、心抜きである。開心形の若木の整枝せん定はこの心抜きを軸にして成り立っているといっても過言ではない。第４章の図４―10には幼木から成木に至る樹形の変化を示している。樹が若い間は主幹形として育て、果実が成り始めてから主幹の上部（心）を最上段の主枝候補枝まで切り下げる。これを「心抜き」と呼んでいる。この段階で文字どおり開心形となる。

リンゴは幼木期には上方へ伸びる性質が強いので、幼木期に心を抜くと強勢な枝が多数発出して、上方へ強く伸びようとする。これでは結実が著しく遅れるだけでなく、よい主枝候補枝が育ちにくい。はじめは主幹形に育てることで、主枝候補枝が主幹から広い角度で発出し、かつそれらが過度に強勢になることをおさえやすい。

心抜きの早晩はその後の樹形の発達に大きな影響を及ぼす。この関係を図３―11に示した。一般に心抜きが早く行なわれるほど主幹は短くなり、主枝発出部は低くなる（A）。心による生長抑制が早くから取り除かれるから、主枝は強く斜立しやすく強勢になり、樹全体として花芽の着生が遅れる。反対に心抜きを遅らせるほど樹勢は落ち着きやすく、花芽がつきやすい状態になる。また心抜きが遅れるほど、主幹は長くなり、主枝は水平に近くなる（B→C）。主幹が長いほど多くの細い主枝が配置されるが、樹冠内の光条件が悪くなるためしだいに間引かれ、最終的に最上段か、それに近い位置の主枝のみが残されて、同図Cのような樹形になることが多い。また心抜きが遅れるほど、果実は成りやすい反面、がっちりした主枝をつくることがむずかしく、心抜きによる切り口が大きくなるなどのマイナス面も多くなる。

青森県ではこの心抜きが一〇年生前後、長野県ではそれより早いことが多い。

亜主枝はなくてもよいか

リンゴ生産者の中には亜主枝をつけない開心形をつくろうと努力している人たちがいる。これまで述べてきたことから考えて、樹が若い間は可能だが、成木になって側枝の更新が始まるようになると難しいと思われる。主幹に近い側枝ほど強勢になり、果実がつきにくくなるからである。近頃はわい性台木に接いだ樹を亜主枝のない開心形に仕立てる試みもされているが、果実がつきやすい状態の樹ではその可能性はある。

第4章

環境と経営に根をおろす樹形づくり

1 密植栽培樹の育て方

筆者らは、わが国の自然環境条件や農家の経営条件からみて、密植栽培は広く勧められる方法ではないと考えている（第6章参照）。しかし、いろいろな理由で密植栽培を行なうとしたら、西欧で発達した極端な密植でなく、樹間距離が比較的広い（たとえば二～二・五メートル程度）、なるべくがっちりした樹をつくる方向の栽培が望ましい。以下に述べるのは、そのような考えに立った樹の育て方である。

(1) よい苗木を選ぶ

最初にすべきことは苗木選び（苗木づくり）である。苗木は太く、長く、根量が豊富でなければならない。良苗からは切り返したとき多数の新梢が発生して、側枝の本数が確保しやすいばかりでなく、方向、角度なども理

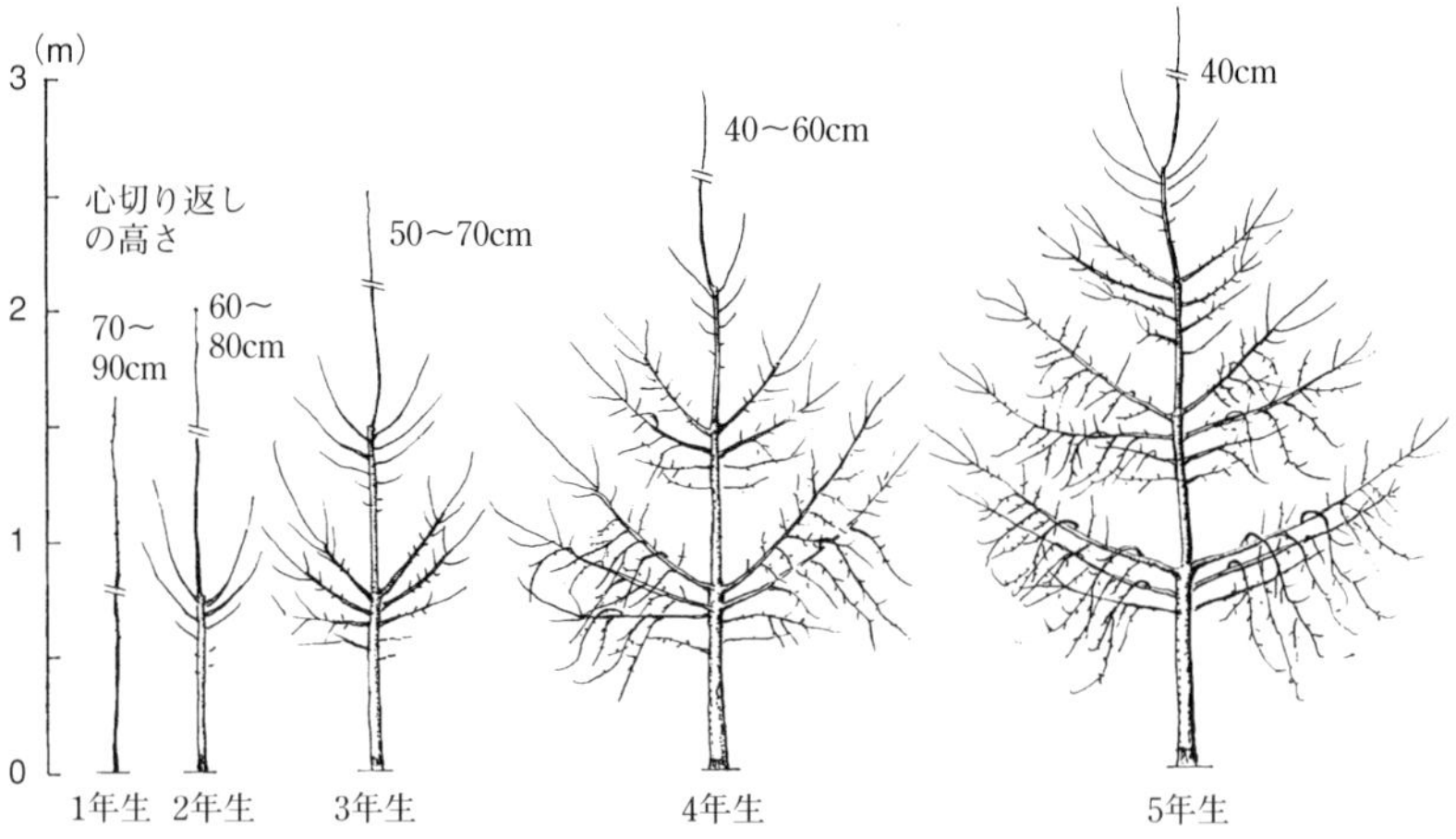

図4－1　密植栽培樹の心の切り返し方

・心切り返しの高さは年々低くする。全部で5回切り返す

・品種・台木・土壌によって若干異なるが，最後の切り返しの高さは3m以内にしたい

想的なものを選びやすいからである。その結果、樹冠は早く完成し、若干であるが初期の生産も早まる。

(2) 心の育て方

側枝づくりのためには、図４-１に示したように心は全部で五回切り返す。一年目は七〇～九〇センチ、二年目は六〇～八〇センチ、三年目は五〇～七〇センチ、四年目は四〇～六〇センチ、五年目は四〇センチくらいで切る。このように心切り返しの高さを年々低くしていくのは、上段側枝ほど短く小さくつくる必要があるからである。最終年の切り返しは地上約三メートルとし、これを最上段の側枝着生高とする（写真４-１）。なかには心を切り返さないで側枝をつくっていく人もいるが、ビーエー（ＢＡ）剤を用いたり目傷を入れたりしないと、所定の高さに側枝を発生させられない。しかし、幼木の幹に目傷を入れれば樹は衰弱する。側枝は切り返しの刺激で確実に発生させることである。

写真4－1　完成した密植栽培樹
（‘ふじ’／マルバカイドウ）
強勢台木で密植栽培を勧めるつもりはない。マルバカイドウを用いても，その気でやれば密植栽培ができることを知っていただきたい

また、最上段の側枝着生高三メートルは高すぎるという人もいるが、樹高を低くするほど樹を狭い間隔に維持することが難しくなる。上方に伸びようとする樹を、無理に低くしたのが根本的な原因である。とくに〝ふじ〟のように樹勢の強い品種では、もてあまして間伐している人が多い。樹高制限の影響は最上段側枝完成頃までは認められないが、以後樹齢が進むとともに側枝の背面から徒長枝が多発するようになり、その傾向は上段の

側枝ほど大きい。側枝は太く長くなるが、上段の側枝ほどよい花芽がつくので、それを所定の流さに切り戻せずにずるずる大きくしていることが多い。その結果、下段の側枝は日陰になりまともな果実生産ができなくなるため間引かれる。側枝本数の減少は残された側枝をますます大きくし、樹間をいよいよ窮屈にしてしまうのである。待ち受けているのは間伐である。

(3) 側枝のつくり方

「一年遅れ」の枝は使わない

側枝を主幹よりかなり細くしたほうがよいと考え、当年発生した新梢を切除して一年遅れの側枝をつくる人が少なくない。しかし側枝は当年発生した新梢をできるだけ利用してつくりたい。そのほうが確実に早く結実するからである。

また、果台枝を利用するとよいという人もいる。たしかに果台枝は生長が弱いので、葉芽由来の枝にくらべたら花芽もつきやすく、こじんまりとした側枝がつくりやすい。しかし、すぐ花芽がついて結実するため、枝は下垂しやすい。そうなれば、着色管理のときに側枝を吊り上げたりしなければならず、かえって手間がかかる。

また幹に着生した短い枝にすぐ花芽がつくような樹は、勢力が弱過ぎて樹冠の完成が遅れる。下手をすると十分な大きさに育たないかもしれない。

夏季せん定で候補枝の長さを揃える

心の切り返しによって発生する新梢は、下位の腋芽より上位の腋芽から発生するものが強い。このため側枝の候補枝はかなり不揃いだが、この不揃いを是正するには夏季せん定がきわめて有効である。

側枝の候補枝数が十分あるときはもっとも強い新梢を切除すればよい。候補枝数が少ないとき、あるいは十分にあっても候補の新梢間で大きさが異なる場合は、大きいほうの先端を適宜切り詰めておく。それでも不揃いの場合は、冬季にも長い新梢を切り返す。むろん、その年の夏に側方や背面に強く発生する新梢も夏季せん定で処理する。密植栽培における側枝は、最終的に下段から上段まで五段つくるが、各段ごとに大きさの揃った四本が〈車枝〉状にでき上がっていればよい。

なお、側枝の大きさを揃えるためには、弱い側枝の結実を制限することも必要である。つまり、冬季せん定における〈蕾刈り〉と摘果（花）をていねいに行なうべきである。「弱い新梢は強く、強い新梢は弱く切り返すのがよい」と思っている人が多い。強く切り返すほど新梢の生長が旺盛になると思っているからであるが、そうだとは限らないことは第２章１⑴で強調したところである。

誘引は二、三年生枝になってから

多くの密植栽培では、斜立している一年生枝を冬季のせん定時に水平に誘引している。しかし筆者らはこの段階での誘引は行なわない。そのままのほうが強く生長するので、樹冠の完成が早いからである。筆者らは二、三年生枝になってから水平面から三〇度くらいの角度にポリ縄や麻紐を用いて誘引するようにしている（写真４―２）。一年生枝を水平誘引した側枝は下垂しやすく、着色管理のときに枝の吊り上げをする手間が多くかかる（写真４―３）。

写真4ー2　ポリ縄による側枝の誘引

写真4ー3　水平誘引した側枝の吊り上げ

1年生枝を水平誘引した側枝は，リンゴが成ってくると下垂し過ぎたり，重なったりするので吊り上げている

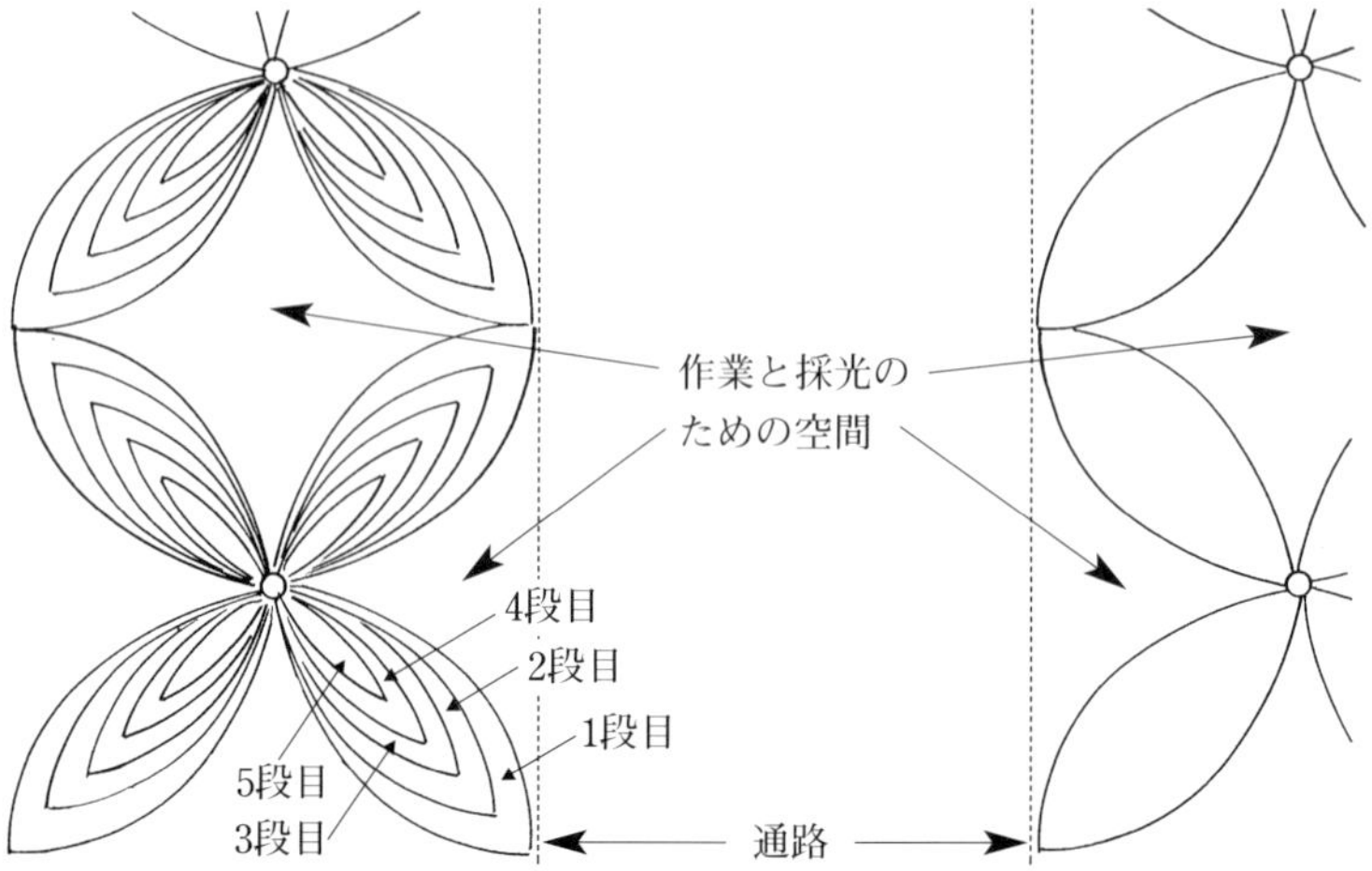

図4－2　密植・半密植栽培における側枝のつくり方

・X字型に配置する（樹列から45度ずらす）
・下の側枝より上の側枝は小さくつくる
・最終的に側枝数は各段に4本，5段つくることにして，20本必要である

樹列から四五度ずらして〝X字型〟に配枝

一般の密植栽培園の中には、側枝を全方向につくっている例も見られる。全方向につけてよいのは、せいぜい最上段の側枝がつくられる頃までである。筆者らは前章の4⑵で述べたように、作業性を考えて通路側から容易に主幹にさわることができ、また脚立も立てられるように、側枝を通路に対し四五度ずらした方向に配置している（第3章4⑶参照）。そして図4－2のように上、下段の側枝を同じ方向に重ねる。従来、これは〈重なり枝〉と称して、樹冠内の光環境上好ましくないとされてきたが、主軸型樹形の場合はこのような側枝配置でないと作業性が損なわれる。この配置なら脚立を左右の通路側に一回ずつ立てるだけで作業は完全に行なえる。

理想の方向に側枝がない場合でも、方向を矯正して使える枝があれば誘引して利用する。このとき枝がねじれて生長が弱まることがあるので、やや大きいと思われるくらいまで育てた枝を用いるようにする。太くて曲がりにくい枝には、鋸目入れするとよい。

一定の光環境を維持するうえで、左右の通路側二カ所および樹列方向二カ所に開いた空間、しかも樹冠上部から下部までつながっているこの空間は有効である。

(4) 側枝の更新方法——長めに切り戻す

密植栽培樹が樹齢を増してきて側枝の更新が必要になったとき、側枝を基部付近で、切り口が上になるよう斜めに切ることが一部で勧められている。切り株の下面から新梢を発生させ、主幹から広い角度で側枝をつくり直そうというのがねらいである。しかし塩崎が側枝の切除方法について検討したところ、切り方、品種（九品種で検討）で著しく新梢の発生率、発生本数などに差が認められた。

この試験では直径二センチ以上の側枝について、側枝基部の切り株をまったく残さない（〇《ゼロ》センチ区）、切り株を少し残す（五センチ区）、五センチ区の三倍残す（一五センチ区）、切り口が上になるよう斜め四五度に切る（四五度区）の四区を設けた。結果を要約すると、

① 新梢の発生率（一本でも新梢の発生した切り株の割合）は、いずれの品種でも、

0センチ区＜45度区≦5センチ区＜15センチ区

の関係があり、切り株は長いほうが発生率が高かった。一五センチ区では全品種ほぼ一〇〇％の発生率であったが、四五度区では六〇～九〇％であった。

② 切り株一個当たりの新梢の発生数は、やはり一五センチ区がもっとも多かった。四本以上発生した品種は〃ふじ〃〃ジョナゴールド〃〃スターキング〃〃千秋〃であった。

③ 四五度の角度で切り返しても、ほとんどの品種で新梢の発出角度が広くなることはなかった。

つまり、切り株を長めに残して切ったほうが新梢の発生率、発生数ともに高く、また発出角度の広い枝も得られて、四五度の角度で切るよりよいとの結論である（写真4－4）。ただし、切り株を長く残すほど枯れ込みやすいので、翌年のせん定ときには所定のところまで切り戻すことが大切である。

ここで述べた方法は半密植の主軸型樹形の側枝更新方法としても使える。

写真4—4　側枝切除時の切り株の残し方と新梢の発生

左：品種は‘北斗’，切り口が上になるように斜め45度に切った
中：品種は‘北斗’，切り株を15cm残して切った
右：品種は‘ふじ’，切り株を5cm残して切った
切り株を長く残すほど新梢（徒長枝）は発生しやすいが，品種によって発生しやすいものと，しにくいものがある

(5) 樹齢が進んでからの密度維持は夏季せん定で

密植樹の樹齢が進むと管理が難しく、とくに〝ふじ〟ではほとんどの人が間伐している。密植の密度を維持するには、樹冠の内部および下部の光環境を一定の水準以上で保っていかなければならない。そのためには次の五点が守られなければならない。

①　側枝の大きさを上段ほど小さくする。
②　上下の側枝間隔を一定に保つ。
③　上、中段の側枝はなるべく下垂させない。
④　冬季せん定が終わった段階で樹列を横断できるように、隣樹の側枝との距離が三〇～四〇センチ離れていること。この間隔は光環境の改善のみならず、作業性の向上にも寄与する。
⑤　側枝の本数は一樹当たり二〇本維持する。

そしてこれらを実現していくうえで、とくに側枝の完成以降の夏季せん定が必須の作業になる。その理由は、

①　すべての側枝を細い状態で揃え、それを維持するのはきわめて難しい。そして側枝は太くなるほど徒長枝が発生しやすい。
②　とくに樹齢が進むと、最上段の側枝には樹高制限の影響で徒長枝が顕著に発生するので、これは徹底して切除しなければならない。
③　側枝を一定の長さで維持するための切り戻しによ

って、徒長枝が発生しやすくなる。

④　側枝完成後の夏季せん定は、樹冠内光環境を一定の水準以上に維持するためにも必要である。

夏季せん定は、せん定の刺激が年内に消滅してしまう八月上旬までに行なうべきである。

また密植樹は、開心形の樹冠内部のようにゆとりがないので、隔年結果は極力避ける。結果枝の頂芽が葉芽の場合、花芽の場合とくらべて発生する葉の大きさは二倍以上になり、樹冠内を著しく暗くするからである。放置すれば下部側枝でなかなか結実しなくなり、樹冠の拡大がいよいよ進む。毎年安定して花芽が着生するような管理をすることが、間接的ではあるが密度維持には重要である。

なお、心はその直下の側枝が強勢化するのを防ぐために残しておいたほうがよい。ただし、大きくなれば縮小したり、ほかの小さな枝に変えていく。

2　半密植栽培樹の育て方

(1)　主軸型樹形の基本

従来、主幹形と呼ばれた樹形は、よい状態をせいぜい一〇年くらいしか維持できなかった。樹形に根本的な欠陥があるからである。それにもかかわらず、漠然とこれまでのように主幹形をつくって、その維持に苦労する生産者があとを絶たない。半密植栽培のための主軸型樹形は、従来の主幹形とまったく違った構造特性をもったものでなければならない（第3章）。以下に重要な点を簡単にまとめておきたい。

半密植樹形は、

①　下段側枝にくらべ、中、上段側枝は格段に短くつくる。

②　枝は太さに応じた長さが必要。側枝は太らせない

こと、そのためには横枝をつけず、直接成り枝をつける。

③　側枝は果実生産力が落ちれば更新する。だから主枝と呼ばない。ただし、下段側枝は更新が難しいので、最後まで維持するように努めたほうが得策である。

④　下段側枝は四五度程度斜立、樹列とは四五度のX字型に配置することにより、強い切り返しを行なうことなく側枝を長く伸ばし、下段側枝が隣接樹の枝と交叉する前に果実を成り込ませることを可能にする。

⑤　下段側枝に早く果実を成らせること、下段側枝の光条件を良好に保つこと、これが半密植主軸型樹形の最大の要件だといっても過言ではない。

(2)　幼木・若木時代

心の切り返し方

一年生の苗木は八〇～一二〇センチの高さで切り返す。八〇センチは雪の少ない地域、あるいは樹高の低い樹をつくりたい場合に切り返す位置である。一二〇センチは積雪量の多いところの高さである。八〇センチより低いと、成り枝が地面とすぐ接触してしまい好ましくない。以降、二年目の心は八〇～一〇〇センチで、三年目は七〇～八〇センチで、という具合に年々切り返す高さを低くしていけばよい（図4-3）。この樹形では上段の側枝ほど短く維持することを原則にしているので、心を切る位置を徐々に下げることで上下の側枝間隔が狭くなっても、光環境に悪影響はない。

主幹から発生した新梢で、おおよそ四五度より広い角度（分岐点ではなく、枝全体としての角度で）をもったものはなるべく多く残す。側枝の発生数が少ない場合は、角度の狭い枝でもスプレッダーで広げたり、紐で誘引して利用をはかる。

側枝つくりをしている段階にある樹の心は、もっとも生長の旺盛な枝を選び、しかも図4-4に示したように側枝より十分な高さを保ち、幼木期から明瞭な円錐形となるように整枝しなければならない。心と側枝の先端の高さに差をつけるためにも、側枝の発出角度は広くしたほうがよい。せん定後に樹冠頂部が円形になるようでは、心の牽制効果が弱く、心と側枝が競合して側枝の先端が立ち上がり、樹勢が強くなってしまう。といって、側枝を強く切り返して心と側枝の先端に差をつけるので

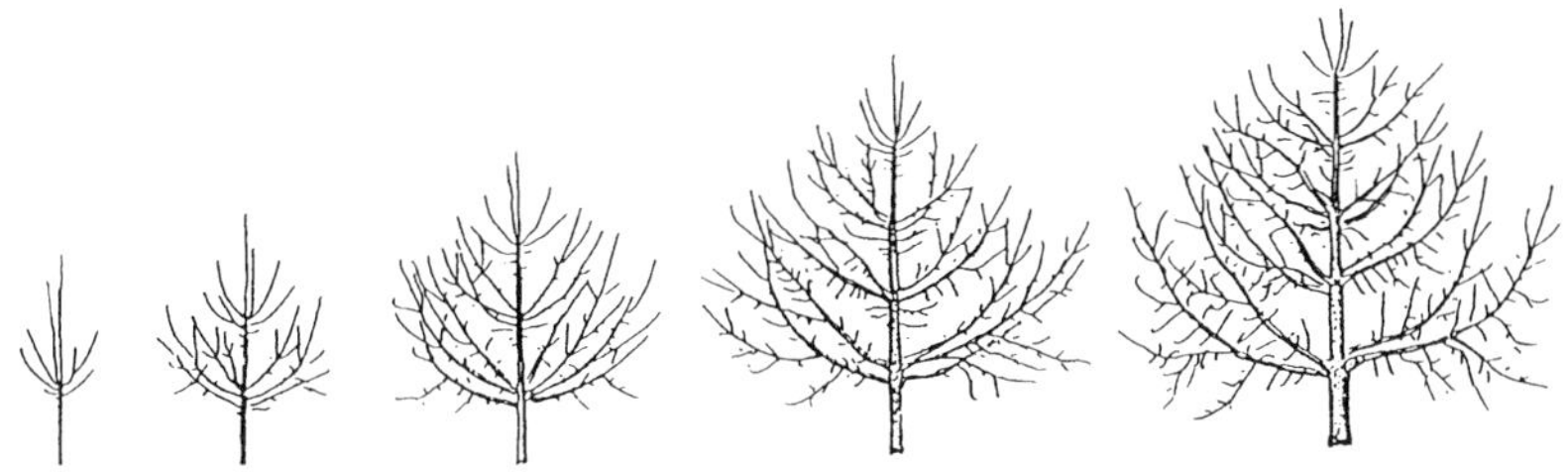
2年生
3年生
4年生
5年生
6，7年生以降

図4—3　半密植栽培樹の幼木から成木までの樹形

・側枝間の均衡を保つためと心との均衡をとるために，側枝先端は適宜切り返しながらつくる
・過繁茂にならない限り，できるだけ多くの側枝をつける
・側枝は45度くらいに斜立させる。基部ではもっと広く，先端ではもっと斜立を強くする
・車枝を上手に利用する
・下段側枝はかなり大きくつくり，底面の広いずんぐりした円錐形状にする

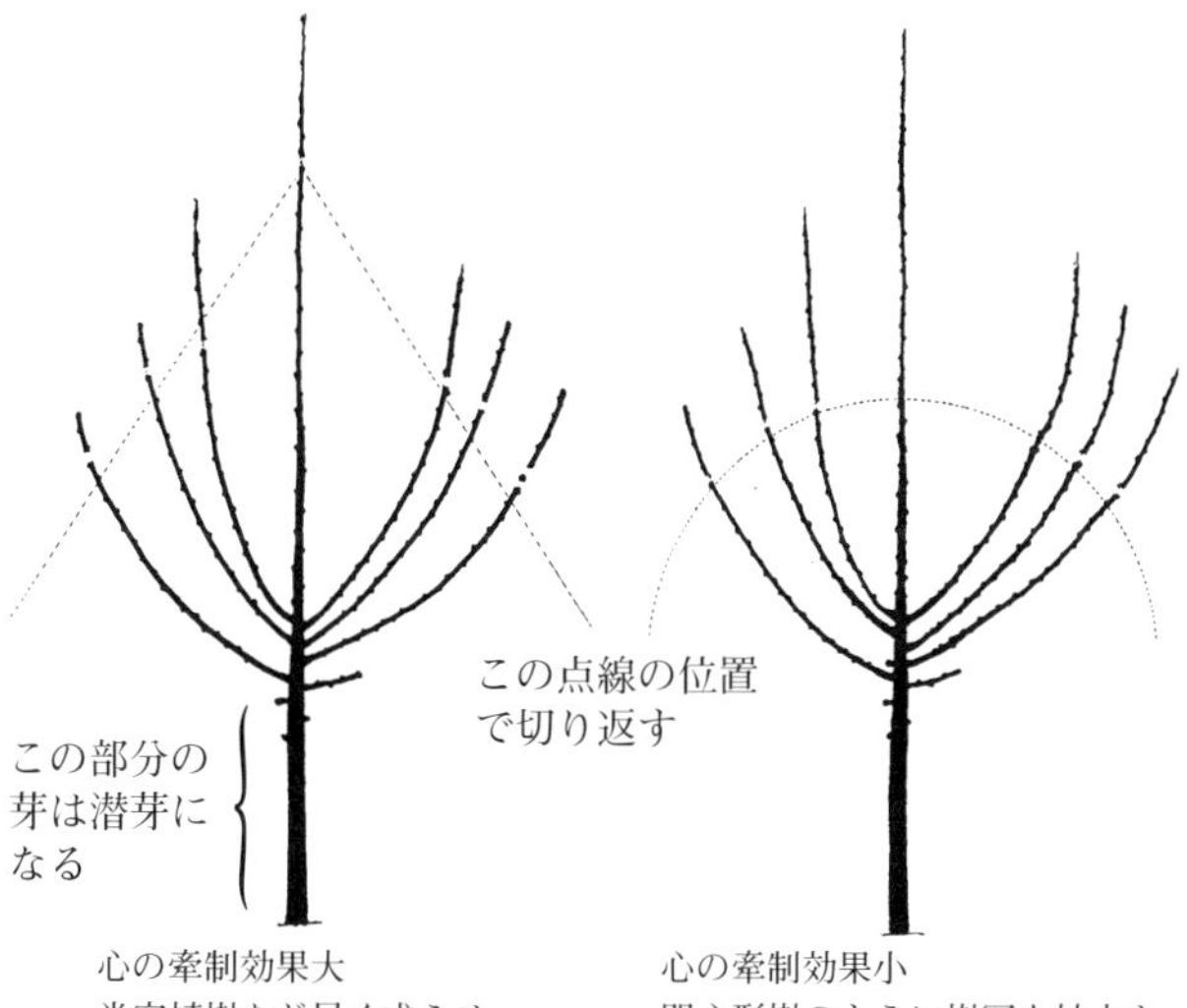
この点線の位置で切り返す
この部分の芽は潜芽になる
心の牽制効果大
半密植樹など早く成らせたいときによい
心の牽制効果小
開心形樹のように樹冠を拡大させなければならないときによい

図4—4　頂部優勢性と心の切り返し方

は、強せん定になるので好ましくない。基本は弱せん定に徹することである。

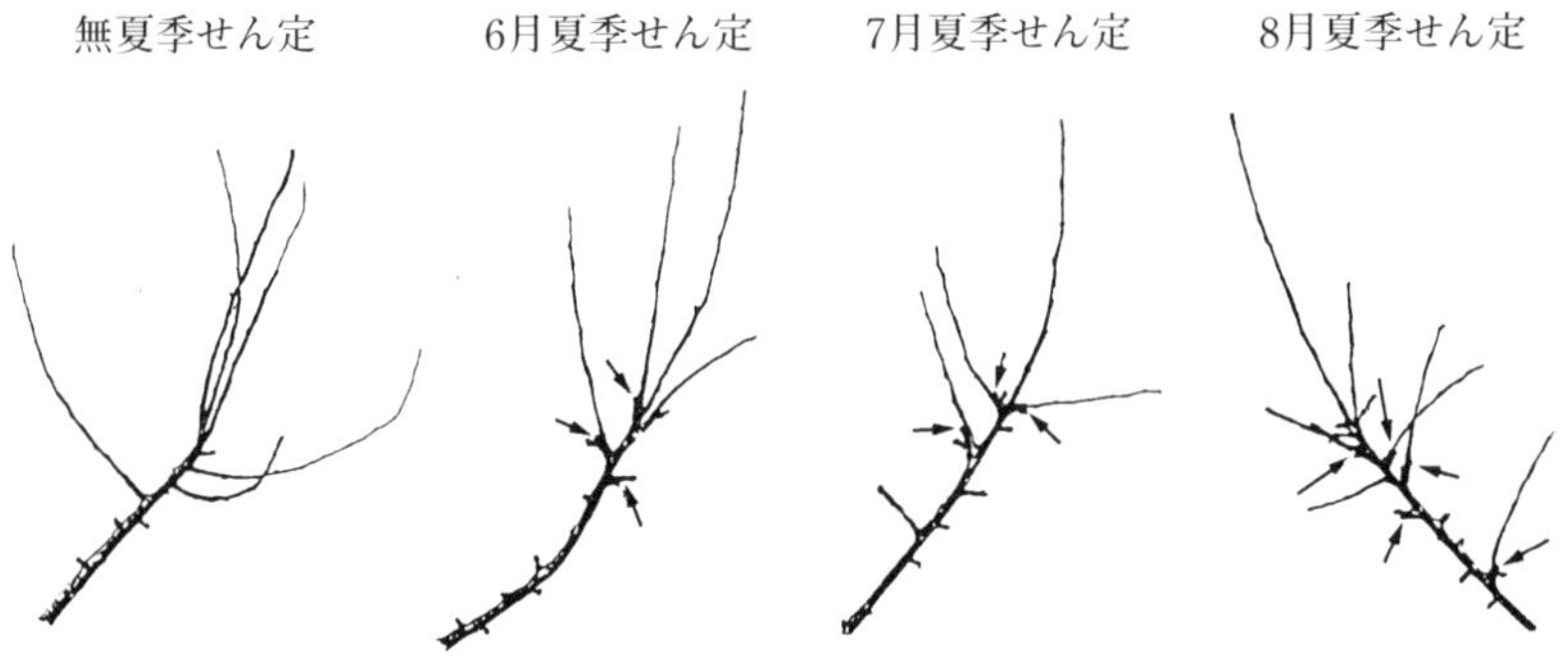

図4−5　夏季せん定の時期と“二次枝”の生長

・矢印は夏季せん定の位置を示す
・夏季せん定は各月の中旬に行なった
・早い時期の夏季せん定は二次枝（切り株の腋芽から発生した新梢）の生長が旺盛である。しかし，夏季せん定しない場合の新梢より二次枝は短く細い
・8月夏季せん定の二次枝はもっとも短いが，先端が凍害を受け枯れる。また翌年に残った腋芽から強い新梢が発生する

写真4−5　6月夏季せん定と8月夏季せん定の例

（夏季せん定した箇所は矢印で示してある）

・夏季せん定は6月，8月ともに中旬に行なった
・6月夏季せん定では二次枝の頂芽が花芽になっていた
・8月夏季せん定では二次枝の先端側半分以上が充実不良のために冬の寒さで枯れた。遅くとも8月の初めごろまでに終えるべきである

夏季せん定で扱いやすい側枝をつくる

図４-５、写真４-５に示したように、五年生頃までは夏季せん定を行なったほうがよい。夏季せん定の対象となるのは、冬季せん定で必ず切除される新梢である。これを整理して側枝の大きさを抑制すること、多すぎる側枝候補枝（新梢）を早めに整理して、冬季せん定の刺激を弱めること、切り株から発生する二次枝で将来の成り枝となる細かい枝を増やすこと、なかでも下段側枝の成り枝増加を重要な目的と考えたい。要するに、夏季せん定は扱いやすい側枝つくりのために行なうのである（第２章図２-12も参照されたい）。

早期多収のカギをにぎる下段側枝

半密植栽培では、最初にできる最下段の側枝の数が多く、質の優れていることが早期多収の要になる。最下段の側枝は最終的に四本残して、一〇年以上利用したい。重なってどうにもならない側枝以外は一年でも長く利用することを考え、結実させながら順次間引いていく。もちろん樹冠内部が光線不足で、大切な側枝の生長、花芽の充実を阻害するほど過密に配置してはならない。

効率のよい側枝をなるべく多く残すには誘引が有効である。斜立の強い側枝を利用する場合、切り下げると栄養生長を強くしてしまうので行なわない（図４-６）。代わりにスプレッダーや紐で誘引すべきである。

最下段の側枝に果実が成って二、三年すると、上段側枝も結実するようになる。下段側枝の栄養生長が強くて結実が少ない状態にあれば、上段側枝の結実も遅れ、樹が大きくなりすぎ半密植の密度を維持できなくなる。したがって、時期がきたら必ず結実させなければならない。また下段側枝は、上段側枝に結実する頃を目安に四本に

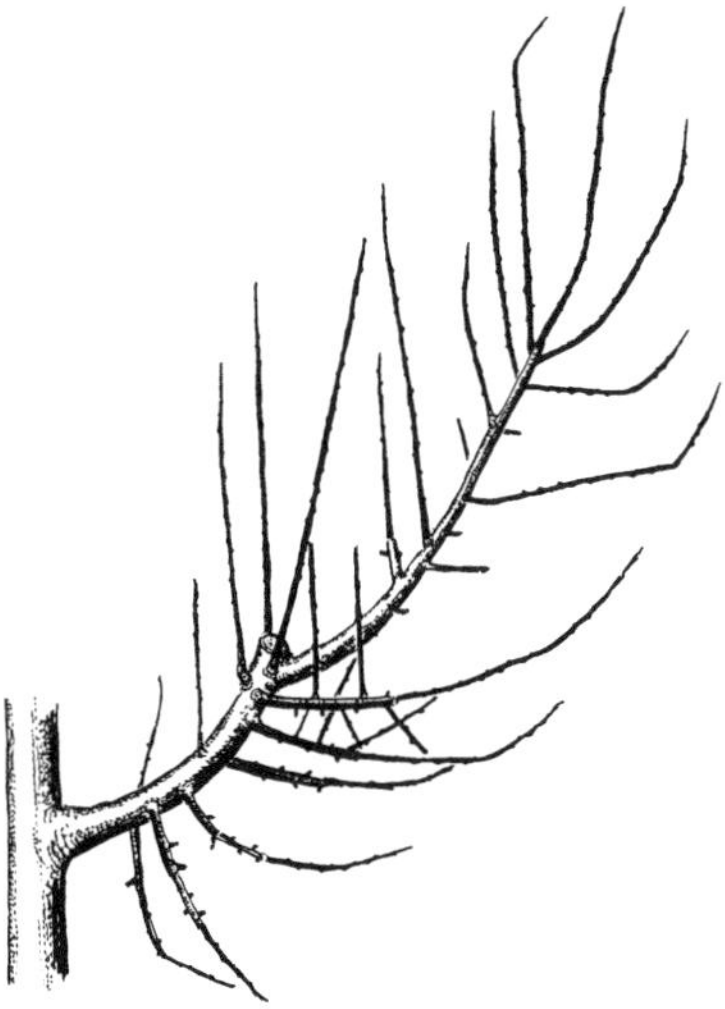

図4−6　側枝を育成途中で切り下げた例
・徒長枝が多発し栄養生長が強くなってしまう
・早期結実は無理である

写真4－6　はげ上がりのひどい側枝と目傷の効果

上：‘つがる’は側枝がこのようにはげ上がりやすい（○印）。一度このようにしてしまうと取り返しがつかない。側枝から間引く枝の切り方や目傷入れによって防止できる

下：腋芽が潜芽化した場合，目傷を入れると新梢が発生する（○印）。せん定時に鋸で入れた

制限する。これは光線の透射を一定の水準以上に保つとともに、作業能率を向上させるために必要である。

　側枝の基部のはげ上がりは極力防止する。品種特性を別にすれば、その原因は枝の衰弱や強い斜立、あるいは光線不足によっておこる。枝の角度を水平面から四五度以下に矯正し、基部付近からも新梢が萌発するようにする。それでもはげる場合は目傷を入れて潜芽の萌発を促すとよい（写真4－6）。

(3)　成木期以降の樹形の維持

下段側枝の維持

一〇アール五〇本程度の栽植本数では、最上段側枝のできあがる頃に隣接樹と下段側枝が交叉し始める。下段側枝は、主幹にスコアリングなど外科処理をしてでも十分結実できる態勢にしておかないと、樹冠間隔を維持するための側枝の切り戻しができなくなる。

　側枝の交叉が始まって三年くらいは、側枝先端の弱い

切り戻しで樹冠間隔を保つことができる。しかし、品種によっては側枝が徐々に下がり、交叉も大きくなるから、図４−７上のように四年生枝まで切り戻すのもひとつの方法である。このように強い切り戻しをしたとき、栄養生長を強くさせないためには、残した枝にしっかり結実させることである。それには隔年結果をおこさせないことが肝要となる。

もし、下段側枝の斜立が保てそうになくなったら、更新のための予備枝を、側枝の背面でなるべく主幹に近い位置に準備しなければならない。下段側枝を発出基部から切除して徒長枝でつくり直した場合、中、上段側枝が大きな牽制枝としてはたらくため、所定の大きさになる前に結実して下垂してしまうからである。また、予備枝はなるべく生長の早い直立枝を選び、三年くらい後に誘

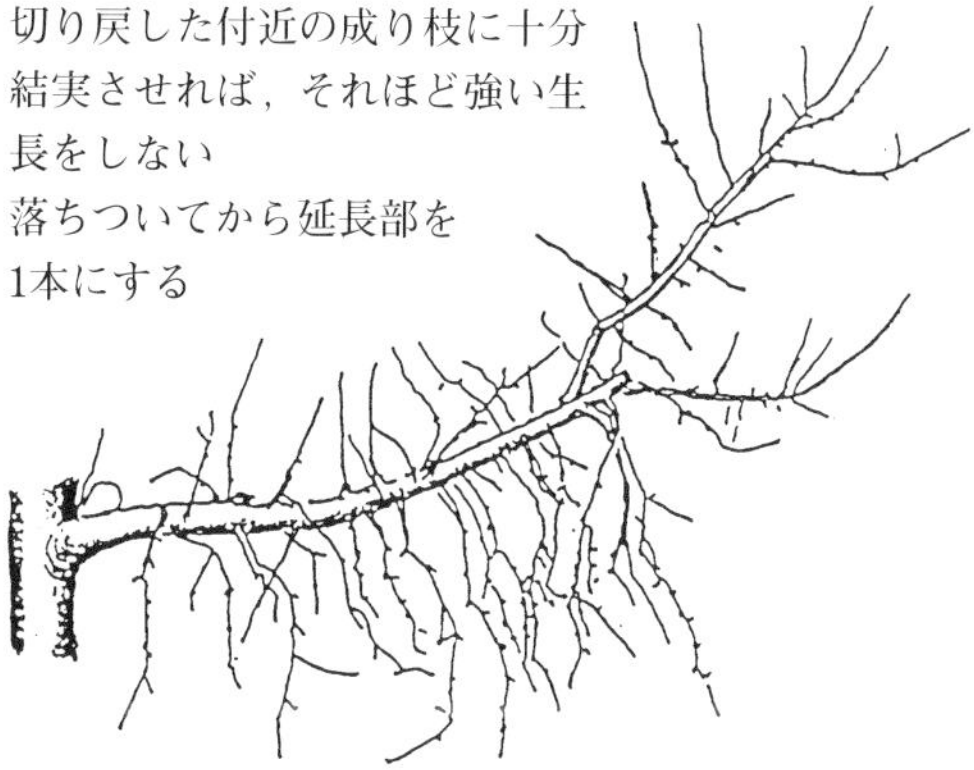
・隣接樹との側枝交叉が弱い段階では，図のように3，4年枝の切り戻しで間に合う
・切り戻した付近の成り枝に十分結実させれば，それほど強い生長をしない
・落ちついてから延長部を1本にする

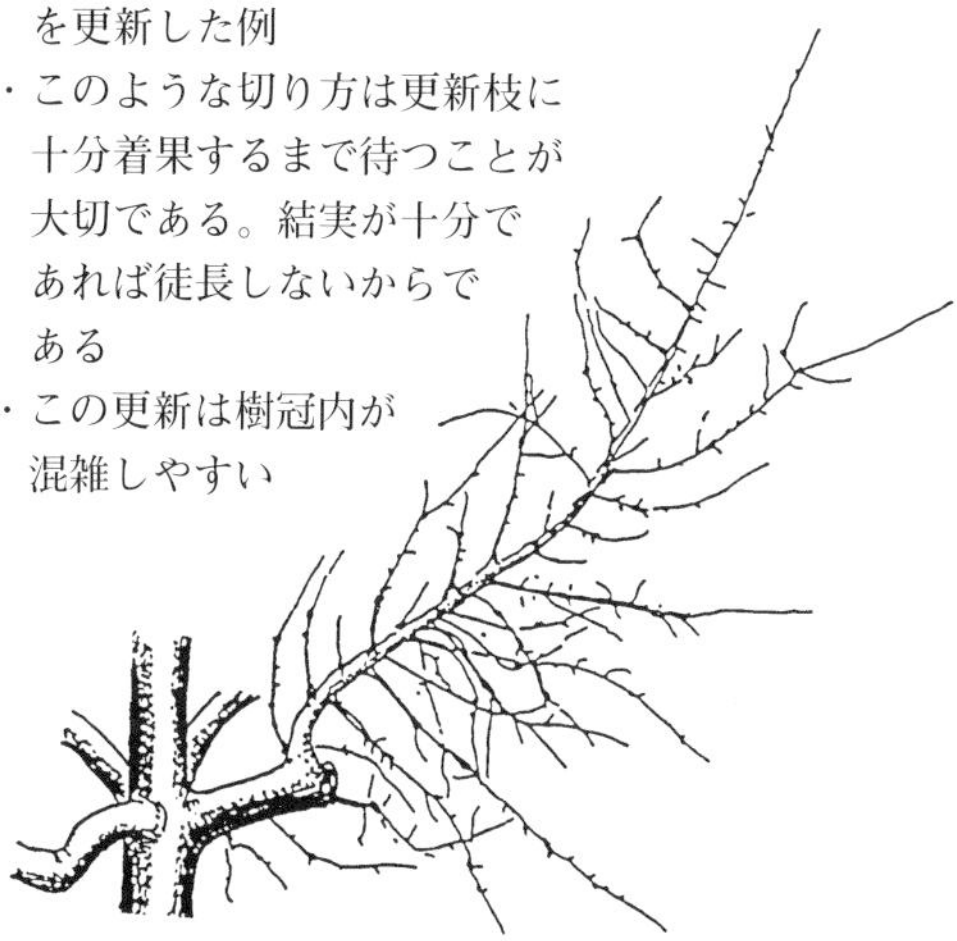
・枝齢が進んで太くなった側枝を更新した例
・このような切り方は更新枝に十分着果するまで待つことが大切である。結実が十分であれば徒長しないからである
・この更新は樹冠内が混雑しやすい

図4−7　14年生半密植主幹形樹の下段側枝2例

引して角度矯正するのがよい。予備枝にしっかり結実するようになってから、元の側枝を切除する（図4-7下）。ただし、この方法は樹冠内が混雑しやすいので、元の側枝から成り枝を適宜整理していかなければならない。

下段側枝がほとんど下垂しなければ、これについている成り枝の更新を適宜行なうことで二〇年以上は楽に維持できる。

下段側枝に着生している成り枝は五年以上使えるが、土壌の肥瘠、光線の当たり具合、および品種で異なる。一定以上の光線を保つようにしても小玉が多くなったら、成り枝は切り戻しをして若返りをはかる。あるいは成り枝の発出基部付近まで切り戻して徒長枝でつくり直すか、基部付近のほどよい小枝まで切り戻してそれを育てる。基部まで切り戻すときは切り株を若干残すと徒長枝の萌発が多くなる。側枝が太くても、このように成り枝の若返りをはかっていけば果実の生産にまったく支障がない。

中、上段側枝の扱い

図4-8に示したように、中段の側枝は下段側枝のおよそ三分の一～二分の一の長さにつくり、ごく小さい

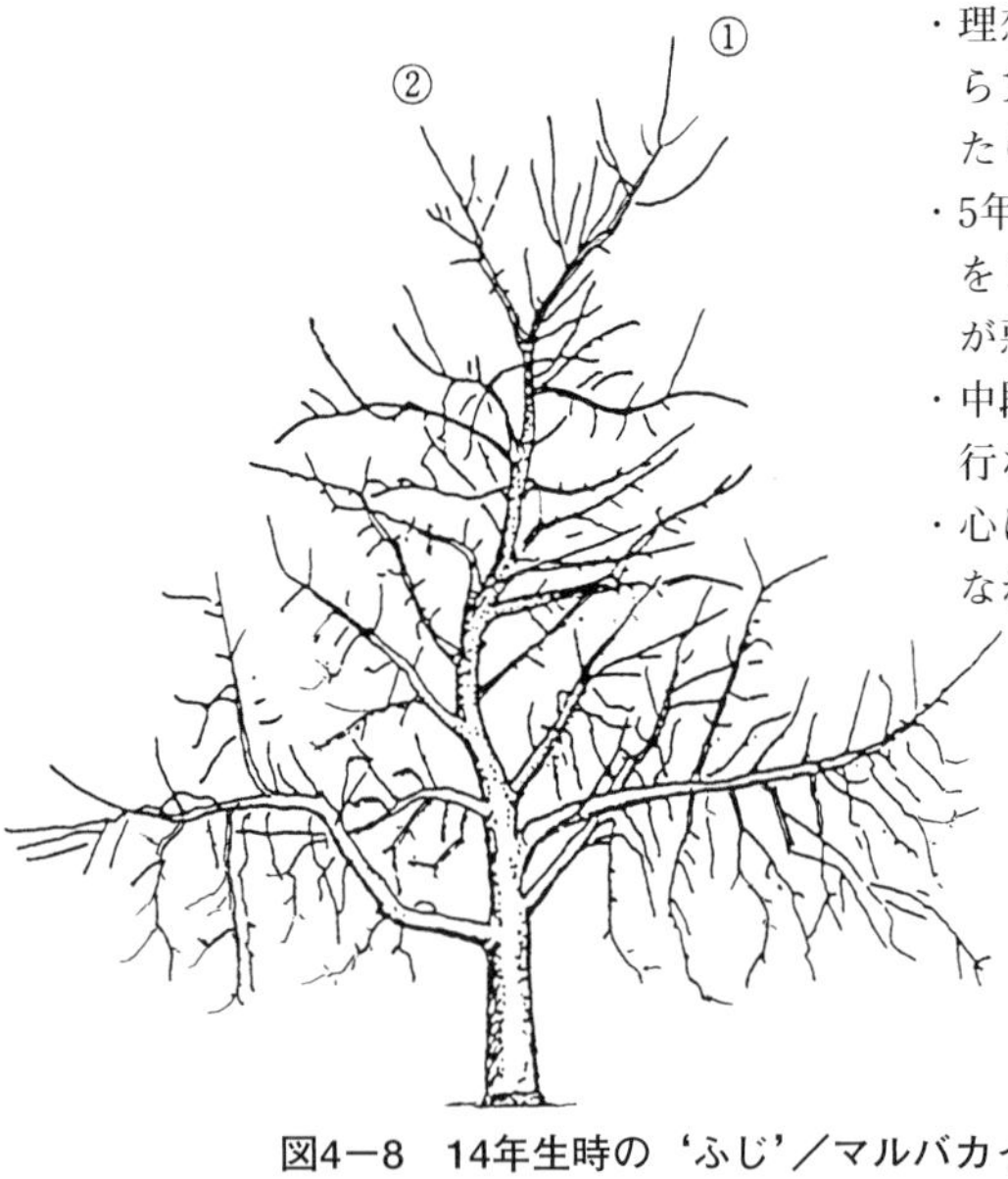
①
②
・理想的な樹形でないが，8年生から19年生までの平均収量（10a当たり）は5.5 t である
・5年生まで開心形仕立てのせん定をしていたので，下段側枝の出来が悪い
・中段の側枝はほとんど切り戻しが行なわれている
・心は①から②へ2回目の更新が行なわれようとしている
最上段側枝まで約20本の側枝がついている

図4—8　14年生時の‘ふじ’／マルバカイドウの樹姿例

成り枝をつける。この側枝は五〜一〇年くらいで発出基部まで切り戻すか、基部付近の小枝に替えてつくり直すのがよい。

上段側枝は密植（わい化）栽培の側枝のように短く細くつくる。側枝に直接果実が成るような感じで仕上がればよい。小玉が多くなったり、下垂が激しくなれば切り上げを施し、若さと側枝間の間隔を維持する。それでも衰弱が進行したり、太くなりすぎた場合は側枝を基部から切除してつくり直す。基部から外す際、〝ふじ〟では切り株を五〜一〇センチ残せば十分であるが、〝つがる〟〝ジョナゴールド〟〝王林〟は一〇センチ以上残す。これによって徒長枝が多数萌発するので、その中から扱いやすいものを選ぶことができる。また、基部付近の小枝まで切り戻してもよい。

中段、上段側枝は水平誘引を行なわない。主幹との角度は四五度より広ければそのままで使う。マルバカイドウを用いた半密植栽培では、側枝を水平に誘引すると、背面に徒長枝が林立して好ましくない（第2章の写真2−3）。また樹勢がよく落ち着いている場合は、側枝を水平誘引すると果実の成り込みによって下垂しやすく、枝吊りが必要になる。

なお、一五〜二〇年を超えた樹における、中、上段側枝の扱い方について、現実的な方法の一例を第3章4(2)で紹介した。

心の扱い方

幼木期から結実期にかけて、心は側枝より優位になるようなせん定をくり返すが、最上段側枝が結実するようになれば、心は直下の側枝が衰弱しないように維持する。すなわち、心の長さは約一・五メートル以内、これに着生する枝数は心直下の側枝の勢力の強さにあわせて加減する。なお一・五メートルは〝ふじ〟／マルバカイドウの例である。土壌の肥瘠、台穂の組み合わせによってはもっと小さい心で十分である。

心の調節方法は二つある。ひとつは心替えする方法である。大きくなりすぎた心を付近の直立した枝に代えたり、側枝を誘引して心の代わりにしたり、あるいは心に結実させることによって心を曲げ、その背に徒長枝を発生させ、これに替えるのである。もうひとつの方法は、心に着生する枝を強く間引き、心の肥大を抑制する方法である。いずれの方法にせよ、すぐ下の側枝との均衡がくずれないように配慮することが肝要である。

徒長枝は夏季せん定で処理

半密植樹とはいえ、樹齢が古くなってくると各段の側枝は若木時代と異なり、適宜更新していても太くなってくる。そして側枝が太くなると徒長枝がよく発生する。この徒長枝は冬のせん定時まで放置せず、せん定の刺激が消失する盆前までに処理するのがよい（本章1⑸参照）。樹を長持ちさせるコツでもある。

3 開心形樹の育て方

(1) 幼木期の仕立て方（植え付け〜四、五年生）

良苗とは

弱い苗木は、切り返しても枝の発生数が少なく、主幹からの発生角度も狭く、将来に不利益をもたらす。大きさの揃った良苗を植え付ける。長さは一五〇センチ以上で太く、根、とくに細根の豊富な苗がよい。

心切り返しの高さ

一年生苗木は植え付けたら七〇センチ〜一メートルで切り返す。二年目以降の心は主幹から多くの枝が発生するように強い枝を選び、四〇〜五〇センチの長さで切り返していく。心は主枝づくりのために三、四年目まで切り返すが、その後は最上段の主枝が結実しやすくなるように牽制の役目をもたせる。また、樹冠拡大をすみやかにするために、心は切り下げたり、心から枝を間引いたりして、小さくしながら一〇年生頃まで維持する（図4-9）。あまり早く心を除去すると、主枝の背面、とくに基部側に徒長枝が林立してやっかいである。

なお、多雪地でも枝を最初一メートル以下につくり、若木の間はこれを保護して初期収量を多くしたい。下から枝をつければ根の張りもよくなるし、重心が低い樹になるので倒れにくくなる。

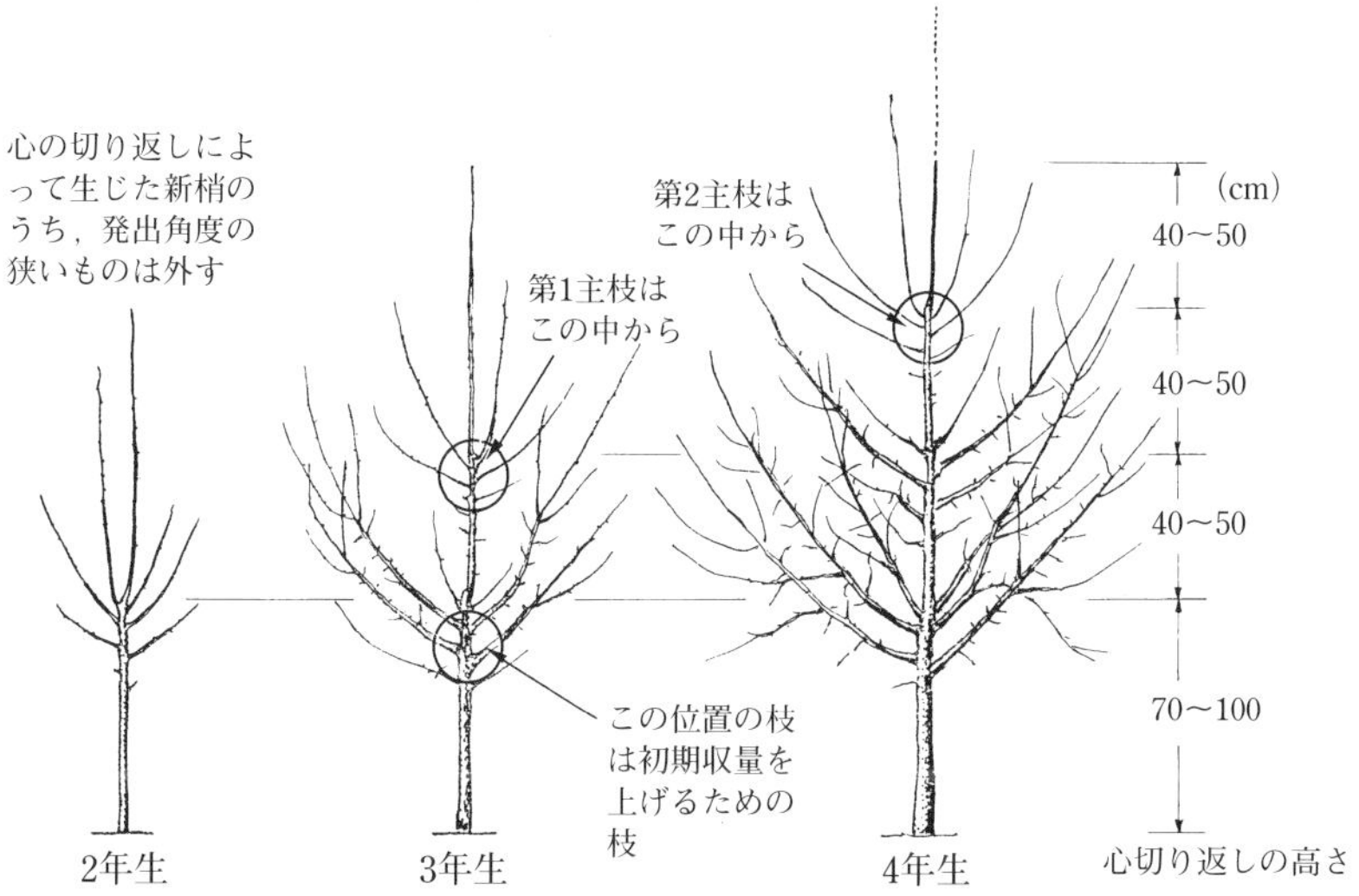
心の切り返しによって生じた新梢のうち，発出角度の狭いものは外す
第1主枝はこの中から
第2主枝はこの中から
(cm)
40～50
40～50
40～50
70～100
この位置の枝は初期収量を上げるための枝
2年生
3年生
4年生
心切り返しの高さ

図4－9 開心形幼木のせん定

・主枝候補枝は新梢の先を切り返しながらつくっていく
・地上1m以下の枝は初期収量を上げるための枝であるから弱せん定に努める。誘引すると多くの本数を長い間おける
・主枝を何段目につくるのかは栽植密度，土壌の肥瘠，地形，品種などで異なる

主枝候補枝の考え方

主幹から発出した枝の中で将来主枝となる枝は、図4－9に示したように、二段目、三段目の比較的高い位置から出た枝（主枝候補枝）から選ばれる。主枝候補枝だけでなく、主幹の低い位置から発出した枝を含めて、なるべく多くの枝を残して初期収量の増加をはかる。それらの枝は、先端の新梢と分岐した枝の先端の新梢を適宜切り返し、勢力を強めに保ち、外へ向けて生長させる。多少労力がかかるが三〇度（仰角）くらいに誘引すると、間引きをする枝が減り、また樹冠内部にまで光線が入る。こうした弱せん定と十分な光線が結実を早める。

筆者らは弘前大学の農場で三五人の人たち（うち三〇人は農家）に〝王林〟を苗木から二一年生の現在（二〇〇四年）までせん定してもらい、収量などを毎年調査してきた。その結果、若木時代の収量は枝の誘引を行なったせん定者の樹が明らかに多かったのであ

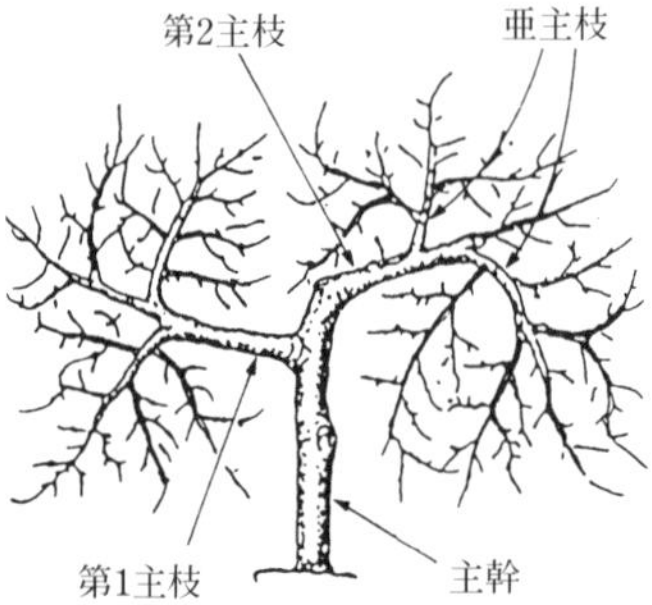

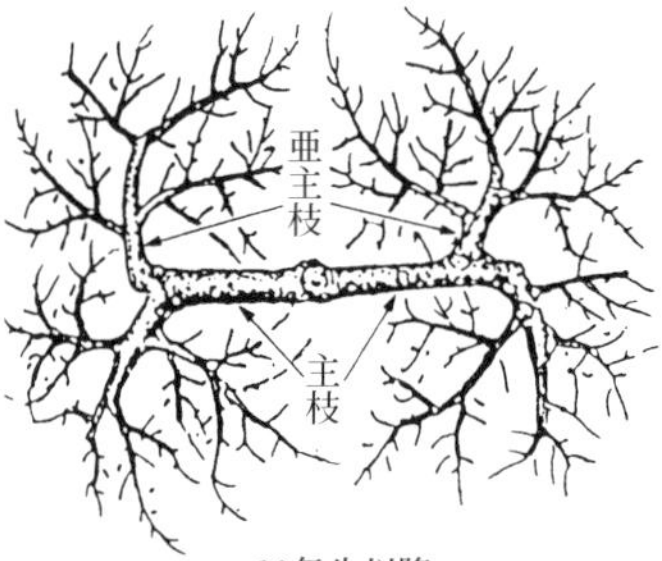

20年生以降
主枝，亜主枝が明確になる。
これらの骨格枝には大，小の
側枝をつける

写真4−7 ‘王林’若木で枝を誘引した樹と誘引しない樹

左：枝を誘引した樹，花が多い
右：枝を誘引しない樹，花が少ない。斜立度が強く，扱いにくい枝がほとんどである

る。写真4−7は、〝王林〟の誘引樹と非誘引樹の開花状況の顕著な差を示す。

(2) 心抑制期から心抜き期（五、六年生〜一〇年生）

主枝候補枝の扱い

四、五年目に主枝候補枝が一〇本以上できているとよい（図4−9）。この中から永久的に使用する二本の主枝に見当をつける。第一主枝は地上一二〇〜一五〇センチ付近に、第二主枝は第一主枝より四〇〜五〇センチ高い位置につくればよい。さらに主枝と直角方向に、一五〜二〇年くらい利用できる主枝（便宜的にこれを「仮主枝」と呼ぶことにする）を二本見当つける。仮主枝は主枝と同じ高さから出さないようにする。図4−10は若木から成木までの樹形の移り変わりを、図4−11は主枝・仮主枝と主枝上のほかの枝の関係を示した。

ただし、目標とする樹形をつくることを求め過ぎると、強せん定に陥りやすい。無

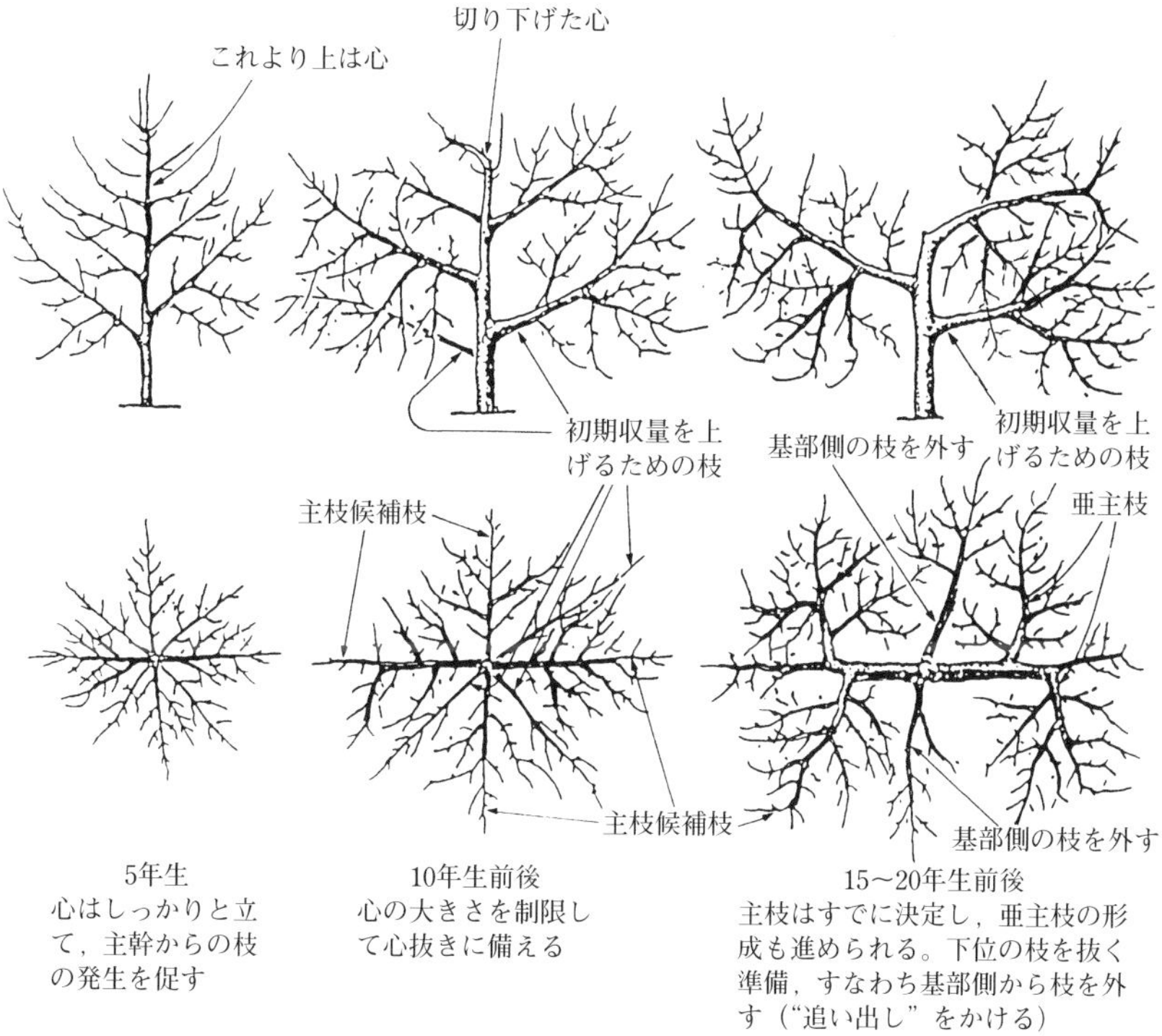
これより上は心
切り下げた心
初期収量を上げるための枝
基部側の枝を外す
初期収量を上げるための枝
主枝候補枝
亜主枝
主枝候補枝
基部側の枝を外す
5年生
心はしっかりと立て，主幹からの枝の発生を促す
10年生前後
心の大きさを制限して心抜きに備える
15〜20年生前後
主枝はすでに決定し，亜主枝の形成も進められる。下位の枝を抜く準備，すなわち基部側から枝を外す（“追い出し”をかける）

図4−10　若木から成木までの樹形の移り変わりと骨格枝のつくり方

・十字形の方向の枝はもっとも遅く間引かれる。これには成り枝ないし小型の側枝をつける
・X字形の方向の枝は初期収量を上げるために残した短命な枝であり，基部側から随時“追い出し”を行なう
・主枝上の枝は基部と先端部を小さくし，真ん中を大きくする。すなわちリンゴの葉の葉脈状に考えればよい

図4−11　主幹上の主枝とほかの枝の関係（7，8〜12，3年生）

理に形をつくることは慎み、開心形の〈勘どころ〉（第3章3(2)）を念頭に、なるべく目標の樹形に近付けるという程度に考えながら、時間をかけてつくり上げるようにする。

また、主枝を伸ばす方向なども従前から、第一主枝は南側に、第二主枝は北側につくるようにいわれてきた。おそらく光線の当たり具合を考慮してのことだが、現実にこのようにつくられている例はほとんどない。それでも困らないのは、樹冠内の作業と採光のための大小の空間がたくさんつくられているからである。主枝の発出方向はとくに南北と決めてつくらなくても、それぞれの樹の主枝候補枝の状態を見て決めればよい。

なお主枝、仮主枝以外の枝、とくに地上一メートル以下から発出した枝は、前に述べた初期収量を高めるための枝であるから、少なくとも一回は収穫しないと意味がない。これらの枝は二次生長部分の切り返しも、共枝（同勢力の二股枝）の整理もなるべく行なわず、弱せん定を心がけるが、主枝や仮主枝の生長の妨げとなる枝は間引く。

心の調節と心を抜くタイミング

心には上段主枝の勢力を落ち着かせる重要な役割があるが、大きすぎて主枝がつぶれてしまってもいけない。また、心に果実を成らせる人がいるが、心を太らせてしまい、心抜きしたときの切り口が大きくなって傷口がふさがりにくく、腐敗を招きやすい。

主枝は果実生産しながら、樹冠拡大もできる勢力の強さをもっていなければならない。したがって、心の大きさの調節は難しく、経験の浅い場合に失敗が多い。心の大きさを見る目安として、心抜き前の主枝延長部の新梢長がある。新梢長は六〇センチ以上あればよい。六〇センチ以下だと勢力が弱すぎて樹冠拡大が遅れるので、心を切り詰めたり、主枝候補枝についている新梢を切り返して栄養生長を促す。逆に主枝延長部の新梢が一メートルもあるときは、心が小さすぎることになる。心は主枝および周辺の枝の落ち着きにあわせて小さくし、主枝が心より太く、かつ結実するようになるまで待って抜くことが肝要である。心抜きの時期は、品種や土壌の肥瘠などに影響されるが、おおよそ一〇年生である。

(3) 骨格枝のつくり方（一〇〜二〇年生）

主枝、亜主枝の長さと本数

主枝の長さは、主幹から成木時の樹冠の縁までの距離の半分がよい。一〇アール当たり二〇本の正方形植えにすると、成木時の樹冠の幅は約七メートルなので、主枝長はその半分の半分で一・七五メートルとなる。

亜主枝の長さは、亜主枝の分岐点と樹冠外縁部までの距離の半分がよい。ただし、実際の骨格枝は角度がついたり、曲がったりするので五〇％程度長くなることもある。おおよそ主枝が二メートル、亜主枝が一メートルという目標である。

亜主枝は一主枝に二本、一樹で四本、一五〜二〇年生の間に確立する。主幹から約一・五メートルの位置に第一亜主枝、それから約三〇センチ先に第二亜主枝をつくることを目途とする。主枝、亜主枝の延長部にも枝をつけるが、その枝は結実によって徐々に下垂する枝を選び、衰弱したら更新する。

樹勢を外科処理などで急速に落ち着かせて果実をいっせいに成らせると、主枝が下垂して樹冠拡大が損なわれる。主枝つくりをしている間は、果実の成らせ方にも注意を払いたい。〝つがる〟〝ジョナゴールド〟など結実が良好で枝が下垂しやすい品種は、主枝候補枝は切り返しせん定で枝を下がりにくくしながらつくる。それでも結実して下垂するときは、主枝延長部を更新する。主枝の上面に発生する徒長枝で、斜め上方に強く伸びた枝を、元の主枝にかぶせるように育て、これに代えていくのである。

亜主枝をつくる前の主枝と側枝

主枝には立ち枝や強い分岐枝をつけない。また少なくとも一五年生くらいまでは亜主枝をつくらず、大小の側枝や成り枝だけにする（図4−12）。側枝は最初にたくさんつけ、樹が大きくなるにしたがって、同じ方向に伸びて間隔が狭くなっている枝を間引きながら大きく育てるが、大きくしすぎて骨格枝（亜主枝）化させてはいけない。骨格枝化した側枝や弱った側枝は間引いて、切り口周辺から発生する新梢（徒長枝）で側枝をつくり直す。亜主枝を早くつくったり、骨格枝を増やすと、仮主枝と

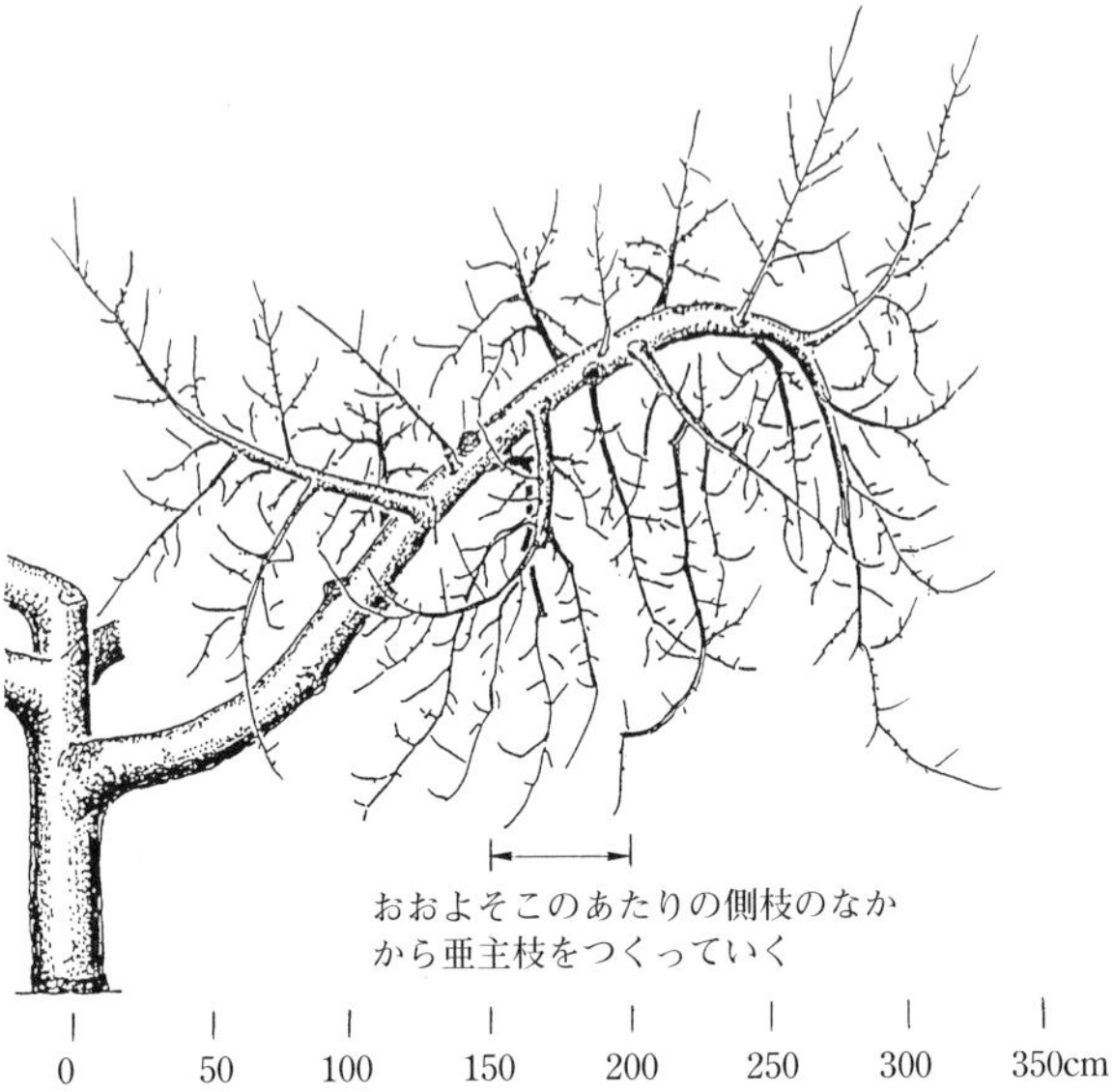
おおよそこのあたりの側枝のなか
から亜主枝をつくっていく
0
50
100
150
200
250
300
350cm

図4—12　亜主枝を構成する直前の主枝と側枝（15〜20年生頃）

競合し、その寿命を短くする。

逆に仮主枝に大きな分岐枝をつければ、主枝の生長を妨げるばかりでなく作業性も損なわれるので、大小の側枝だけつける。仮主枝は、側枝を年々基部のほうから間引いて、一五〜二〇年を目途に切り落とす。

(4)　側枝と成り枝のつくり方

側枝は図4-13に示したように、亜主枝ができる前であれば主枝に直接つくるが、亜主枝の構成が始まると亜主枝にもつくり、やがて主枝上の側枝は間引いてしまう。

側枝候補枝の扱いとその後の管理

強く斜立した新梢は花芽がつきにくく、しかも下垂せず大きくなり過ぎるので、側枝候補には不適当である。側枝に向くのは四五度くらいの角度で伸びだして、太く充実した、やや長めの新梢である。これをせん定時に品種や発出角度と生長の程度に応じて切り返す。二次生長部分は多くの場合切り捨てるが、とくに〝王林〟の二次生長部分は一〇センチ以上も萌芽しないので、しっかりした腋芽の上で切り返す。また成り込むと〝つがる〟や〝ジョナゴールド〟は〝ふじ〟より枝が下がりやすく、とくに〝つがる〟では枝の基部がはげ上がりやすい。そこでこれらの品種は少し強く切り返す。その場合、切り返す位置は下芽がよい。

側枝候補枝の上面、下面、側面に発生する新梢のうちから強いものだけを間引く。すなわち、側枝につける小枝（成り枝）は、果実が成れば下がるような柔らかい枝を選ぶ。要は細かい枝を多くつけることである。なお、これらの小枝は、枝の上面、下面、側面につけるが、側枝が水平にまで下がってきたら下面の小枝を切除する（図４―14）。

これ以降も側枝の妨げになるような強い枝は毎年間引く。側枝の延長部は花芽の着生が多く、新梢が三〇センチ以下の場合〈蕾刈り（頂花芽切除）〉を行なうか、五センチ程度切り返す。枝の勢力によってせん定の強さを判断するのである。側枝の先端は適宜切り上げせん定したり、衰弱した小枝の切り戻し（主として切り上げせん定）や間引きをていねいに行なうことによって、一〇年

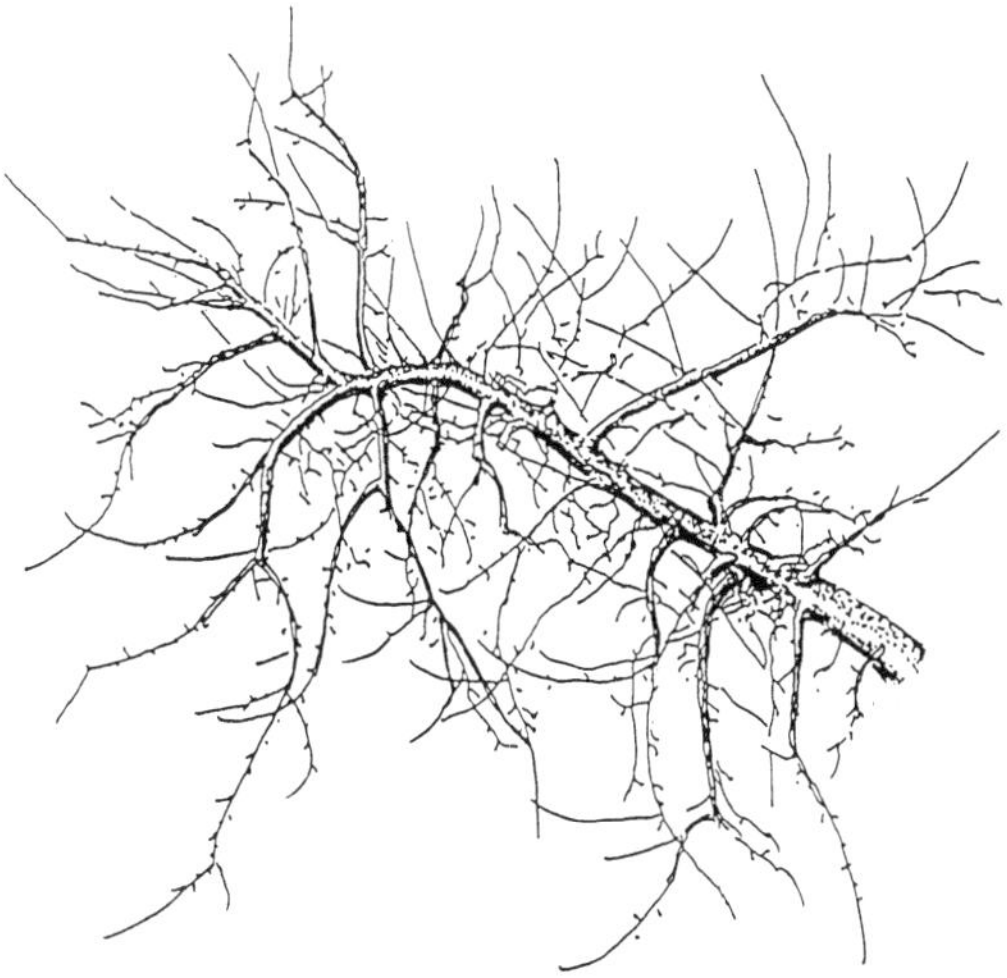

図4―13　主枝延長部付近の側枝と成り枝

若い主枝延長部付近の側枝は斜立，水平，下垂したもので構成されていればよい。
亜主枝の場合も同じである

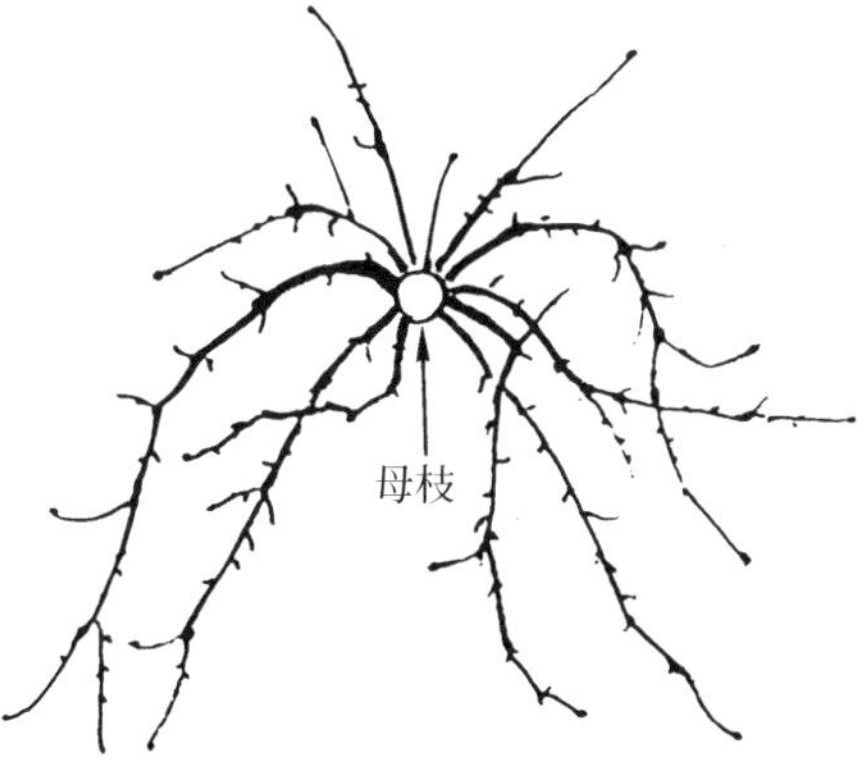

図4―14　小枝（成り枝）のつけ方

・母枝の上・下面，側面を問わずつける
・母枝が水平になる直前に下面の小枝を切除する

以上も使える枝になる。

側枝の更新

下垂しない側枝は骨格枝のようになり、樹形を乱す。側枝は果実生産をくり返すことによって下垂するのでなければならない。しかし、下垂して弱くなり、強くせん定しても小玉や枝のはげ上がりを防ぎきれなくなった場合は更新する。

更新のための予備枝は、側枝が水平になる前に基部付近の側面ないし上面の新梢で、四五度くらいに斜立し、側枝の方向より左右どちらかに二〇度くらいずれているものがよい。まともに重なると下の枝を早く間引かざるを得なくなる。

この予備枝は四、五年もたてば大きくなって果実が成り、斜立程度も弱まる。そこでこの枝の予備枝もあらかじめ見当をつけておく。土壌の肥瘠で異なるが、更新の予備枝は枝齢の異なったものを二、三本準備しておくとよい。大きい側枝を更新するときは、基部側の小枝を二、三年かけてはずし、小さくしてから切る。いっぺんに切ると、せん定の刺激が強すぎて枝が徒長する。

(5) 計画密植栽培とその実際

永久樹の栽植距離を決めてから始める

疎植開心形の大きな短所は、最大収量に達するまでに長い年数がかかることである。「成らせながら樹形をつくる」を心がけることで果実の着生は早まるが、樹冠の拡大が遅れるので園全体としての収量はなかなか高まらない。そこで一〇アール当たり収量を早くから高めるためには、計画密植栽培を行なうことが必要である。計画密植栽培というのは、永久樹と間伐樹（間植樹）を決めておき、樹齢が進み園地が込んでくるにしたがって樹冠を縮めていき、やがて間引く方法である。

この方式を採用するにあたっては、最初に縦と横の栽植距離、すなわち永久樹の栽植本数をしっかり決めたうえで間伐樹を入れるべきである。そうしないと間伐後に通路部分が著しく広くなるなど、土地の利用効率が低くなる。一戸当たりの経営面積が小さいわが国では、園地の無駄づかいは極力避けなければならない。

永久樹は将来の樹形を考慮に入れて計画的に育てる。

一方、間伐樹は早く果実を成らせることを目的に育てるとともに、永久樹の樹冠の拡大にともなって間伐に向けて計画的に樹冠を縮小してゆく。文字通りすべてが計画的なのである。

　生産者の園では漠然と多くの樹を植え、樹が大きくなって込み合ってきたら間引いていこうという考えで栽培されている例が少なくない。また、生産者は永久樹、間伐樹に関係なく、よく成る枝、あるいはそういう樹を可愛がる傾向が強い。園地が込み合ってきたとき、よく成っている枝を切除して樹冠を縮小したり、あるいは間伐することは至難の業である。困った挙げ句に一挙に間伐すれば収量が激減するうえ、永久樹の骨組みづくりが計画的に進められていないので、間伐後の果実生産を順調に伸ばしていくことも期待できないのである。

　間伐樹は、累積収量が十分黒字になるまでおける樹間距離をとるべきである。間伐樹からある程度収量が上がったように見えても、それまでの収支を差し引いて赤字になるようでは、間伐樹を入れた意味がない。また、間伐樹には早くから結実させるための工夫をすることが大切である。

　以下に、強勢台木であるマルバカイドウに接いだ永久樹と間伐樹に用いた場合の計画密植栽培について説明する。

間伐樹の栽植本数

　栽植本数は永久樹の二〜三倍とする。一年生苗木の植え付け当初は三メートルの間隔でもかなり広く感じる。しかし樹冠拡大が毎年三〇センチずつあれば、五年後には株間がつまる。リンゴは品種や台木にもよるが、それほど早くから結実しないので、樹間隔をあまり狭くすることができない。たとえば永久樹を七メートル四方で植え付ける場合は、図4-15に示した栽植方法が考えられる。

間伐樹のつくり方

　永久樹は最初から樹冠拡大が促進されるような管理をし、また骨組みの高さ、方向、角度も綿密に考えてつくらなければならない。

　一方、間伐樹は樹齢が進み樹間隔がなくなると、主枝や主幹から発出した枝の切り詰めが頻繁に行なわれるの

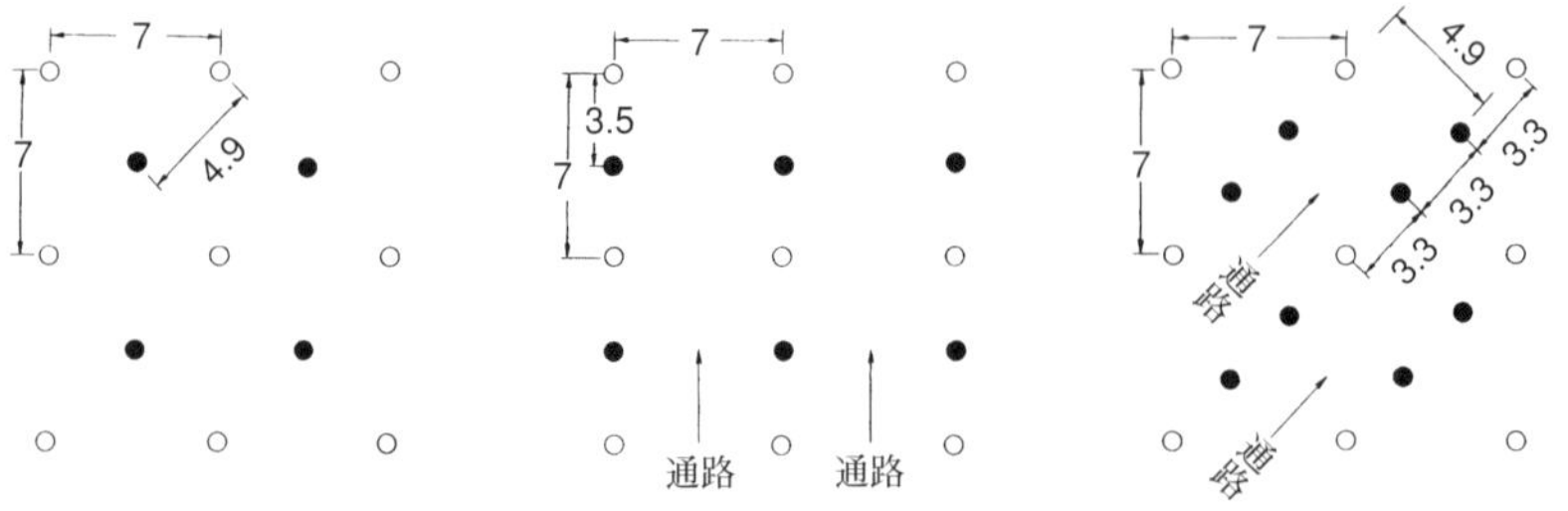

ⓐ当初，41本／10a植え。間伐樹の寿命がⓑ，ⓒよりも長い。間伐後は20本／10a植えとなる

ⓑ当初，41本／10a植え。間伐樹の寿命がⓐより短い。間伐後は20本／10a植えとなる。通路がしっかり確保されている

ⓒ当初，61本／10a植え。間伐樹の寿命がもっとも短い。間伐後は20本／10a植えとなる。ⓐ，ⓑより初期収量が多い

図4−15　計画密植栽培の栽植様式

○は永久樹，●は間伐樹を示す

単位：m

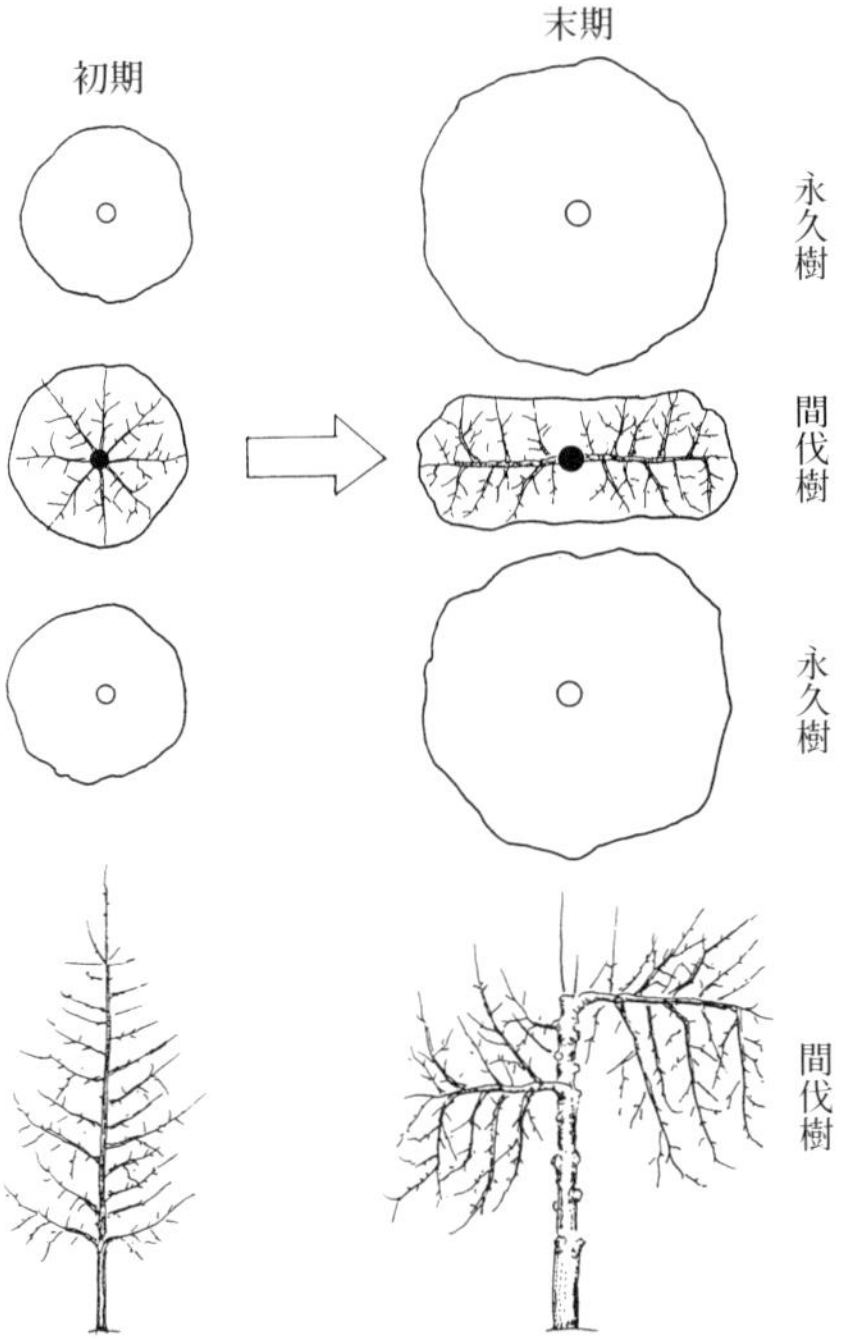

図4−16　間伐樹のつくり方の一例

末期の2本の枝は地上2m以上の高さにつくれば長く使える

で、どうしても樹勢が強くなる。そこで間伐樹は花芽形成を促すために弱せん定、減肥、外科処理を必要とする場合が多い。

図4−16は間伐樹の樹形の一例として、初期と末期に分けて示したものである。最初は花芽が早く着生しそうな側枝を主幹上になるべく多くつくり、密植樹のような形につくっていく。しかし、永久樹の樹冠拡大とともに間伐樹の主幹上の枝の間引きが順次行なわれるので、地上二〜三メートル付近の枝で通路側に伸びているものが

最後まで使えるように配慮する。こうした枝を活用していくためには、下段枝の間引きにあわせて徐々に心を小さくしなければならない。

間伐樹の活用方法——若木の移植時にせん定は無用

間伐樹は、収量が一〇キロ程度より取れなくなるまで稼がせて伐採する方法もあるが、まだ枝数が多いときに欠木の補植や新たな園地をつくるとき活用してもよい。

若木の移植時には、根が切られたのに見合うぶん、枝を切ったほうがよいと果樹の栽培書に書かれている。しかし、昔から一部の生産者の間で、移植の際は枝を一切切らないほうがよいといわれ、実行もされていた。塩崎はどちらが正しいか確かめるために試験を行なった。

試験は五年生の〝ふじ〟／M26、〝陸奥〟／M26、〝陸奥〟／マルバカイドウ、〝ふじ〟／MM106の樹を用いて、無せん定、弱せん定（ふつうのせん定より弱い）、強せん定樹（ふつうのせん定より強い）について比較した。十二月に幹から半径三〇センチ、深さ三〇センチの範囲で掘り上げ、移植した。移植後一年目は結実させず、二年目から結実させた。一年目の終わりにはすべての樹をふつうにせん定した。

その結果、一年目にはせん定の有無、強弱にかかわらず長さ六センチ以上の新梢は発生せず、〇・五センチ以上の新梢の発生本数は無せん定樹がもっとも多かった。このことが結果枝の本数として翌年の果実数に反映し、二年目における一樹当たりの着果数は、無せん定樹がもっとも多いか弱せん定樹と同程度だったが、強せん定樹は少なかった。果実の大きさは同樹齢の移植しない樹にくらべ、〝ふじ〟では違いはなく、〝陸奥〟では若干小さかった。

この試験の結果をまとめると以下のとおりである。せん定の有無、強弱に関係なく移植樹はよく活着し、強せん定によって新梢の生長が盛んになることもない。枝は強く切るほど一年目の新梢数が少なくなり、その結果として翌年の果実数が少なくなる。そのうえ、枝齢の大きい枝が失われて樹冠が縮小し、元の大きさに戻るまでに年数がかかる。

「移植にあたっては無せん定がよい」という、生産者の伝承技術の正しさが証明されたわけである。

第5章 さまざまな栽培方式の試み

密植栽培を行なっている生産者の多くがその維持に苦労する一方、わい化栽培はやりたくないが従来の疎植開心形もやりにくいと、開心形の低樹高化を試みる生産者もある。ここではこうした問題にどう対処すればいいか、私たちの取り組みを中心に紹介する。

1　密植栽培成立の前提

(1)　無計画な密植園の現状

〝ふじ〟の密植栽培（わい化）園でも、一〇年生くらいまでは比較的樹形の維持が容易なので、収量、品質も満足できるものが得られる。しかし写真5－1のように、すでに七年生で樹形が怪しくなっている例もある。このあと樹齢が進んで樹冠内、園内の混雑が目立つようになると、ほとんどの生産者が日当たり不良の下段側枝から間引き始める。しかし側枝を減らすと、残った側枝はますます大きくなって隣の樹と側枝同士がぶつかり合い、樹冠内はいっそう込み合う。こうして樹齢二〇年を超える頃の〝ふじ〟の密植園ではほとんどで間伐が実行されるのである。また、間伐後何年かは果実品質の向上が認められても、ふたたび樹冠内が込み合う例もある。そこまでひどくならなくても、間伐後に主枝にすべき枝の本数や配置方法に問題がない例は皆無といってよい。いずれも密植園の維持がどうしようもなくなってから間伐するからであり、「無計画」のもたらした必然的な結果である（写真5－2）。

主軸型樹形は本質的に長年にわたって維持することの難しい樹形である（第3章4(2)参照）。そしてそのことを前提として密植栽培または半密植栽培は始めなければならない。しかし多くの生産者はそんなことを知らされずに栽培を始めた。いったん植え付けた樹を少しでも長くつくりたいと思うのは当然の要求である。そこで塩崎は、密植、半密植栽培園を少しでも長く維持する方法について検討してきた。あくまで緊急避難的な対応であることは免れないが、以下紹介する。

写真5－2　間伐してなお問題あり
・下枝が少ない。どこにリンゴを成らせるのだろうか
・成り枝も少ない

写真5－1　7年生ですでに問題あり
・上段側枝が大きすぎる。徒長枝の整理が不十分である
・下段側枝は弱い。上段側枝に負けている

(2)　密植栽培を維持するには

弘前大学の藤崎農場には密植された〝ふじ〟の若木（六～九年生）と老木（二九～三一年生）がある。栽植距離はともに四メートル×二・五メートル（一〇〇本／一〇アール）、台木はマルバカイドウであるが、外科処理（環状剥皮やスコアリング）によって樹勢はおおむね適正に維持されている。それは収量がどちらの樹齢の樹も四トン／一〇アール程度維持されていることからいえる（写真5－3）。

写真5—3　28年生‘ふじ’／マルバカイドウ

・4m×2.5m植え（100本／10a）
・収量は4t／10a以上
・ときどき“外科処理”をしてきた

盆前までに不要な新梢を整理する

夏季に整理される新梢（徒長枝）の数を、側枝の最上段、中段、最下段に分けて比較すると、若木ではほとんど差がないが、老木では二カ年にわたって、上段が中、下段の二倍近い数であった。老木のとくに上段側枝で整理すべき新梢が非常に多い理由として、次のことが考えられる。

樹齢が増すほど側枝は太くなるが、太い枝ほど徒長枝を多く発生する。太くなった側枝は更新を考え、実行もしてきたが、結果として不十分だったのかもしれない。よいリンゴが成る側枝は、それがあとで問題になるとわかっていても、つい欲が出て切れなくなる。また、〈リンゴの気持ち〉を無視して樹高を制限していることも、樹齢が増すほど徒長枝が多く発生する原因である。

徒長枝の切除は、きっちりとお盆前までにやり終えてからご先祖様をお迎えするのでなければいけない。この時期までに不要な新梢を処理してしまえば、せん定の刺激を翌年に持ち越すことはない。八月下旬になるとその影響が幾分翌年に持ち越されるし、着色期の整理では切除の刺激が冬季せん定と同じになってしまう。

老木ほど手間がかかる新梢管理

夏季せん定の時間は、老木が若木の二倍も多くかかっている。さらに疎植開心形樹（骨格枝の徒長枝切り）にくらべると二、三倍も多くかかった。疎植開心形樹がもっとも少なかったのは意外だったが、毎年徒長枝の切り株を残さずていねいに切除してきたことがその原因である。

冬季せん定、誘引もたいへん

冬季せん定の時間は、老木が若木の二倍くらい多くかかっている。側枝の誘引時間は若木のほうが多いが、せん定と側枝誘引時間を合計すると老木のほうが多くかかる。老木でせん定時間が多くかかるのは、鋸で切らなければならない枝（側枝の切り戻し）が多くなっているためである。若木で側枝の誘引時間が多くかかるのは、六年生くらいのときが誘引される側枝の量が多い時期にあたっているためである。上段の側枝まできちんとでき上がってしまえば、老木同様に一樹当たり一～三本程度の更新ですみ、その際少し立ち上がり過ぎている枝を誘引する程度ですむようになる。むろん、側枝の誘引の必要のない樹もある。

一樹当たり側枝は最低二〇本必要

側枝の数は老木が若木より二〇～三〇％少ない。過去三カ年の調査では、側枝数は若木が年とともに漸減傾向、老木のほうはほぼ二〇本を維持していた。側枝が太くなるとそれにつける成り枝は少し大きくなるので、側枝の上下間隔を広げたくなる。結果的にこうなったのであるが、一樹当たりの側枝数二〇本は最低の本数であると思っている。

以上のとおり、樹齢が進むにつれて上段側枝に著しく増加する不要な新梢をお盆前までに整理し、側枝を一定量（最低二〇本）保持し、また個々の側枝を所定の長さで維持することが重要である（上段ほどできるだけ短くする）。すなわち、密植栽培樹は樹齢が進むと夏季の新梢管理に多くの時間を必要とし、冬季せん定の時間も多くかかることを覚悟すべきである。これらの諸点についてきちんと対応ができれば、密植栽培が持続できる。

2 半密植栽培主幹形を開心形に改造

(1) 樹形改造試験の概要

前節で多くの密植栽培園で間伐が行なわれていることを述べた。また、近頃では最初から半密植栽培の密度で植えている園が増えている。そしていずれの場合もどのような樹形にするのか、その見通しをもっていない例が多い。塩崎はこれらの間伐園や半密植園の樹形づくりにいささかでも役に立てばと思い、前出の藤崎農場にあった二三年生の五メートル×三・五メートル（五七本／一〇アール）の主幹形仕立ての園について、これを開心形に改造する試みを行なってきた。本試験の栽植密度は一般の密植栽培園の間伐後の密度に似ていることから、得られた成果はきっと役立つと考えたからである。まだ試験中の段階であるが、よい結果が得られているので紹介したい。

樹形改造に用いた樹は、〝ふじ〟／マルバカイドウ、〝ふじ〟／M26、〝スターキング〟／M26、〝陸奥〟／M26である。それぞれの組み合わせについて開心形に改造する樹、主幹形を継続する樹を五本ずつ設けて比較した。写真5－4は開心形に改造する直前の、写真5－5は改造三年目の〝ふじ〟／M26樹である。

(2) 樹形改造の実際

目標とする樹形は、後述の小型の開心形（本章4(2)）と同じである。主枝数は四本で樹列方向から約四五度ずらしたX字型になるようにした。主枝着生高は地上二メートル～二・五メートルの範囲とした。

成り枝は果実が成り込むことによって、年とともに下垂するような枝がよい。年々下がっていく枝は新梢の時点で見分けがつく。水平面からの角度が小さい新梢で、日当たりのよいことが条件である。そういう枝は花芽の形成も早いので、結実させることによって強い生長をしないし、また結実すると枝が太りにくいので下垂しやすくなる。成り枝から横に分岐して張り出す枝は新梢の段階で整理して、側方に大きくしないようにする。もし細かい分岐枝が必要であれば、その箇所にふたたび萌芽するような切り方をする（若干切り株を残す）。品種によっては、切り株から再萌芽しにくいものがある。成り枝数を確保するためには誘引もやったほうがよい。

主幹の切り下げは一挙に行なったが、主枝の直上で切ると傷あとが大きく残ってふさがりにくく、内部に腐れが入ってしまうので、主枝の上三〇センチの位置で切り取った。

写真5－4　開心形に改造前の主幹形樹姿

・開心形改造樹はなるべく上段側枝が大きいものを選んだ
・‘ふじ’／マルバカイドウ，23年生
・5m×3.5m（57本／10a）植栽

写真5－5　開心形に改造３年目の樹姿

・‘ふじ’／M26，26年生
・○印の4本が主枝である
・主枝の下に側枝が数本残っているが，小枝は全部払われ，成り枝誘引のために骨だけ残してある主枝の下に着生していた開心形改造樹の側枝は、一年目は一樹当たり一本くらい間引いただけであるが、三年目にはほとんど整理されてしまった。整理したといっても、主枝につけた成り枝を誘引するのに便利な場合もあるので、小枝を払い、骨だけ残しておいた（写真5－5）。

樹勢調節のために、一年目には大半の樹に鋸によるスコアリングを実施した。三年目には実施しなかった。徒長枝の整理は七月と九月に徹底して行なった。

(3) 樹形改造樹の調査結果

徒長枝の発生量

開心形改造樹では主幹が強く切り下げられるので、主枝の背に徒長枝が林立する。徒長枝の発生本数は、三カ年とも開心形改造樹のほうが主幹形維持樹の約二倍であった（樹によって枝の大きさが相当異なるので、直径三センチ以上の部分の表面積を計算し、表面積一平方メートル当たりの数を比較した）。

徒長枝の発生量は〝ふじ〟の場合、台木間で差がなく（樹勢がほぼ同じ）、〝スターキング〟〝陸奥〟より多い。とくに〝陸奥〟の数倍も発生した。いいかえると、〝ふじ〟の場合、徒長枝の整理を徹底して行なわないといろいろ悪い影響が出る。一方、〝陸奥〟のように徒長枝発生量の少ない品種は油断すると成り枝が不足することもおこり得るので、ときには徒長枝を誘引して活用をはかるとともに、切除の際も若干切り株を残して再萌芽しやすくする工夫が必要である。写真5－6は疎植開心形樹の徒長枝を成り枝に変えた例であるが、発出角度の広いものを選べば簡単に結実させることができる。

結果枝の割合はあまり変わらない

全新梢数に対する結果枝（長さ五センチ以下の新梢を結果枝とした）の割合は、開心形改造樹と主幹形維持樹の間で差がない。このことは開心形改造樹の樹勢の調節が順調に進んだことを示している。しかし、改造樹では主枝の背面から徒長枝が多数発生した。これは乱暴な心抜きをした結果、つまり今まで養水分を受け取って生長していた枝が突然なくなった結果、主枝上の上へ伸びる枝に養水分が集中して強く伸びるのである。失った高さを取り戻そうとする樹としては、当然の反応である。これをきちんと処理しないと、翌年ふたたび徒長枝を林立させることになる。

高収量の維持

収量は改造一年目の場合、二年目にくらべると、開心形改造樹、主幹形維持樹ともに少なかったが、これは前年の摘果の遅れによる隔年結果現象である。改造二年目の収量は一〇アール当たりに換算すると、最低が〝ふじ〟/マルバカイドウ、〝スターキング〟/M26の四・八トン、最高が〝陸奥〟/M26の六・七トンであった。なお、三年目の収量は前年の摘果の遅れ、結実過剰のために若干減少した。結論としてかなりの高収量を得ることができた。

写真5−6 主枝上の徒長枝でも枝を選べば簡単に結実

・すぐ花芽がつきそうな斜め上方に伸びたあまり強くない徒長枝を選ぶ
・日当たりのよいことが必須条件

以上をまとめると、以下の結論になる。

① 一〇アール当たり五〇〜六〇本植えの主幹形樹を開心形樹に改造することは、品種により若干の難易があるものの整枝法の工夫によって可能である。

② 本試験の方法は、最初から半密植にしている樹や密植栽培の間伐後の樹形づくりにも応用できる。

③ 支柱の必要性の有無は品種・台木の組み合わせと土壌条件によって違ってくる。肥沃な沖積土壌における〝ふじ〟/M26は支柱なしで強風にも耐えた経験があるが、土壌が瘠薄なところでは必要かもしれない。〝陸奥〟/M26は支柱が必要である。いずれにしても、広く植え付けるほど根の発達がよくなるので丈夫に育つはずである。

なお〝陸奥〟/M26は果実はよく成るが、樹勢が弱く根の発達も悪い。

これは接ぎ目瘤《めこぶ》が異常に発達していることが関係していると考えられる。

④　最初から半密植栽培して開心形につくるほうがずっと栽培しやすい。そのほうが苗木代、支柱代そのほかの費用が相当節約になる。

3　低樹高化の可能性

(1)　格段の低樹高は無理

昔からつくられてきた開心形についても、もう少し樹高を低くできないかというのは多くの生産者が望むところである。しかし樹はある程度まで高くしないと樹勢が落ち着かない。その高さは土壌条件によってある程度決まってくる。それぞれの産地でリンゴ樹は同じような高さにつくられている。個々には樹を低くしようと努力もされたのだろうが、結局はある範囲の高さに落ち着いたものと思われる。結論からいうと、各地でこれまでつくられてきた以上に樹高を格段に低くすることは難しい。

また、従来の開心形の格段の低樹高化は、側枝の配置の関係からみても難しい。開心形では側枝は斜立したもの、水平なもの、下向きのものが配置されている。これによって樹冠に厚みが与えられ、樹冠内光条件も良好な状態に保たれ、高い収量を確保することを可能にしている。個々の側枝は結実に適した状態になるように、必要に応じて十分に伸ばすことができる。こういう開心形の長所を発揮させるためには、樹はある程度の高さが必要である。

とはいえ、これまでの疎植開心形は若木時代に完成樹形にもっていくことが優先され、骨組みづくりに力が入って、果実の成りを遅らせる傾向が強かった。これを「成らせながら樹形をつくる」方向に改めることで、従来より樹高を低くできる可能性はある。

果実の成りやすい環境条件では、若木段階での果実の着生により根の生長がおさえられるので、樹高をおさえることが比較的容易である。

（2）樹形の「拡大・縮小コピー」は成り立たない

樹を小型化したいという場合、従来の樹形をそのままに縮小しようと考える人が少なくない。逆に、現在成果を上げている小型の樹の樹形を、もう少し大きな樹にそのまま当てはめようとする人もいる。しかし大きさの違う相似形の樹形をつくっても、けっして期待するような効果は上がらない。樹形には「拡大コピー」「縮小コピー」はまったく役に立たない。

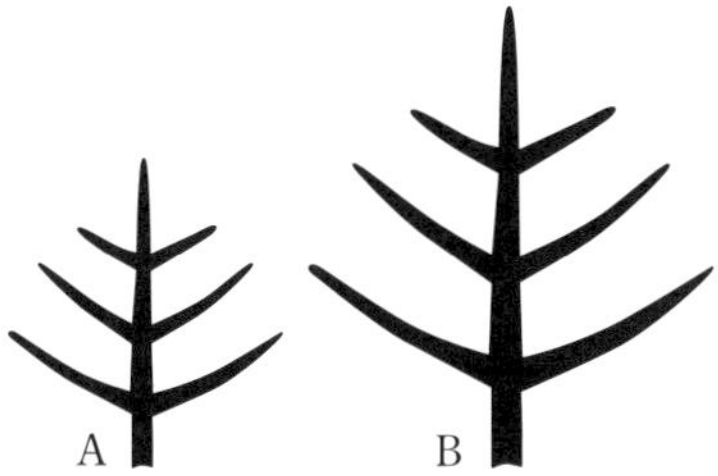

図5－1　BはAの1.5倍拡大コピー

たとえば、疎植開心形の〈勘どころ〉の一つは、主幹から水平方向にかなり離れた位置に側枝が配置されることにある。また台木や土壌条件などに応じて、樹勢を落ち着かせるのに必要な樹高がある。側枝は枝の生長が落ち着くのに必要なだけ、伸ばさなければならない。「縮小コピー」の場合、これらの条件を満たすことができない。小型の主軸型樹形を「拡大コピー」のように大型化したのでは、樹冠内の光条件が悪く使い物にならないことはくり返し強調してきたことである。また、側枝は長くすれば太くなり、太い枝に直接成り枝をつけることがむずかしくなる（図5－1）。

結局、ある樹形が成果を上げているのは、樹高とか枝の長さや太さとか枝間距離など、樹を構成しているさまざまな部分の長さや太さなどの量そのものに関わることが多い。それらの間の比率が問題ではないのである。その形と相似形の小型の樹、あるいは大型の樹をつくっても、それらの量は適切なものでなくなるので、もとの樹形の長所は発揮できないのは当然なのである。

4　半密植低樹高の開心型をめざす

(1)　小型の開心形を提案する理由

密植栽培（一〇アール当たり一〇〇本以上）の〃ふじ〃園は、これまでにほとんどが間伐されて半密植栽培の密度になっている。また近頃では、最初から半密植で植え付けている例も多い。これらの園では樹形は開心形になると思われるが、間伐の場合は苦しまぎれに改造されたものが多く、また最初から半密植でつくられた場合でも最終樹形がきちんと構想されていない例が多い。

このような現状を見て、半密植栽培を行なうにしても最初から開心形栽培ができれば、開心形のせん定に慣れた生産者には取り組みやすいのではないかと考えた。そこで前節の半密植主幹形樹の改造の経験をもとに、小型の開心形ついてひとつの提案をしたい。この樹形なら二〇年は楽に維持できると考えている。

小型の開心形といっても、一〇アール当たり一〇〇本以上の密植ではなく、四〇～六〇本程度である。その理由として次の諸点があげられる。

①　この程度の密度のほうが、従来の疎植開心形樹の手法を活用できる。疎植開心形の手法は高品質のリンゴを生産するのにもっとも適し、技術的に生産者にもなじみやすい。とくに側枝などの更新が容易である。

②　六、七年生で目標収量に達する可能性があり、密植栽培と大差はない。この点については、半密植主幹形については実証済みであるが、主枝の着生位置の関係で若干遅れるかもしれない。

③　台木、土壌、品種次第であるが、樹を大きくつくるほど根が丈夫になるから、無支柱栽培の可能性が大きい。肥沃な沖積土壌で〃ふじ〃／M26の半密植栽培樹では、支柱なしでも最大瞬間風速二〇メートル／秒程度には耐えることが実証されている。

(2) 基本の樹形

図5–2に完成時の樹形を示した。主枝は四本とし、亜主枝をつけず主枝に直接成り枝をつける。成り枝には密植栽培樹の側枝に相当する大きさの枝を含む。亜主枝をつけないのは、基本的に半わい性台木の使用を前提とし、状況によっては外科処理の使用も考慮に入れているので、徒長枝に悩まされることが比較的少ないからである。

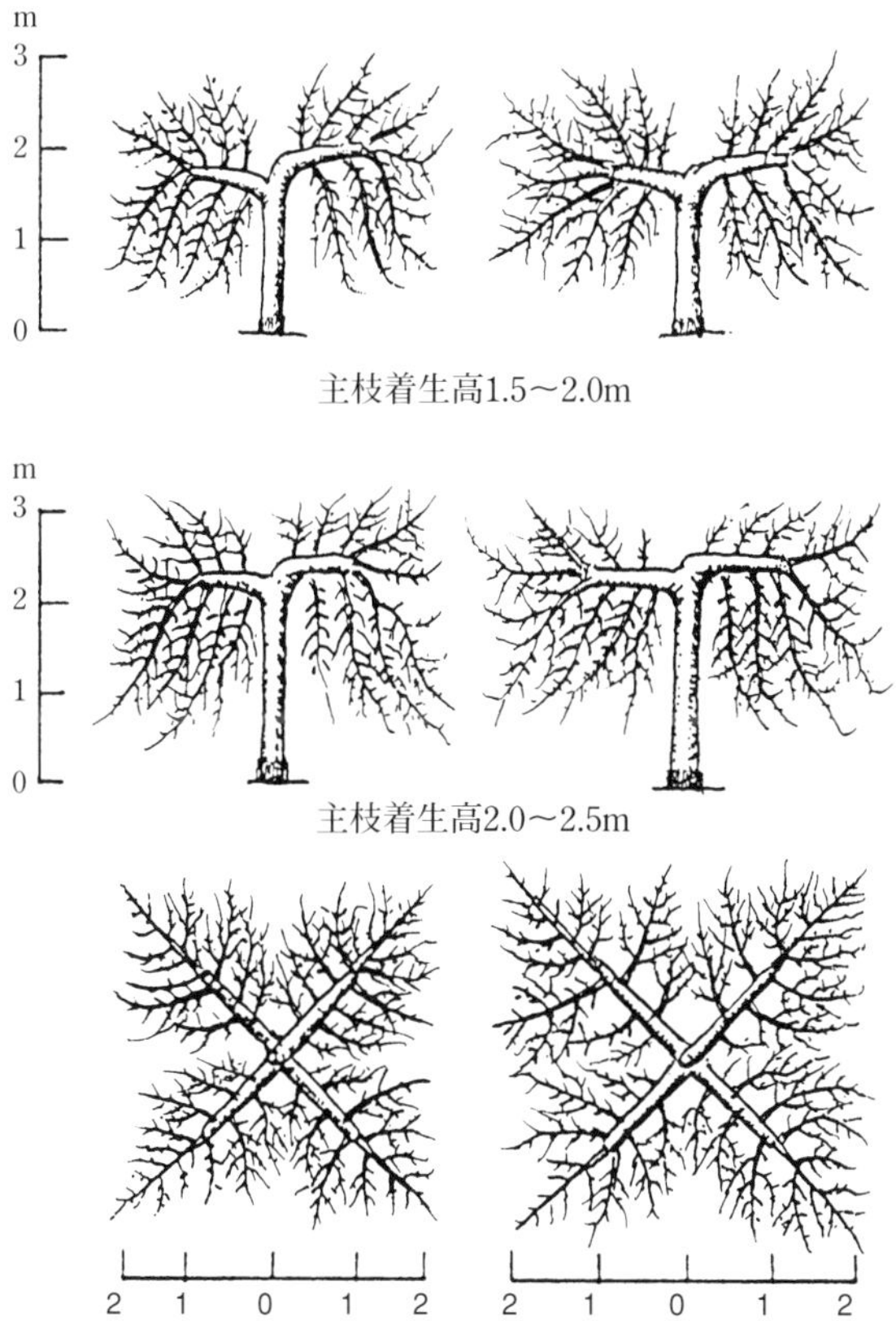
m
3
2
1
0
主枝着生高1.5～2.0m
m
3
2
1
0
主枝着生高2.0～2.5m
2 1 0 1 2
60本／10a
2 1 0 1 2
40本／10a

図5－2 小型の開心形樹

主枝は樹列に対して四五度の角度で十文字に配置する。これによって主枝をかなり長く伸ばすことが可能になる（第3章4参照）。成り枝は上向きの枝、水平枝、下垂枝で構成する。これによって樹冠の厚みを確保する。そのためには主枝の発出高はあまり低くすることはできない。一・五～二・〇メートルを標準と考えている。成り枝の構成においても、角度や方向が適正でない場合は、枝の誘引を積極的に行なう。

(3) 台木と支柱

台木は基本的には半わい性台木を使用する。これまでの半わい性台木には、M4（根系貧弱）、M7（根系貧弱）、MM106（マルバカイドウより少し弱いだけ、クラウンロットに弱い）などがあるが、問題が多すぎる。また最近では、元農水省の果樹試験場盛岡支場で開発した挿し木繁殖できるJM2や青森県りんご試験場が育成した青森台木8、同10も紹介されているし、またマルバカイドウの上にわい性台木を中間台木として入れたものも使えるかもしれない（中間台木は地上に完全に出す）。しかし、いずれの場合も詳細なデータがほとんどない状態である。品種、土壌の肥瘠との絡みもあるので、自信をもって推薦できるものがまだないのが残念である。

なお、土壌が痩せているところで豊産性の品種を栽培するときは、MM106やマルバカイドウもたまに外科処理する程度で使えると思う。他方、前述のように肥沃な土壌においては、〝ふじ〟／M26が成果を上げている。

支柱の必要性については土壌の肥沃さ、台木・品種の組み合わせによって一概にはいえないが、簡単な支柱でも必要だと考えたほうがよい。たとえば肥沃な土壌でM26に接いだ場合、〝ふじ〟は無支柱でやれるが、〝スターキングデリシャス〟〝陸奥〟〝ジョナゴールド〟は無支柱では倒れてしまう。これは根の張り方に違いがあるためで、とくにわい性台木を直接、あるいは中間台木として用いた場合、接ぎ木部位が異常にふくらんで台木の生育が不良になるような品種（〝ゴールデンデリシャス〟の血が入っているもの）との組み合わせでは、支柱が必要になる。

(4) 栽植様式

栽植密度は一〇アールに四〇～六〇本程度とし、栽植方法は並木植えがよい。従来の疎植の開心形であれば、スピードスプレーヤ（SS）や草刈機械などが樹冠の下を通ることが可能であった。しかし半密植の開心形ではそれは無理であるから、きちんと通路を決めておいたほうがよい。

樹列間距離は樹間距離にSSなどの通路幅分として

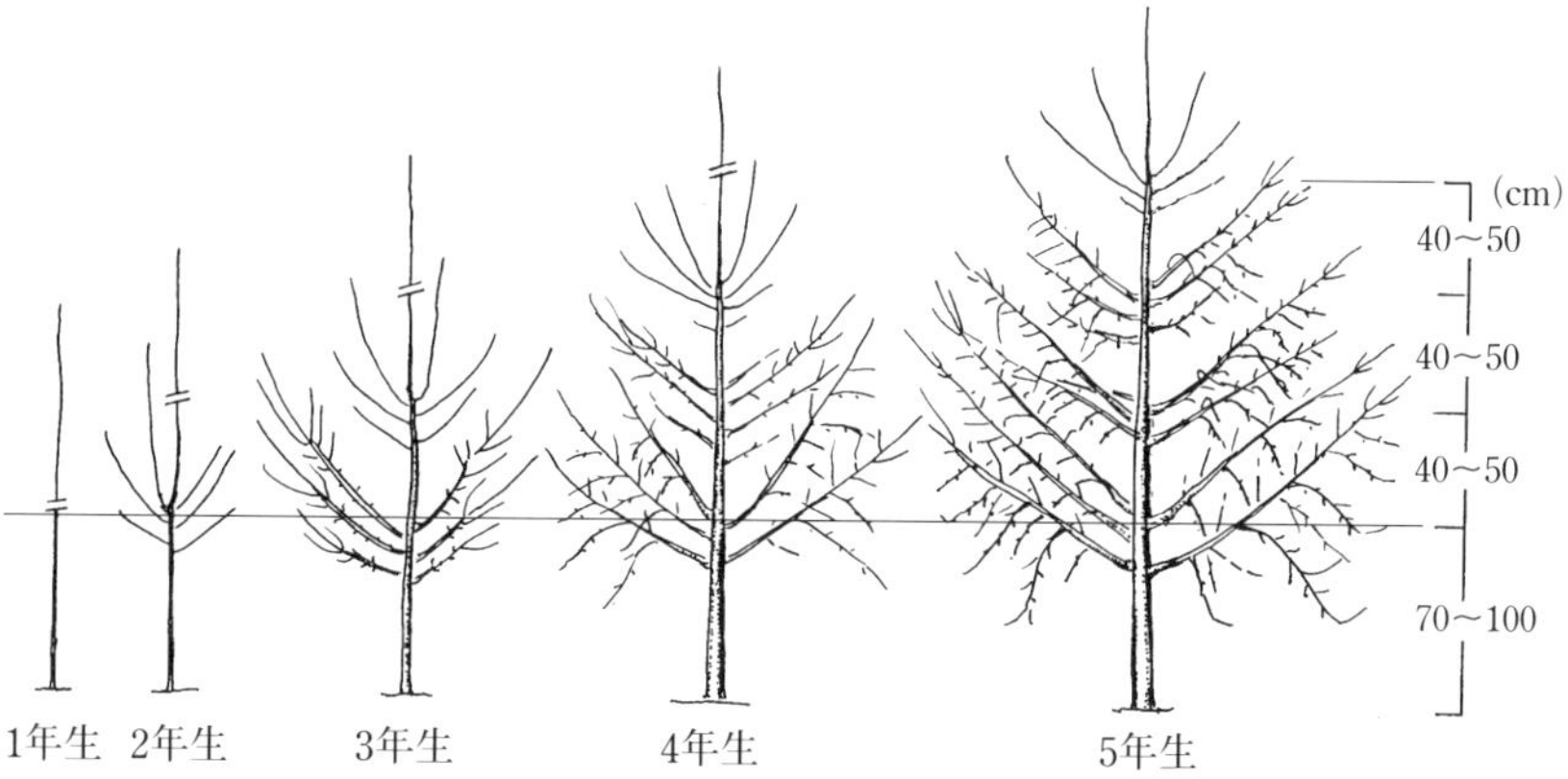

図5－3　小型の開心形樹の幼木・若木のせん定
・主枝は3段目，4段目の中から選ぶ
・初期の収量を確保するために1段目，2段目の枝を誘引して使う

一・五～二・〇メートルを加えた値とする。ずばり次の四つの組み合わせがよい。

① 五・〇×三・五メートル（五七本／一〇アール）
② 五・五×四・〇メートル（四六本／一〇アール）
③ 五・五×三・五メートル（五二本／一〇アール）
④ 六・〇×四・〇メートル（四二本／一〇アール）

なお、ＳＳの通路として①②は一・五メートル、③④は二・〇メートルを見ている。

(5)　樹の育て方

心を切り返しながらたくさんの主枝候補枝をつくるようにする。丈夫な苗木であれば七〇～一〇〇センチで切り返す。二年目以降は四〇～五〇センチの高さで切り返し、四回（年）くり返すと必要な候補枝と初期の収量を上げるための枝が十分にできる（図５－３）。

主枝の高さと長さ

主枝の着生部の高さは、土壌の肥瘠と台木の種類、状態によって、また積雪量によって変わるが、おおよそ第一主枝（最下段）が一・五メートル以上、第四主枝（最上段）が二・〇メートル、ときには二・五メートル程度あってもよい。第二、第三主枝はこの間につくる。下の枝はやや斜立させ、最上段主枝は水平に近いのがよい。どの主枝の発出角度も同じにすると、樹齢の若いときに下の主枝が上の主枝に負ける。主枝部分、つまり更新しない部分の長さは、主幹と樹冠外縁部の距離の二分の一以上、三分の二以下を目安とする。たとえば五メートル×三・五メートル植えで通路部分を一・五メートル確保し、X字型植えするのであれば、枝は水平距離二四七センチより伸ばすことができない。これの二分の一〜三分の二、すなわち一二三〜一六四センチが主枝の長さで、これの延長部分は更新の対象となる。また、主枝の延長部はほかの側枝と同様に、毎年の結実によって下がるような枝を選ぶ。

主枝候補枝の養成

主枝候補枝は、果実を成らせるまで置くことができるものだけを選び残す。また誘引によって残すことができる枝があれば、それは樹勢を落ち着かせるうえで効果があり、初期の収量の増加にもつながるので積極的に行なったほうがよい。主枝候補枝は一〇本程度欲しい。この中から主枝にする枝を早く決めて、主枝の生長を阻害するほかの候補枝は整理していく。また主枝にする枝は、いずれ間引くほかの候補枝と異なって、年々成り枝を増やしていくとともに、結実によってすぐ潰れないように強めの生長を保つようにすることも大切である。

一方、ほかの候補枝は弱せん定に努め、先端部の切り返しをなるべく避け、基部のほうから成り枝を間引いて（〝追い出す〟という）、やがて外すようにする。

心の切り返しと心抜きの時期

心は年々切り返しをくり返して主枝候補枝をつくる大事な枝である。心は牽制効果もよく計算に入れて、主枝の生長を阻害するほど大きくしないように調節しながら維持する。心抜きは心が主枝より十分細い状態になるまで待って行なうが、一〇年生になる前に行なったほうがよい。心抜きが遅れると主枝の育ちが遅れる。しかし、早過ぎても強勢になるのでまずい。なお、心に果実を成らせると、心本来の目的を達成しにくくなるので避けるべきである。

成り枝のつくり方

この樹形での成り枝は密植栽培樹の側枝、あるいはそれ以上の長さになるものもある。成り枝は写真５−７に示したように、果実が成ると下がる柔らかい枝を選んでつくるべきである。こういう成り枝は瘦せ地では更新が早まることになるので、煩わしい面もある。しかし、硬い枝は側方に張って大きくなり骨組みのような枝に育ちやすい。このような枝をつくれば、主枝を四本置けないばかりでなく、作業にも支障をきたす。

成り枝は衰弱、強勢化など不都合になった場合に更新される枝である。成り枝は斜め上向きの枝（若い枝）、水平枝、下垂枝（古い枝）で構成する。もちろん予備枝も設ける。成り枝構成において、角度や方向が適正でない場合、誘引をいとわないで欲しい。

写真5−7　主枝につける成り枝
・半密植主幹形を開心形に改造途中の成り枝着生状況
・果実が成ることによって徐々に下がる枝を選ぶ
・下垂しそうにない枝は誘引して活用する

主枝着生の妥当な高さ

主枝着生の高さはこの栽培方式を実施するうえでもっとも重要な問題なので、あらためて説明しておきたい。これについては、いろいろな条件によって樹が大きく育つか否かということに加えて、積雪量、土壌管理、作業性などをも考えて決めなければならない。まとめると次のようになる。

①　台木と穂品種の組み合わせが同じ場合、肥沃地では高く、瘦せ地では低くする。

② 同じ園地で台木と穂品種の組み合わせが異なる場合、弱い生長をする組み合わせは低く、強い生長をする組み合わせは高くすると、両者同じ栽植密度にすることが、理屈上可能である。

③ 多雪地では主枝が完全に雪上に出る高さにする。

④ 主枝が低すぎると夏場の草刈りが難しくなる。除草剤を使う手もあるが、連年使用すれば地力の低下が心配される。

⑤ 主枝が低すぎると、中腰で行なう作業時間が長くなる可能性がある。これは非常に疲れる作業である。

結論として、主枝着生の高さは一・五～二・〇メートルが妥当であり、状況によっては二・五メートルくらいまで高めることがあってよいと思っている。

第6章

地域環境と栽培方式――地域の自然と人がつくり出す技術

整枝せん定は樹形が決まってはじめて意味をもつし、樹形は栽培方式が決まってはじめて選べる。そこで本章では、わが国のリンゴ栽培が置かれた条件とめざすべき栽培技術の方向について私たちの考えを述べ、本書全体の締めくくりとしたい。

まずそのためにふりかえっておきたいのが、わが国のリンゴ栽培の歴史の中でつくりあげられた開心形のもつ意義である。第3章ではその勘どころ、骨格構造の特性について紹介したが、ここでは開心形がどのような地域の自然と人との関わりの中で育まれてきたのか、栽培管理の観点からたどってみる。

1 開心形のもつ豊かな技術の広がりと深み

(1) 世界に類のない樹形

きっかけは病虫害の多発

図6-1は青森県におけるリンゴの樹形の変遷を示す。この樹形の変化は、病虫害を防ぐことと密接な関係がある。リンゴが日本に導入された頃は特別な形などなく、放任されていた。明治二十年代になると、少しは枯れた枝を取るとか、日陰になるような枝を取るとかをやっていた。明治後期には階段づくりといって何段かの段にしてつくったが、樹高は五〜六メートルを超える樹が多かった。

ところが病気や害虫が増えてくると、高い樹では防ぐのが難しい。樹冠内は日当たりが悪く、病気や害虫が繁殖しやすい。袋かけそのほかの手入れがしにくい。そこ

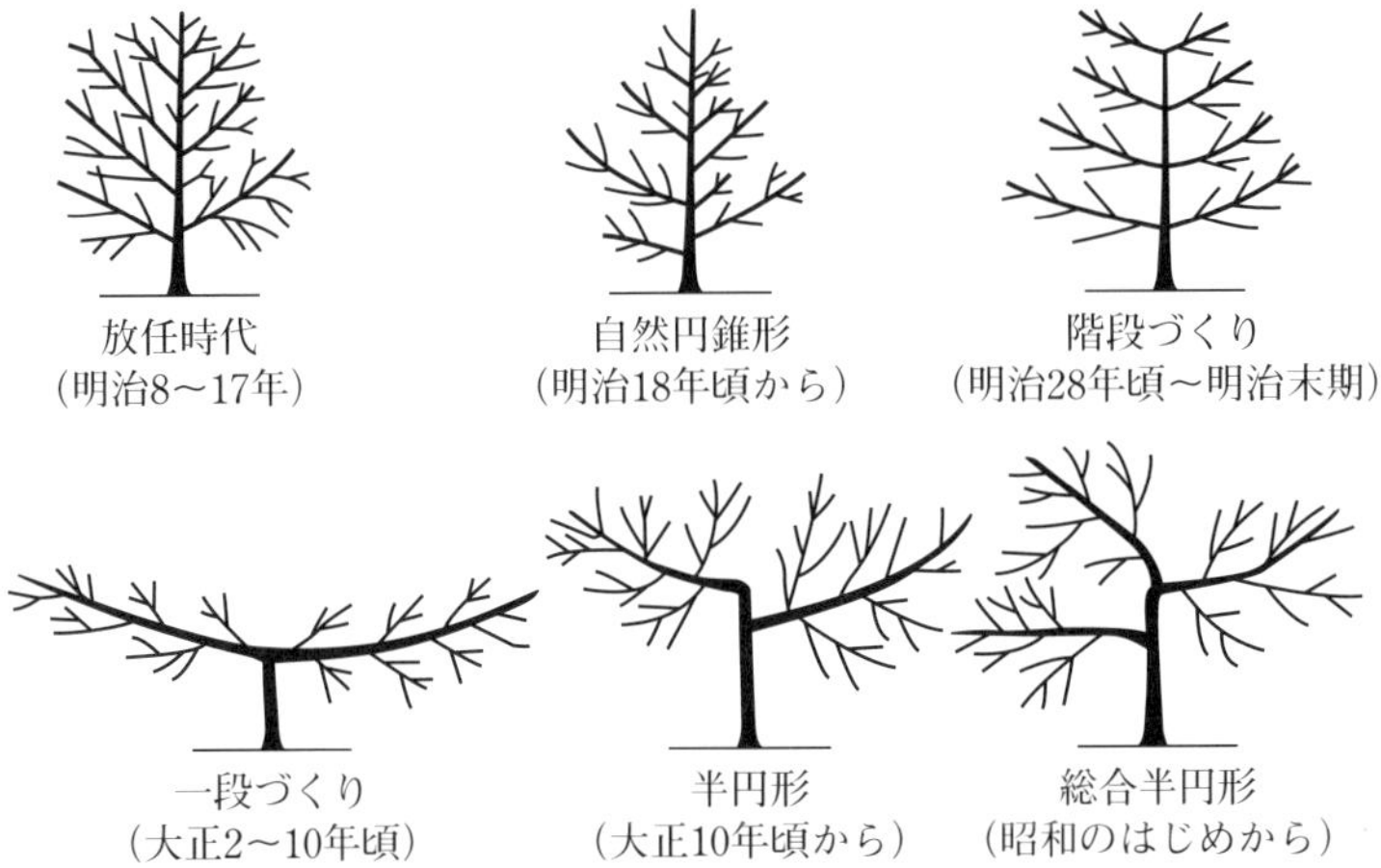
放任時代
（明治8～17年）
自然円錐形
（明治18年頃から）
階段づくり
（明治28年頃～明治末期）
一段づくり
（大正2～10年頃）
半円形
（大正10年頃から）
総合半円形
（昭和のはじめから）

図6−1　青森県におけるリンゴの樹形の変遷（水木原図）

で大正初期に外崎嘉七という農民の指導者が先頭に立って、一挙に樹の上部を切らせた。これは一段づくりまたは盃状形と呼ばれたが、これをかなり強引に推し進めた。

高い樹を一挙に切り下げたので、当然の結果として主枝の背中から徒長枝が乱立した。それをいかに果実の成る枝に変えていくかで、多くの生産者のあらたな苦闘が始まった。そうして昭和十年代には、開心形の原型にあたるものができた。その後も樹形の改良がつづけられ、昭和三十年代にはスピードスプレーヤの導入にあわせた樹形の改良があり、ほぼ今日の樹形ができ上がった。

生産者に有利な栽培特性

こうしてでき上がった樹形とせん定技術であるから、わが国のリンゴ栽培をめぐる自然条件や農家の経営条件などに、完全に適応したものとなっている。第３章の内容と若干重複するが、生産者の立場からその特性をまとめると、

①強勢台木でも樹を低くつくれる

欧米など諸外国では、強勢台木である実生に接いだ樹は七～八メートルを超える巨木になる（写真６−１）。西

欧では長い梯子や脚立を使っての作業は大変なので、一九六〇年代からわい性台木を使った密植栽培に変わっていった。その前に半わい性台木に接いだ半密植栽培の時代があったが、長くつづかなかった。この場合も、樹高五メートルを超える大木になることが多かったからである（写真6−2）。つまり諸外国では、強い台木に接いだ樹を低くつくる技術がないのである。わが国の開心形は、強勢台木に接いだ樹を樹高四～五メートルにおさえることができる、世界に類のない優れた樹形であることを知ってほしい。

この樹形は樹を低くできるから、比較的低い脚立を使うことによって、一個一個の花や果実を対象にした、綿密な栽培管理ができる（写真6−3）。「わい化栽培は省力だ」というのは、これを普及に移すにあたっての謳い文句であった。これは西欧で巨木の疎植栽培とくらべていわれたことであり、日本の疎植栽培ではまったく事情が異なることを理解していただきたい。

②樹冠が広がっても内部は暗くならない

樹冠は比較的上下に薄く水平に広がっているので、内部への光はおもに上部から注ぐ。つまり樹冠がある程度広くなっても枝の配置や育て方が適切なら、内部の光条件は良好に保つことができるということである。

これは主軸型樹形だけでなく、開心型に属するほかの樹形でも見られない特性である。このことが、次の③④で述べる理由とともに開心形が長年にわたって安定的に維持できる理由である。

③成り枝はつねに若い

主軸型樹形と違って、側枝は長さを制限する必要がない。強い枝は生長が落ち着くまで伸ばすことができる。

写真6−1　イタリア南チロル地方における疎植リンゴ園（1985）
高所の作業には1本梯子が使われている（人物は1本梯子の2段目に立っている）

側枝は大きくなり過ぎたり衰弱したりすれば、随時更新される。側枝を発出させる場所の選択の幅も広い。そこで開心形では何十年たっても、一〇〇年を過ぎた樹でも、果実生産をしている側枝は若い樹と同じ状態である。

開心形は自然の樹形からかけ離れた骨格構造をもつ。しかし、果実生産の場所である側枝は伸び伸びと育てられている。これがいつまでも若さを保つ秘訣である。「若いうちが花」の主軸型樹形に対し、開心形は「生涯若者」の樹形である。

④せん定技術で条件不利を克服できる

主軸型樹形では主幹に直接側枝をつける単純な形なので、整枝せん定の選択の幅が狭い反面、技術を容易にし

写真6－2　イタリア南チロル地方における半密植栽培と密植栽培（1985）

半密植樹（半わい性台木使用）も大木になっている

写真6－3　開心形だから樹を低くつくれる（18年生）

・葉面積を調べるために葉は全部摘み取った

・下の写真は身長165cmの人が梯子を使わずに収穫した後の状態である。樹上に残った果実は38%であった

・樹高は381cm，最上段の３年生枝着生高は276cmであった

ている。台木のわい化の程度が強いほど花芽が着生しやすいことも、せん定を容易にしている理由である。

一方、開心形では、心抜きを核心とする骨格枝の構成から個々の側枝の配置、その取り扱いまで、せん定者の選択の幅がきわめて広い。このことがせん定を難しくしている。しかし、せん定が難しいことは開心形の欠点とも考えられるが、高いせん定技術をもつことが園地の環境条件、栽培方式の選択の幅を広くし、安い生産費での栽培を可能にする。

たとえば、土壌条件の悪い場所に、わい性台木に接いだ密植栽培は向かないが、それでも密植栽培をやるとすれば徹底した土壌改良が必要になる。また灌水施設や強風害から守るための頑丈な支柱やトレリスも必要である。しかし、高いせん定技術があれば、半わい性台木による半密植栽培やマルバカイドウを台木とする開心形栽培を条件に応じて選ぶことができるのである。そうすることでまた、開園費や毎年の生産費も低くおさえることが可能になる。

開心形のせん定技術は難しい。しかし、生産者は一枝一枝に思いを込めて枝を切る。そこには技術の向上に打ち込む喜びや達成感がある。これは経営面積が小さく、園主が個々の樹をせん定できる日本ならではの状況なのである。

(2)　開心形をつくり出した自然と生産者

青森県と長野県で違う樹形

同じ開心形でも、地域の環境条件が違うと樹形は異なる。その典型的な例が青森県と長野県である。日本各地でせん定の指導をした水木淳一氏は、「長野県の一部では、リンゴ樹は樹高が高く、また斜立度の強い枝が結果部位として利用されている。これに反して青森県のリンゴ樹は樹高が低く、また結果部位は水平を中心とした斜立度の弱い枝で構成されている」と述べている。さらに、「長野県の気候は乾燥少雨のため、花芽の形成が容易なので、斜立度の強い枝でも使用できること、一面からみれば花芽が多くつき、この結果として結実が多くなって、これが樹の寿命を短くするので、樹勢を強くするという意味からも斜立度の強い枝が利用される。一方、青森県の気候は湿潤なために花芽がつきにくく、生産力のある枝をつくるには、斜立度の弱い枝を利用しなければならなかった。その結果、青森県のリンゴ樹は樹高が低く、樹冠の厚さも薄くなった」と述べている。

冬の降雪を除くと両県の降水量はほぼ同じである。しかし長野県のほうが夏に高温であり、日射もずっと強いことが、乾燥を招いているのではないかと思う。それに長野県のほうが春から秋までの葉の活動期間が長いので、花芽形成に有利であり、高い収量を上げる可能性をもつ。

菊池は一九八一年から三年がかりで長野市近郊の千曲川沿岸（沖積土）の樹形の調査を行ない、青森県津軽地方と比較した。その結果、次のことがわかった。樹高は、青森県で樹高の高いことで知られる沖積土地帯の樹より高い。主枝は青森県では二本が多く、長野県は三本が多い。長野県の樹は短幹で主枝が強く斜立しているのが特徴である。主枝が強く斜立していることは、短幹と相まって、心抜きの時期がかなり早いことを示している。心を早く抜けば主枝は立ち上がり、強く生長するので結実が遅れる。だから青森県では心を遅くまで残し、主枝の斜立をおさえ、かなり果実が成るようになってから心を抜く。長野県では心抜きが早くて枝が強勢化しても、花芽形成が著しく遅れることが少ない。もし青森県のように心抜きを遅らせると、しっかりした骨組みができないうちに果実が多く成り、立体的な樹冠をつくることが困難になると考えられる（写真６－４）。

青森県で二本主枝が多く、長野県に三本主枝が多いの

写真6－4　長野市近郊長沼地区で多く見られた樹形(1981)

は主枝の斜立度が関係している。主枝が水平に近い場合には、それぞれの主枝に属する側枝がぶつかりやすいから、二本主枝が適している。一方、主枝が強く斜立している場合には、亜主枝や側枝は主枝の外方へ広がることになるので、二本主枝では空間が埋まりにくく、三本主枝のほうがつごうのよい場合が多い。

しかし長野県のほうが花芽がつきやすい環境なので、低樹高の樹をつくろうと思えば青森県より容易だと思われる。

肥沃地と痩せ地で異なる樹形とせん定

同じ県内でも地形や土壌が違えば、せん定技術も大きく違うことは珍しくない。菊池は青森県弘前市近郊で、肥沃な沖積土壌の地域と土壌条件の劣る火山灰の地域のリンゴ園を調査した。

その結果、土壌条件に恵まれ枝の生長が強くなりがちな沖積土地域では、成り枝の先端を長年にわたって伸ばすことにより、結実しやすい状態を維持していることがわかった。

一方、土壌条件の劣る火山灰地域では、成り枝が衰弱しやすいので、枝の更新のために切り上げせん定が頻繁に行なわれていることが明らかになった。

また、生産者は誰しも、高い脚立を使わなくてもよい低い樹をつくることを望む。しかし、樹はある程度の高さまで伸ばさないと生長が落ち着かない。これにはとくに土壌条件が関係している。肥沃な深い土壌では、痩せて浅い土壌よりも、樹高を高くしないと樹勢が落ち着かない。

青森県弘前市近郊の傾斜地地帯における開心形は、一般に平地におけるよりも樹高が低い。その中にあって、大部分の作業は脚立を必要としない低樹高の樹で有名な生産者がかつていた。菊池はその人の園地跡の土壌調査をしたことがあるが、石ころが多くてスコップがささらず、三〇センチ掘るのにも大変苦労した。根が土壌深く伸びることができず、それに対応して地上部の生長も強くなかったと推察された。この生産者がすぐれた技術のもち主であったことは疑問の余地がないが、このような恵まれない土壌条件と相まって、低樹高の樹をつくることができたのである。

やはり弘前市近郊の沖積土地帯で、この地域には珍しく樹高の低い開心形があるというので見に行ったことがある。一般に、肥沃で深い沖積土では樹高が高くなるのがふつうだからである。その結果、この園は排水が悪いということを知った。根の環境条件が悪いため、根の正常な活動が妨げられて地上部の生長を弱くし、樹高を低くおさえることを可能にしていると推察した。

周囲の園にくらべ格段に低くつくられた樹をみたら、根の環境に原因があるのではないかとまず疑ってみていただきたいと思う。

「剪定師」が多い地域・少ない地域

青森県各地のリンゴ産地では、せん定の名人として知られる人がたくさんいる。私たちが会員として活動してきた「りんご剪定技術研究会」では、「すぐれたせん定技術を有し、それによって後進の指導に貢献した人」を「剪定師」と呼ぶことにした。そして同会の出版物に、剪定師として選ばれた七〇人近い人々を紹介した。これを見て興味深いのは、剪定師の出身地に大きな偏りがあることである。一口でいえば、山手や台地からは多くの剪定師が出ているが、沖積土地帯の出身者はまことに少ないのである。

これについては、次のように説明されている。藤崎町や板柳町（沖積土地帯）に剪定師が少ないのは、決して同地のせん定技術のレベルが低いためではない。同地帯は土壌条件に恵まれ、高い収量と安定した生産を享受している。リンゴ産地としてもっとも古くから開け、各生産者は一定程度以上の整枝せん定技術を身につけ、それぞれの家においてそれを受け継いでいる。地形は平坦で土壌条件はよく、地域内のリンゴ園の環境条件は比較的斉一である。したがって、特殊な整枝せん定技術も生まれにくい。

一方、傾斜地や台地、とくに前者は、土壌条件、地形条件は劣悪で、ところによっては豪雪に苦しめられる。リンゴの収量は低く、玉は小さくなりがちだし、少し多く成らせるとモンパ病で樹が枯れる（沖積土地帯ではモンパ病はほとんど発生しない）。急傾斜地の作業は苦しく能率が上がらない。

こういう条件下でリンゴづくりで生きていくためには、何よりも整枝せん定に工夫をこらすことになる。さまざまな自然条件の土地があるから、それぞれの条件に合った技術がつくり出される。それを互いに勉強しあい、刺激しあうという風潮が生まれてきたのは、自然の成りゆきであったと思われる。

また沖積土地帯では樹の生長が盛んなので、枝はなるべく切らないで先へ先へ伸ばすのが、整枝せん定の基本的な姿勢になる。したがって山手にくらべると、個人による切り方の違いが出にくいのではないかと思われる。

菊池は長野県のリンゴ園を調査して歩いたとき、地域のせん定の名人の話を聞きたいと思ったが、地元の人に尋ねてもすぐに名前が出てこないことが多かった。このことも長野県のせん定技術の程度が低いことを意味しない。長野県では青森県にくらべリンゴの花芽がつきやすい。そのことが特殊なせん定技術を苦労してつくり出す必要性を少なくしている。これが名人と呼ばれる人の少ない理由ではないだろうか。

新しいせん定方法が生み出され、それが注目されて多くの生産者が訪れるが、五年もたつとめっきり減り、やがて嘘のように忘れ去られてしまう。こういうことがくり返されてきた。ある生産者がすばらしい成果を上げているせん定技術を、ほかの人がやっても成功しなかったという例は少なくない。

これらの技術が一時期すばらしい成果を上げていたのは事実である。それはある特殊な環境条件や栽培条件のもとで育った、ある特殊な生長、結実状態にある樹が、特殊なせん定方法にうまく反応してよい結果をもたらしたのだと思う。しかし、果実が鈴成りにつくような状態が何年かつづくと樹の状態が変化し、そのせん定方法に対して望ましい反応を示さなくなることがおこってくる。ある樹齢の樹ではうまくいった方法が、樹齢が増して樹の状態が変化してきたため、効果を失うということもあると思われる。

特殊なせん定技術でよい成績を上げている園を見学する場合は、上記の諸点を考慮に入れておくことが大切である。

2 日本独自の栽培条件と環境

さて、右に見てきたように、西洋の果樹であるリンゴを、わが国の自然と人間のつくり出す環境の中で、一〇〇年の年月をかけてじっくりと醸成されてできたのが、開心形を基盤とする日本のリンゴ栽培技術である。一九七〇年代に入って、西欧の最新技術であった密植栽培が「わい化栽培」という名で、突然といっても過言でないかたちで普及に移された。以来、わが国のリンゴ栽培は、発展方向についての確たる見通しのないまま今日に至っている。わが国のリンゴ栽培をめぐる諸条件には、諸外国とかなり違った面が多い。だから独特の栽培技術が発達したのである。この事情を理解することなしには、リンゴ栽培の進むべき方向を正しくつかむことはできない。

(1) 日本人の伝統的な果物観

日本に来た欧米人が日本のリンゴについて必ずといってよいほどする質問が、「どうしてあんなに大きくて立派なのか」「値段が高いのか」ということである。皮をむいて食べることも異様に映るらしい。これは食生活の違いに根ざした文化の違いということになると思う。

西洋では昔から果物は、ミネラル、ビタミン、食物繊維などの重要な給源として日常欠かせない食べ物であった。日本では野菜がその役割を果たし、果物はむしろ菓子に類する嗜好品としての性格が強かった。明治以来、西洋の果樹がつくられるようになってからも、その感覚は引き継がれ、一個一個大切に扱われる対象であった。カキ、ナシ、リンゴなどの大型の果物は、四つに割って皮をむいて食べることが多い。だから果実はある程度大きいほうがよい。外観を大事にするのは、日本では食べ物全体における傾向である。

しかし、この傾向に拍車をかけたのが果実の流通機構であった。そこでは高く売れる果実のほうが儲けが大きくなるからである。その結果、消費地では必要以上に見掛けの立派な果実が店頭に並ぶことになる。消費者も果物とはそういうものだと思い込まされてきた。

私たちは「見掛けはどうでもよい、おいしくて栄養があればよい」などというつもりはない。国民の果物に対する意識が西洋並みになり、果実の大きさや外観が重要でなくなったら、逆に外国産のリンゴがどっと入ってくるだろう。そうなったら生産費の高い日本のリンゴは太刀打ちできない可能性が大きい。私たちは日本人の伝統的な果物観にあった大きさ、外観重視の果実を、できるだけ労力と資材をかけないでつくれるよう努力をすることが重要だと考える。しかし現在の市場の要求のように、果面に少しでも色のつかない部分があると評価がガタ落ちとなるような、極端な外観重視は改めなければならない。リンゴは品種によって色、大きさ、味、熟期など実にさまざまであり、別種の果実といってもよいくらいである。この品種の多様性を消費者が楽しめるようになることも、リンゴ産業の繁栄につながるものと私たちは考えている。

(2) きびしい園地の自然環境

元来、日本では平地で水の便のよい土地では水稲がつくられ、リンゴだけでなく果樹は一般に急傾斜地など土地条件の悪いところで栽培されてきた。土地条件、水の便の悪いところで栽培できることが、日本における果樹栽培の意義であったといっても過言ではない。

強勢台木に接がれたリンゴ樹は、樹勢が強く果実の成りが遅いが、地中深くまで根を張って干ばつなど自然災害に強い樹が育った。密植栽培では果実が早くから成るため根の生長が悪く、土壌条件の悪いところでは樹が弱りやすい。とくに果実が成り始めると、モンパ病にやられやすい。干ばつや風害、雪害などの自然災害に弱いのも密植栽培の特徴である。

密植栽培を行なうには土壌改良が必要な場合が多く、安定した栽培には灌水が欠かせない。台風害から樹を守るためにがっちりした支柱かトレリスが必要だし、雪害の危険のある地域も少なくない。苗木代、支柱代とともに開園費が高くつき、その後も樹の保護に手間（や経費）がかかる。

西欧では風害も雪害もないので支柱は簡単なものでよいし、日本のように地形や土壌条件の悪いところにリンゴ園がつくられることは少ないので、開園にあたって土壌改良の必要のない場合が多い。だから密植園の開園は日本におけるほど大ごとではないのである。

(3) 家族労力中心の小規模経営

日本のリンゴ生産農家の経営規模は大部分が一ヘクタール以下、それに対し西欧のリンゴ産地では一〇ヘクタール以上が多く、米国では輸出用リンゴの主産地で比較的集約栽培のワシントン州でも、二〇ヘクタールは最小の規模である。そこで日本でもリンゴ栽培を有利に経営するには規模拡大が必要だという声をよく聞く。しかし日本のリンゴ栽培は根本的に、小規模経営でなければ成り立たないという性格をもっているのである。

西欧を例にとるとリンゴ栽培における一〇アール当たりの所要労働時間は日本の五分の一程度である。表６－１はイタリア北端の南チロルにおける台木別所要働時間を示す。もっとも労力のかかるのは収穫、次はせん定、枝の誘引で、両方で全労力の七〇％以上になる。実生台木や半わい性台木のＭ７にくらべ、わい性台木のＭ９を使った密植栽培が省力になっている。これは実生台木に接いだ樹が巨木になり、半わい性台木に接いだ樹も大木になっていたからである。一方、日本における年間所要

表6－1　イタリア南チロルにおけるリンゴ園10a当たり所要労働時間

（単位：時間）

	実生 33本/10a	M7 70本/10a	M9 300本/10a	M9 400本/10a
収　穫	42.1	35.7	26.1	22.4
冬季せん定	12.3	10.8	5.4	4.4
夏季せん定（光条件改善）	3.3	4.2	2.7	0.9
枝の誘引	0	3.6	4.2	10.1
手による摘果	7.6	6.5	5.9	5.2
病虫害防除	3.3	2.6	2.9	3.1
マルチ，除草	1.9	1.9	2.2	3.0
耕うん	0.4	0.5	1.0	1.2
施　肥	0.4	0.3	0.5	1.1
計	71.3	66.1	50.9	51.4

表6－2　リンゴ園10a当たり所要労働時間（青森県，平成12年）

（単位：時間）

せん定・整枝	中耕・除草	薬剤散布	授粉・摘果	収穫・調整	その他	合計
27.3	5.9	5.1	51.4	37.3	97.1	224.1

資料：農林水産統計（平成14・15年りんご生産指導要項，青森県農林部より）

働時間は一〇アール当たり二一〇〜二七〇時間で、袋かけが多いともっと多くなる。表6–2に青森県における所要労働時間の例を示す。

所要労力が少ないから、西欧では必要な労力をすべて雇用でまかなっても、黒字（純収入）になる可能性がある（リンゴがある程度高く売れること、安い雇用労力が得られることが前提）。だから規模を拡大することによって純収入を大きくする可能性があるのである。

一方、日本の高品質リンゴの栽培には大変な労力がかかるので、家族の労力で大部分の作業をやるのでなければ経営が成り立たない。経営規模は二ヘクタール程度が限度になる。粗収入はリンゴの収量と単価にかかってくるが、近頃はリンゴが高く売れないので、栽培経費（現金支出）を極力切り詰めなければならない。そういうわけで開園費が高く経済寿命の短いわい化栽培は取り入れにくい場合が多いのである。

わい化栽培は疎植開心形栽培にくらべ、たいして省力にならないという調査結果が出ているが、それは当然のことである。前述のように、密植栽培が疎植栽培より省力だというのは、実生台木に接いだ疎植栽培の樹が巨木になる西欧での話だからである。

(4) 日本の収量水準

一〇アール当たり一〇トン以上の驚くべき多収を実現し、一九八〇年代にわが国のリンゴ関係者の間で大変注目された「マッケンジー方式主幹形（第3章六九ページ参照）を開発し、普及に努めたマッケンジー博士は、世界各地のリンゴの収量水準について、気候、土壌と関係づけて表6–3のように分類している。これは世界各地のリンゴ産地を視察した同博士の豊富な見聞をもとにまとめられたものである。最良の品種と台木の組み合わせで、よい栽培条件のもとで実現可能な最高水準の収量を記したものと思われる。

この表において「南日本」には長野県が含まれると思われるが、収量が北日本の二倍というのは過大評価である。またそのほかの地域も、現実にはこんなに収量が高くないところが多い。細かく見ればほかにもいろいろ問題はあるが、世界各地の収量水準が気候条件で大きく決

表6―3　世界のリンゴ産地の収量水準　（McKenzie）

1. 世界のリンゴの主産地は涼しい気候の所にあり，最良の品種と半わい性の台木を使うとha当たり最高40tはとれる。

涼しい地方 40t/ha	イギリス，オランダ，ベルギー，北ドイツ，デンマーク，北フランス，北イタリア，スイス，ユーゴスラビア，ミシガン・ニューヨーク（アメリカ），オンタリオ・ノバスコシア・ブリティッシュコロンビア（カナダ），ペンシルバニア（アメリカ），南韓国，北日本，チリ，タスマニア（オーストラリア），アルゼンチン

2. これより寒い地方では日照不足と凍害のため，最高収量はha当たり25～30tになってしまう。

寒い地方 25～30t/ha	ポーランド，フィンランド，ロシア，スウェーデン，アメリカ・カナダの中部，モンゴル

3. 暑い所では，高い所でリンゴはつくられるが，花芽形成に必要な低温要求量が不足し，最高収量はha当たり15～20tになってしまう。

暑い地方 15～20t/ha	キプロス，イスラエル，レバノン，トルコ，イラン，パキスタン，インド，ケニア，インドネシア，クインズランド（オーストラリア），ブラジル，メキシコ

4. 暖かい気候の所で，土地が肥沃であって，ha当たり80tはとれる。

暖かい地方 80t/ha	南フランス，スペイン，ポルトガル，ワシントン・オレゴン（アメリカ），南日本，ニュージーランド，南アフリカ，西オーストラリア，ニューサウスウェールズ（オーストラリア），チリ

5. この暖かい気候の所で，さらに条件がよいと，ha当たり120t，またはそれ以上とれる。

暖かくてもっとも適した地方 120t/ha	モアサック（フランス），オレンジ（オーストラリア），リオネグロ（アルゼンチン），ホークスベイ（ニュージーランド）

まってくることを知っていただきたいと思う。

ここで同博士の拠点であるニュージーランドのホークスベイ地方は、一〇アール当たりにして一二トン以上の世界の最高収量を上げ得る産地として位置づけられている。マッケンジー方式主幹形が高収量を上げたのは、気候と土壌に恵まれた地域だからということを、博士自身も認めているのである。

リンゴは一般に冷涼な気候に適する果樹と理解されてきた。したがって、表6―3で世界で収量の高い産地がやや温暖な地域に分布することは、一見矛盾するように感じるかもしれない。しかしこれらの温暖な産地でも、夏の気温は日本の主産地より低い。図6−2に一〇アール当たり四トンと一二トンのグループに属する地域（表6−3）の気温と降水量の月平均値を示した。

リンゴの樹と果実の生長には一八〜二〇℃程度が適温とされる。しかし、収量は花芽形成を含めてさまざまな要因が総合された結果だから、高収量を上げるための適温は必ずしも生長適温とは一致しない。先述のホークスベイ地方（ニュージーランド北島の南東部、中心都市はネピア）における、果実発育期間の月平均気温は一五〜一八℃である。これにくらべオランダは温度不足であり、青森県の夏の気温は高過ぎる。もっともホークスベイ地方は日温度較差（一日の最高と最低温度の差）がきわめて大きいことで知られており、単純に月平均気温によって論じることには問題があるかもしれない。

また、葉が光合成を行なえる温度を一〇℃以上として、月平均一〇℃以上の月数をもって葉が活動できる期間とすると、オランダと青森県は六カ月、南フランスと長野県は七カ月となる。これに対してホークスベイ地方ではこの期間が九カ月に及ぶので、葉の活動期間がきわめて長いことがわかる（休眠を破るのに必要な冬の低温は不足しない）。このことが高収量と連年結果をもたらす大きな原因だと考えられる。この地方では〝グラニースミス〟など品種によっては摘果を行なわない園が多いが、それでも毎年鈴成りに果実をつけている。

気候条件としては降水量は重要であるが、世界のリンゴ産地の中でリンゴ生産に必要な水分を降水量だけでまかなえないので灌漑が行なわれている地域が少なくない。とくに密植栽培では従来水をかけずにやってきた地域でも、灌漑を必要とする場合が多くなった。降水量の少ない地域は日射量が多いから、灌漑を行なうことによって生産力の高い産地になる可能性をもつ。フランス南部や北米ワシントン州はそのよい例である。

諸外国では日本のように大玉で外観のよいリンゴは要求されない。一花叢に二個成った果実、腋花芽に成った果実、樹冠内の少々日当たりの悪い部分の果実も商品になる。これらの点からも外国での高収量の事例はあまり参考にならない。日本では諸外国の高収量の事例に接すると、とかく樹形や栽植様式などにその原因を求める傾向があとを絶たないのは残念なことである。

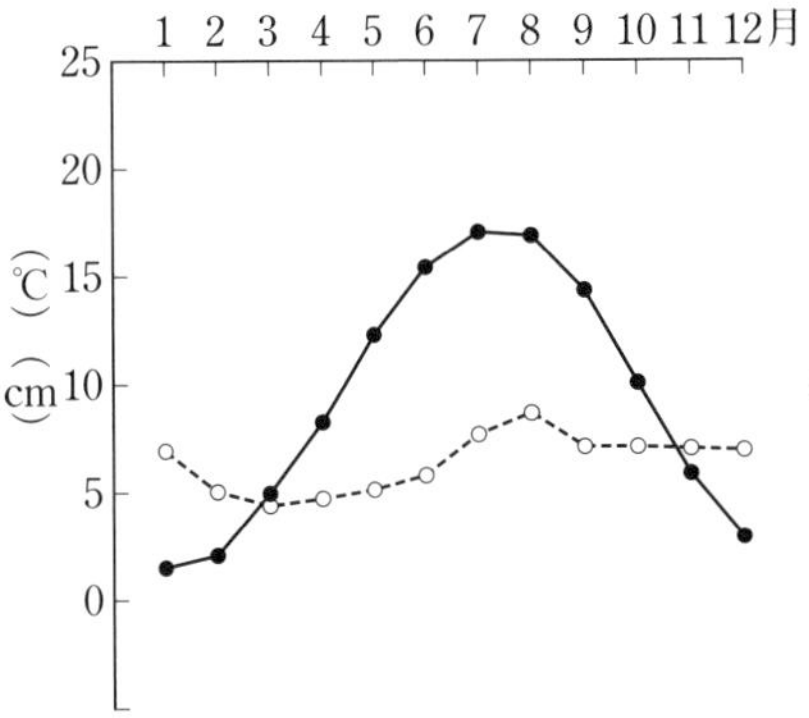

デ・ビルト（オランダ）
年平均気温9.4℃，年降水量765mm
4〜10月平均気温13.5℃，4〜10月
降水量467mm

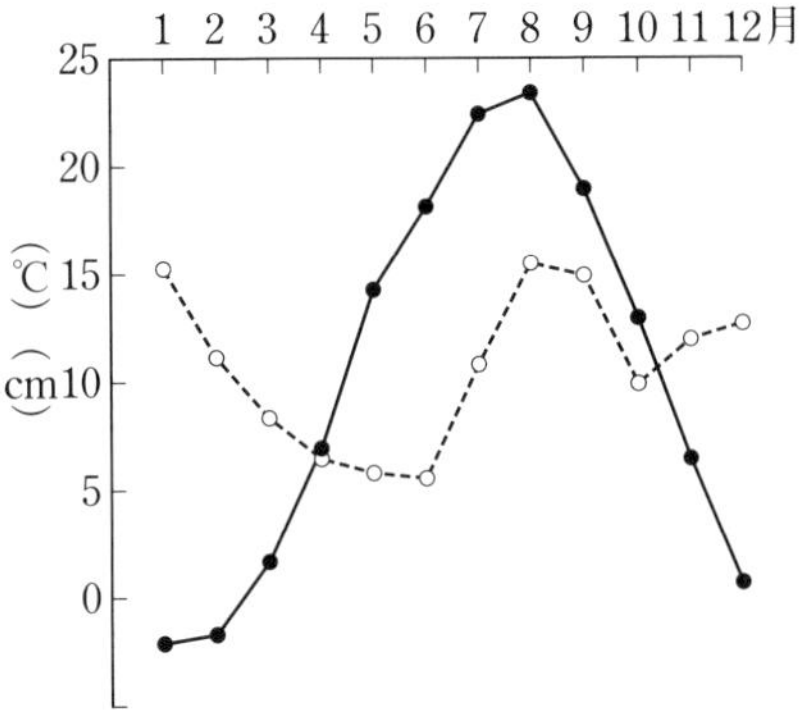

黒石（青森県）
年平均気温10.0℃，年降水量1,304mm
4〜10月平均気温16.6℃，4〜10月
降水量715mm

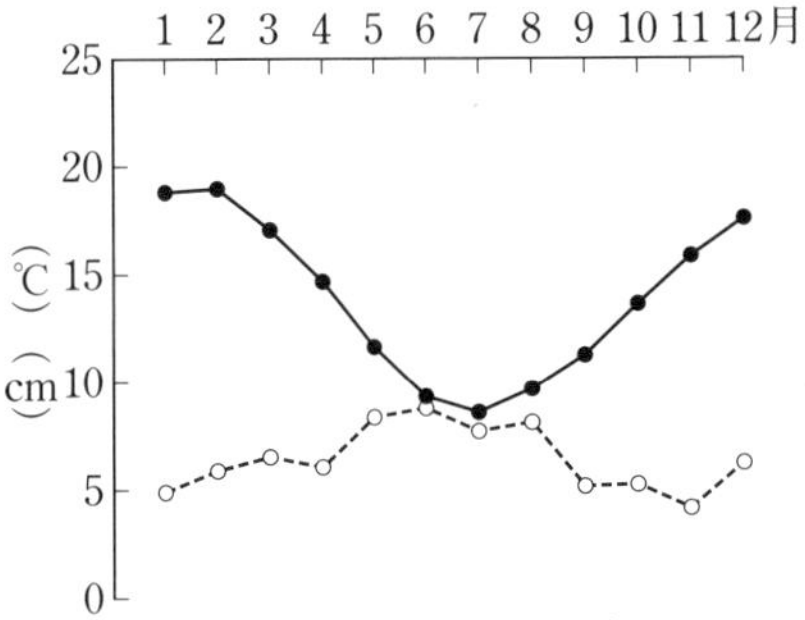

ネピア（ニュージーランド）
年平均気温13.9℃，年降水量780mm
10〜4月平均気温16.7℃，10〜4月
降水量396mm

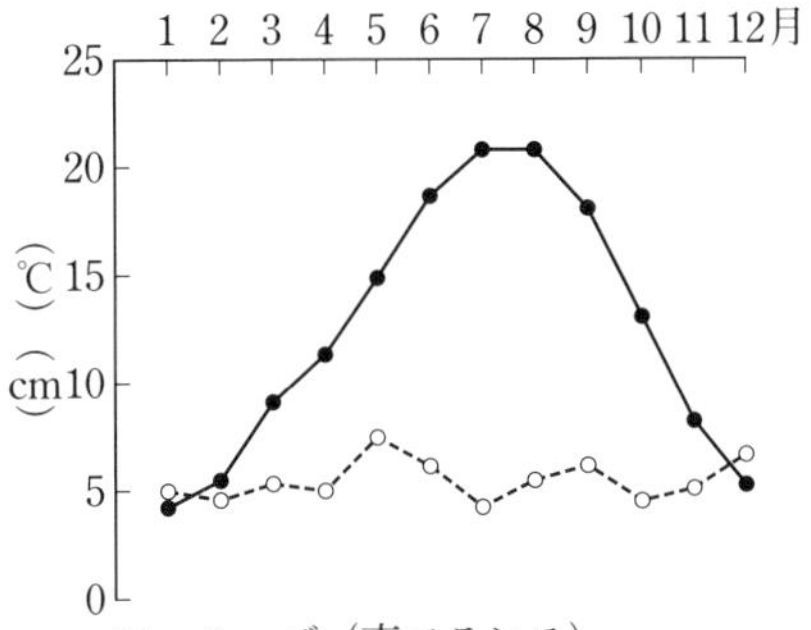

ツールーズ（南フランス）
年平均気温12.5℃，年降水量659mm
4〜10月平均気温16.8℃，4〜10月
降水量393mm

図6−2　リンゴ産地の気温と降水量

実線：気温（℃），破線：降水量（cm）

3　めざすべき方向
——樹形と技術を選択する視点

(1)　広く勧められない密植栽培

前節で「きびしい園地の自然環境」と「家族労働主体の小規模経営」でも強調したように、わが国では密植栽培は広く勧められる方式でないことは明らかである。

密植栽培は省力と早期多収を謳い文句に普及に移された。しかし開園費が高く経済寿命が短いことは、早期に多収できるくらいでは補えない、農業経営上の致命的な欠陥なのである。

これまでリンゴ生産県では、わい化栽培の開園を支援する補助金制度が行なわれている。このことが開園費が高いという密植栽培の問題をぼかしてきた。しかし密植栽培の経済寿命は二〇年程度と短い。しかも現実には、収量が最大水準に達するのは七、八年生で、一五年を超えると高い収量や品質を維持できなくなる園が多い。盛果期があまりにも短いのである。そうかといって改植を行なえばふたたび開園費がかかり、何年も収量の上がらない期間がつづくことになる。密植栽培園を最低でも三〇年はもたせたいと、多くの生産者が考えるのは当然のことである。

改植ともからんで問題になるのは品種の更新である。開心形では品種更新は高接ぎ更新によって行なわれてきた。青森県ではかつて〝国光〟〝紅玉〟の時代から〝スターキングデリシャス〟、さらに〝ふじ〟へと、比較的短期間に品種の更新が行なわれたが、これは県をあげての高接ぎ更新によるものである。一方、主軸型樹形は高接ぎ更新には向いていない。品種を更新しようと思ったら、改植ということになる。このことは従来あまりとりあげられなかったが、重大な問題である。

密植栽培の利点とされる省力についても、先に述べたように実際には疎植の開心形にくらべて大差はないし、早期多収についても、半密植栽培のそれは密植栽培に遜色ない。疎植開心形栽培でさえ、計画密植と成らせながら樹形をつくっていくことで、従来よりかなり早くから収量を上げられる。盛果期収量については、密植であろうと、半密植であろうと、疎植開心形であろうと差のないことが明らかになっている。これらの点からも、密植栽培が有利とする根拠が弱くなっているのである。

それでもやはり、わい化栽培を行ないたい人はいるだろう。その場合には、大規模な土壌改良を必要としない土壌条件や、雪害など自然災害の危険性が少ないこと、灌水ができるなど環境条件に恵まれた土地を準備し、なおかつ果実が高く売れる条件を十分に考慮する必要がある。品種や出荷時期、販売方法などである。ここではその詳細には立ち入らない。

(2)　疎植開心形の改良
——小規模経営の要求に応える

わが国のリンゴ栽培は家族労働を主体にした小規模経営でなければ成り立たない。だから少しでも経営を有利にするためには、高く売れる品質のよいリンゴを多くとることによって粗収入を高めるとともに、支出を極力おさえることがもっとも重要な条件になる。リンゴを高く売ることを期待できない場合は、経費の節約がいっそう重要になる。

そのためにはまず開園費用がかからないこと、そしていったん植え付けた樹は何十年ももたせることが必要になる。この条件を満たすのは疎植開心形栽培しかない。この方式の長所をこれからのリンゴ栽培の要求にいかに適合させるかを、計画密植栽培を含めて積極的に考えるべきである。

たとえば、適当な半わい性台木を用いて従来より小さい樹をつくる。ただ、残念なことに、その適当な半わい性台木が見当たらない。また低樹高化は重要であるが、おのずと限界があることは第5章で述べた。しかし、開心形は過去の方式との思い込みから、改良の取り組みは近年まったく行なわれていないに等しい。半わい性台木の選抜とともに開心形の改良に本気で取り組めば、必ず道はひらけるはずである。試験研究機関でぜひ検討願いたい課題である。

(3)　半密植栽培の可能性も

半密植栽培は、強めのわい性台木か半わい性台木を使う。密植栽培にくらべ栽植密度が低いぶん、苗木代が安く、支柱も不要か低いものでよいので、開園費は比較的安くてすむ。根の発達もよいので、土壌条件のやや悪いところでも栽培できる。整枝せん定は密植栽培よりやや高い技術が要求される。ただし、この方式も「若いうちが花」の主軸型樹形の宿命からは逃れられない。密植栽培樹にくらべると側枝が大きいので、樹を長もちさせる可能性があるが、二〇年を過ぎると扱いにくくなる。園の更新がやはり必要である。

それでも開園費が安いこと、土壌適応性が密植栽培よりかなり大きいこと、結構早期多収であることから、実用化の可能性はわい化栽培より高い。この方式についても、適当な半わい性台木の選抜とともに試験研究機関で検討していただきたい課題である。

(4) 慣行管理のむだを見直す

小規模経営では経費の節約がきわめて重要なことを述べた。慣行の栽培管理の中には金の無駄づかいが随所に見られる。広く見られる問題点について述べたい。

日本では世界に類のない大きくて美しいリンゴがつくられる。そのために日本独特の栽培技術が多く行なわれている。綿密なせん定、人工授粉、ていねいな摘果、着色管理（葉摘み、玉まわしなど）、袋かけと除袋などである。大果、美果生産のために、外国では必要のない大変な労力がかかっているのである（袋かけは緑色品種では必要ないし、赤色品種でも無袋栽培が増えているが）。

それに加えて、現在では赤色品種の着色をよくするために、大部分の園で光反射シートを使っている。これは普及が始まった頃には、使用した園のリンゴはそうでないリンゴより高く売れたが、現在はかえって作業能率の低下や生産費の増大、さらには土壌の悪化を招いている。

日本の栽培は、極端に走らない程度で大果で一定程度外観を重視したりんごを、できるだけ資材と労力をかけないで生産するよう努力すべきだと思う。それには反射シートの利用の再検討も含め、極端な着色手入れをしなくてすむようにすることが第一にあげられる。

袋かけは昔は果実を害虫から守るために行なわれたが、現在では着色をよくすることが第一の目的であり、果実の貯蔵性が高まることも重視されている。環境条件によっては〃ふじ〃のように着色しにくい品種の袋かけはやめられないと考える人が多い。筆者らは、そういう地域でも施肥の改善によって袋かけが無用になると考えている。

弘前大学の藤崎農場は肥沃で深い沖積土壌地帯に位置する。この地域では樹勢が強くて〃ふじ〃の無袋栽培は難しいと考えられている。農場では三〇年前から化学肥料をいっさい施さず、泥炭を原料とする堆肥（チッソ、リン酸、カリをほとんど含まない）だけ施用しているが、樹勢は中庸になり、果実は無袋でよく着色するようになった。施肥を減らすと樹勢が落ち着き、せん定も楽になり、樹冠内の光条件の改善もしやすくなる。

昔ほどではないが、今日のリンゴ園は肥料を多くやり過ぎる傾向がある。必要と思われない高い肥料（有機質や特殊微量要素の入ったものなど）を使っている人も少なくない。経費がかかるばかりでなく、肥料のやり過ぎは無袋栽培果の地色（緑色）の抜けるのを遅らせ、無袋栽培を困難にする。袋かけ、反射シートなど着色手入れの負担を軽減するには、何より施肥の改善から始めるべきである。端的には施肥量を減らすことである。

なお、有袋果は無袋果より早採りしているが、このことが有袋果は貯蔵性がよいとされる大きな原因になっていると思われる。

4 わい化栽培の枠を脱する

(1) 導入後三〇年の経緯

一九七〇年代初頭から、当時西欧で盛んになりつつあったわい性台木を使った密植栽培、いわゆるわい化栽培が国の補助金事業として普及に移された。栽植本数は県によって一〇アール当たり一二五本（四×二メートル）または一六七本（四×一・五メートル）が採用された。

当時、台木は西欧で密植栽培に広く使われていたM9でなく、やや強勢なM26が採用された。おそらく日本の土壌条件などを考慮してのことだと思う。しかし苗木業者が繁殖の便宜上、マルバカイドウの上に接ぎ木した苗木を販売したためこれが広く使われることになり、今日に至っている。

わい化栽培が普及に移された当初は、「これからはわい化の時代」といわれたが、いろいろ欠点がわかってきた。補助金事業として多雪地、急傾斜の山林を切り開いた造成地など、自然環境条件の悪い場所での栽培はほとんどが失敗に終わった。その中にあって比較的環境のよい地域では、生産者の試行錯誤によって日本独特のわい化栽培が発達してきた。

西欧の密植栽培との大きな違いは、比較的樹間が広いこと、樹高が四メートルを超すものが多いことである。密植栽培では頂部付近まで果実が成るので、作業面から見ればかなりの高さである。そもそも西欧における密植栽培の魅力の一つは脚立がいらないか、いるとしてもごく低いものでよいことである。日本のわい化栽培で樹が高くなった原因として、マルバカイドウ付きのM26を台木として用いたという特殊な事情がある。これに加え、生産者が収量を求めて年々樹高を高めていったことが、結果的に樹を高くした。オランダで開発された密植栽培は、日照が少なく日光の入射角度の小さい地域に適したものである。しかし、日本ではある程度樹高を高くして高収量を追求するのが、理屈にあっていた。

密植栽培は元来、経済寿命の短い栽培方式である。西欧ではそれを前提として栽培が行なわれている。ところが日本ではそのことにふれないまま普及に移され、今日に至った。しかし生産者にとって、これではやっていけない。そこで三〇年はもたせなければと、多くの生産者が苦闘している。間伐したり開心形に改造したり、最初から半密植の栽植距離で植え付ける生産者も増えている。しかしその多くは生産者の試行錯誤に任され、ともすれば方向性を見失っているのが実状である。

(2) 望まれる発想の転換

もともとわい化栽培は、開園費が高く経済寿命が短いことを前提として成り立つ方式である。しかし日本ではリンゴは土壌条件など環境条件の悪いところで栽培されることが多い。そのために密植栽培にはよけいに開園費、維持費がかかる。これでは農業経営として成り立ちにくい。にもかかわらず、そのことを無視してわい化栽培は普及に移された。多くのわい化園は補助金を受けて開園されている。だから生産者には、どんな栽培方式がよいのか根本的に考える余裕がない。開園費の高いことも、経済寿命の短いことも考えることなくわい化栽培は始められることになる。その結果、園地の維持に苦労することになる。

多くの生産者はそれぞれに工夫と努力を重ねてきた。しかし、前提条件が間違っているので、いくら試行錯誤の努力を重ねても地域の実情にあったリンゴ栽培技術をつくり上げることにつながらない。

日本でリンゴ栽培が始まったのは明治初期、独特の開心形がほぼ確立したのは約六〇年後の昭和初期、その間には生産者の試行錯誤の苦闘がつづいた。そうしてでき上がった栽培技術体系だったから、日本の環境条件、生産者のおかれた条件に完全に適したものになった。わい化栽培が普及に移されてからすでに三〇年がたった。しかも明治、大正時代と違って、果樹栽培の科学的研究は格段に進歩している。しかし、日本におけるリンゴ栽培の確固とした方向性はいまだ見えてこない。このままではあと三〇年たってもわが国の環境条件、農業経営条件にあったリンゴの栽培方式を確立することができないのではないかと、私たちは心配している。

地域に根づく農業技術とは、実にさまざまな条件が絡み合ってでき上がる。それでも一年生作物なら短期間で結論も出よう。しかし、果樹栽培の場合はその成否がわかるのに長い年月を要し、とくにリンゴでは二〇年はかけないと結論が出せない。関係する諸要因もはるかに多岐にわたる。「諸外国で主流になりつつある技術だから、これから日本もこれでいくべきだ」という、行政機関によるわい化栽培普及の発想はあまりに短絡的であった。以来、リンゴ栽培技術の研究、普及に携わる人々の努力も、「これからのリンゴ栽培はわい化栽培でなければならない」という考え方から抜け出せないでいるように見受けられる。これでは地域の実情にあったリンゴ栽培技術はつくり出せない。いまリンゴ栽培の関係者にとって何よりも必要なのは、発想の転換である。

本書の用語解説

1　栽培方式関連

栽培方式　品種、台木、栽植距離、樹形、支柱などを組み合わせたものを、本書では栽培方式と呼ぶ。

わい化栽培　西欧ではかつてわい性台木を用いた栽培を、「わい化栽培」という意味の言葉で呼んだが、現在では密植栽培（High Density Planting）と呼ばれている。昭和四十年代末に国や県によって「わい化栽培」が普及されて以来、指導機関などにおいてはこの語が使われてきた。しかし生産者の園では、樹高が四メートルを超える樹が多く、間伐によって樹が大型化している例が多いなど、「わい化」の意味があいまいになってきている。栽培方式を栽植密度（一ヘクタール当たりの樹数）で分けるのが世界的な傾向であり合理的でもあるので、本書では基本的には密植栽培、半密植栽培、疎植栽培という言葉を使うことにしている。しかし生産者は一般に従来の疎植開心形でない、わい性台木（ふつうはマルバカイドウの根がついている）を使った栽培は、半密植栽培でも樹高の高い樹でも「わい化栽培」と呼ぶことが多い。そこで本書でも場面によっては「わい化栽培」の語も用いた。

密植栽培　日本の現実と実用的見地から、筆者らは一〇アール当たり一〇〇本以上を密植栽培と呼ぶことにしている。台木はわい性台木を用いるのが基本であるが、日本ではマルバカイドウに接いだM26（わい性台木としては強めのもの）を使った園が大部分を占めている。

半密植栽培　半密植栽培という語はかつて吉田義雄博士がマッケンジー方式主幹形を紹介したとき使われたものである。筆者らは一〇アール当たり四〇～九九本を半密植栽培と呼ぶことにしている。

疎植栽培　筆者らは一〇アール当たり三九本以下を疎植栽培と呼ぶことにしている。

計画密植栽培　疎植開心形の栽培において一〇アール当たり収量を早くから高めるために、最終的な栽培本数の二～三倍の数の樹を植えて、樹齢が進み園地が込んでくるにともなって樹冠を縮めていき、やがて間引く方式である。永久樹と間伐樹（間植樹）を決めておき、それぞれ計画的に育てることが重要である。

経済寿命　園地全体としての生産力が低下し、園地を更新したほうが有利だと判断される時期の樹齢。

集約栽培　一〇アール当たりに多くの労力や金をかける栽培。前者を労働集約的、後者を資本集約的という。

盛果期　一樹当たりのリンゴの収量は樹冠の拡大に伴って増え、やがてある範囲の収量に達して、以後老衰期に入るまで長年にわたってその範囲の収量を維持する。この時期を盛果期と呼んでいる。

早期多収　本書では早期多収という言葉が何度か出てくるが、これは盛果期に達するまでの年数が少ないという意味であり、一〇アール当たり収量は密植、半密植、疎植開心形栽培の間で違いはない。

トレリス　支柱と張線を組み合わせた、樹を支えるための柵状の構造物。樹列の両端に丈夫な柱（隅柱）を立て、樹列に沿ってある間隔で柱（中柱）を立て、これに二、三条の張線（上下の間隔約一メートル）を張る。さらに中柱ごとに樹列と直角に一、二条の張線で連結する。

2　樹形の名称

主軸型樹形　主幹の先端（心）が樹の頂部まで伸びた樹形を、本書では一括して「主軸型樹形」と呼ぶことにした。主軸型樹形は樹冠の水平方向への広がりを小さくおさえることができるので、密植、半密植栽培にはこの型の樹形が適している。極端な密植から広めの半密植に至るまで、樹間距離が広くなるにともなって樹形は連続的に変化する。

開心型樹形　主幹が樹冠の高さの途中で切られた樹形を一括して、本書では開心型樹形と呼ぶことにした。

主幹形　従来、主幹形といえば、主幹の先端（心）が樹の頂部まで達した樹形と定義されてきたが、半密植栽培に相当する比較的大型の樹形を指すことが多かった。従来の主幹形には構造的に欠陥があるので、これに代わる樹形として開発されたのが「弘大方式主幹形」である。本書では、主幹形とは基本的には従来の主幹形を指すが、「弘大方式主幹形」も表現を簡潔にするため、誤解のおそれのない場合には主幹形と記した場合もある。

開心形　主幹が樹冠の高さの途中で切られた樹形を広い意味で開心形と呼ぶことが多い。開心形の中にも開心自然形、変則主幹形、盃状形など、さまざまな名称をつけられた樹形がある。日本で発達したリンゴの開心形は、樹冠が水平方向に広がり比較的樹高の低い特殊な樹形である。本書で単に「開心形」と呼んだ場合はこの樹形を指す。

弘大方式主幹形　従来の主幹形は、樹冠の拡大に伴って樹冠の内部や下部に果実が成りにくくなる構造的な欠陥があった。この欠陥を克服できる樹形として、塩崎が主体となって開発したのがこの樹形である。これは特殊な樹形ではなく、半密植栽培の中で樹間距離が広い場合(三・五メートル以上くらい)に、主軸型樹形が備えるべき主な特性を備えた樹形である。本書では、従来の主幹形と混同のおそれのない文脈においては、「半密植栽培主幹形」または単に「主幹形」と記した。

樹形の理想型　環境条件、樹間距離そのほかの栽培条件、目標とする果実の大きさや品質などに応じて、樹が備えるべき本質的な構造特性(俗な言葉で〈勘どころ〉と呼ぶことにした)がある。そのような特性を備えた樹形を〈理想型〉と呼ぶ。〈勘どころ〉は必ずしも表面的に簡単に見えるものではない。成果を上げている樹は、外見は違っても〈勘どころ〉は満たされているはずである。

3　枝の名称

主幹　幹と同じ。果樹栽培関係者の間では慣行的に主幹という語が使われてきた。

心(芯)、心枝　主軸型樹形または開心形の若木において、主幹の先端部にある直立した若い枝を心または心枝と呼ぶ。側枝や主枝候補枝の生長を抑制するために置かれる。

骨格枝　側枝、成り枝など果実生産をになう枝を着生させ、樹上に適正に配置するための骨組みの枝のことを、本書では骨格枝と呼ぶ。骨格枝は更新されることなく、樹の生涯を通じて維持されるのが原則である。開心形では主枝と亜主枝が骨格枝であるが、主軸型樹形では骨格枝にあたるものは主幹だけである(次の主枝も参照)。

主枝　主幹に直接着生した骨格枝を主枝と呼ぶ。ただし本書では、主軸型樹形の主幹に着生した枝は主枝と呼ばずに側枝と呼ぶことにしている。それは主軸型樹形では、主幹から出た枝は長く太くしてはならないので、必要に応じて更新することが前提だからである。ただし、大型の主軸型樹形では、最下段の側枝は更新が難しいので長く維持するよう努めるべきであり、その意味では主枝の性格をもっている。

仮主枝　開心形の主枝数は最終的に二、三本に制限されるが、それまでは長年にわたって多めの主枝候補枝が維持される。このような枝を本書では仮主枝と呼ぶ。

亜主枝　主枝から発出した骨格枝を亜主枝と呼ぶ。開心形においてのみつくられる枝である。

側枝　主軸型樹形では主幹から発出した枝、開心型樹形では主枝や亜主枝から発出した枝で、その上に成り枝がつけられる。側枝は下垂、衰弱するなどしてはたらきが悪くなると、随時更新される。

成り枝　側枝上につけられる通常数年生程度の枝で、その上に結果枝がつけられる。

結果枝　本来、果実が直接着生する前年生の枝を指す。しかし、果実生産の主体になっている枝は二〇センチ未満がほとんどであることから、このような短枝を発育枝と対比する意味で、頂芽が花芽、葉芽に関わりなく結果枝と呼ぶことが多い。その長さにより短果枝（五センチ未満）、中果枝（五〜一〇センチ未満）、長果枝（一〇〜二〇センチ未満）に分けることが多い。

発育枝　もっぱら栄養生長を行なう新梢。決まった長さがあるわけではないが、本書では長さ二〇センチ以上を発育枝とした。

新梢、一年生枝など枝齢の数え方　枝齢の数え方については、本書では春に発芽した枝は落葉期までを新梢と呼び、以後、翌年の落葉期までを一年生枝、翌々年の落葉期までを二年生枝と呼ぶことにしている。

果台枝　リンゴでは五個前後の花が束になってつき、花叢と呼ぶ。花叢や花叢葉がついている太く短い台状の茎は果台と呼ばれ、花叢葉の腋芽から発出した新梢を果台枝と呼ぶ。果台枝は過度に強勢にならないので、わい化栽培では側枝や成り枝の候補枝として好まれている。

徒長枝　徒長枝といえば潜芽から発生した強勢な新梢を指すことが多いが、潜芽に限らず、枝の背中などから発生する直立した強勢な新梢も徒長枝と呼ばれることが多い。〝強いばかりで役に立たない枝〟という意味で徒長枝と呼ばれるのであるが、リンゴは潜芽を多くもつから何十年でも生産力を維持することができるのである。

牽制枝　ある枝の影響によりほかの枝の生長がおさえられるという関係を積極的に利用する場合、前者を牽制枝と呼ぶ。心枝は側枝の生長をおさえるための牽制枝として使われる。

予備枝　側枝が下垂して弱くなり生産力が落ちれば、新しい側枝に更新することになるが、そのために数年前から更新のための枝を準備しなければならない。この枝を予備枝という。

母枝　新梢にとってはそれが着生している一年生枝が母枝、一年生枝にとってはそれが着生している二年生枝が母枝、以下、同様に枝齢に関わりなく、それが着生している枝が母枝である。

二次枝　本書では夏季せん定した新梢の切り株の腋芽からその年のうちに発生した新梢を二次枝と呼んでいる。

車枝　主幹上でほぼ同じ高さから主枝または側枝が何本か出ている状態を車枝という。この場合、主幹からの発出部が裂けやすいので、大きな重さのかかる開心形の主枝の場合は車枝は避けるべきである。主軸型樹形の側枝の場合は、なるべく多くの側枝をつくることが大切であり、個々の側枝にかかる重さは小さいので、車枝となることは差し支えない。

共枝　分岐点、枝の大きさ、勢力がほぼ同じで、ほぼ同じ方向に伸びている枝をいう。

鳥足　冬季剪定時に、斜立した一年生枝の先端付近に三、四本の新梢が発生している状態を俗に鳥足と呼ぶ。著しく強勢な新梢にはこの表現は使われず、勢力の落ち着いた枝について使われるのがふつうである。

4　芽の種類

頂芽と腋芽《えきが》　一年生枝の先端の芽を頂芽、二番目以下の芽を腋芽と呼ぶ。

花芽と葉芽　リンゴの花は開花の前年の夏に短く止まった新梢の頂端にそのもとになるもの（原基）が形成される。この花の原基を含んだ芽を花芽という。品種によってはある程度以上長い新梢の腋芽に花の原基ができるものがあり、これを腋花芽と呼ぶ。一方、芽の中に葉の原基だけを含むものを葉芽と呼ぶ。葉芽からはふつうの新梢が発生する。

腋花芽　前項参照。

潜芽（陰芽）　一年生枝の基部付近にあって春に発芽しなかった芽は休眠芽となる。休眠芽は枯死することなく樹皮の内部で何十年でも生きつづける。これを潜芽（陰芽）と呼ぶ。潜芽は太い枝が切られるなどの刺激によって切り口付近から発芽して徒長枝となる。

5　枝の切り方

整枝とせん定　樹を特定の樹形に育てることを整枝と呼び、枝を切ることをせん定という。整枝はおもにせん定によって実現されるものであり、したがって若木段階のせん定は主として整枝のためのものとなる。枝の誘引も整枝のための重要な技術である。

冬季せん定（休眠期せん定）　秋の落葉後から春の発芽までの間に行なうせん定。

夏季せん定　新梢に葉がついている間に行なうせん定は、広い意味で夏季せん定と呼ばれる。従来の開心形では徒長枝切りは重要な作業だったが、これは夏季せん定とは呼ばなかった。密植栽培樹は樹齢を増すと徒長枝が多発する傾向があり、これを切除することが密植栽培では必須の技術になっている。本書では開心形の徒長枝切りは別に扱うこととするが、わい化栽培については徒長枝切りを含めて広い意味で夏季せん定の語を使うことにした。

切り返しせん定　一般に枝を途中から切ることを意味するが、実際のせん定においては二年生以上の枝を途中で切ることはなく、その場合は「切り上げ」や「切り下げ」が行なわれる。そこで「切り返しせん定」というのは、冬季せん定時の新梢について使われる言葉である。

間引きせん定　枝を基部から切除することを間引きせん定と呼び、枝齢に関係なく使われる。

切り上げ　二年生以上の枝をその背面から出ている枝の基部まで切り詰めること。

切り下げ　二年生以上の枝をその腹面から出ている枝の基部まで切り詰めること。

追い出し　大きな枝を切除するにあたって、果実の急激な減少や根の衰弱を避けるために、一年ないし数年かけて基部の小枝を落としてから切除することを、「追い出しをかける」という。

割り　樹冠（枝）を外方に拡大（伸長）させたくない場合などに、枝の両側に枝分かれしている部分まで切り戻す方法である。疎植開心形で使われてきた方法であるが、密植、半密植栽培でも古い側枝の長さを短くしたいときに用いる。

心抜き　開心形も最初は主幹形として育てながら主枝を育成し、主枝の発達のある段階で最上段主枝の上で心枝を切る。これを心抜きと呼ぶ。開心形の育成過程でもっとも難しく経験を要する技術である。

枝の更新　側枝や成り枝が下垂して弱くなったり、逆に長く太くなりすぎて与えられた空間に維持できなくなった場合に、側枝の基部付近から発生した若い枝に切り替えることを「枝を更新する」という。更新枝として数年前から計画的に若い枝（予備枝）を準備することが望ましい。

蕾刈り　一年生枝の頂芽を三分の二程度切る方法で、目的は二つある。一つは強く充実した枝の頂芽が花芽の場合は、発生する新梢（果台枝）がしばしば二本発生して枝の方向を乱す。蕾刈りすれば芽の内部で花にあたる部分が切り取られるので、発生する新梢は一本の場合が多く方向は乱れないし、その枝の花芽の形成も質もよくなる。もう一つは、樹勢が弱く花芽形成の多い樹の場合、摘果代わりに蕾刈りすれば貯蔵養分の無駄づかいを防げる。

摘心　新梢の先端を指あるいは鋏で摘除すること。夏季せん定の一種である。どちらかといえば、密植樹の側枝構成期に側枝同士の大きさの調整のためにやるとよい。

6　せん定以外の栽培技術

枝の誘引　強く立ち上がった枝を垂直から広い角度に広げて、スプレッダーや紐で固定すること。これによってせん定で切られてしまう枝を側枝や成り枝として使えるようになるうえ、切らなかったことによって樹全体として樹勢を落ち着かせる効果がある。

スプレッダー　発出角度の狭い枝を広げるための針金や木材などでつくった〝つっかい棒〟。

外科処理　花芽の形成や萌芽を促すために幹や枝にナイフや鋸で傷をつけること。環状剥皮、スコアリング、剥皮逆接ぎ、目傷などがある。

環状剥皮　強勢な樹の樹勢をおさえて花芽形成を促すために、通常幹の樹皮をある幅（五ミリ程度が多い）で形成層を境に一周除去する方法である。効果はその年限り。

スコアリング　環状剥皮と同じ目的で行なう技術である。通常幹にナイフなどで木部に達する傷を幹に一周、あるいは螺旋状に一、二周つけるもので、樹皮を取り除くことはしない。効果はその年限り。

剥皮逆接ぎ　環状剥皮と同じ目的で行なう技術。五〜六センチの幅で樹皮を剥ぎ取り、上、下を逆にはめ込み活着させる。効果は三、四年はつづく。

目傷　そのままでは発芽しない芽や潜芽を発芽させるために芽の上部の樹皮に木部に達する傷をつけること。わい化栽培で幼木の幹に行なわれているが、本書では基部がはげ上がりつつある側枝に行なうことを勧めたい。幼木に行なうと衰弱をまねくおそれがある。

鋸目　鋸で引いた筋目である。太い枝の潜芽化した芽の萌芽促進のための目傷も鋸で行なうと能率が上がる。太い枝を誘引するときに入れると容易に曲がる。

ビーエー（BA）剤　合成サイトカイニン。わい化栽培で幼木の幹からの発芽を促進するために用いられる。

着色管理　果実の着色をよくするために行なわれる作業で、袋かけと除袋、支柱入れ、枝吊り、葉摘み、玉まわし、光反射シートの使用、夏季せん定などがある。

7　リンゴ樹の形態と生理

樹冠　葉、花、果実のついている枝によって占められた部分を樹冠と呼ぶ。遠くから見た樹の形が樹冠の形である。

樹勢　樹の生長の強さのことであるが、果実生産に関係の深いのは新梢の生長状態である。発育枝の先端の新梢の長さを判断基準にすることが多いが、新梢の太さ、側生新梢の発生の多少、葉色、枝の肥大程度なども樹勢の判断材料である。

頂部優勢　一年生枝の頂端の芽がもっとも強い新梢を発生し、その影響によって下部の芽からの新梢の生長が抑制される現象。オーキシンの作用が大きくはたらいている。頂部優勢は直立した枝で顕著で水平な枝ではその効果を失う。その間は連続変化である。

二次生長　いったん伸長が止まった新梢がふたたび伸長することで、若木や強勢な樹でおこりやすい。

維管束　幹や枝の中にある養水分やホルモンの通路。木部にある道管は根からの養水分、ホルモンが地上部へ流れる通路、皮部にある師部は葉、新梢先端からの炭水化物、ホルモンが下方へ流れる通路である。

貯蔵養分　貯蔵養分は炭水化物（デンプン、糖）とチッソ化合物（タンパク質、アミノ酸）がおもなものである。前年から枝、幹、根いずれにも貯蔵されるが、とくに根が貯蔵場所として重要である。春になると根その他から枝先へ貯蔵養分が流れて発芽に備える。

フィードバック　（例）新梢でできたオーキシンの影響で根の生長が盛んになり、根の生長が盛んになった影響で新梢生長が盛んになる。このように互いに生長を強めあうのが「正」のフィードバックである。そのうちに根の中のオーキシン濃度が高くなり過ぎて根の生長が低下し、その影響で新梢の生長が弱くなる。このような互いに生長を弱めあうのが「負」のフィードバックである。

潜在生長力　一般に長い母枝（この場合一年生枝）から出た新梢は長く、短い母枝から出た新梢は短いという傾向がある。これは樹にはどの部分の枝を伸ばしたいかという方針があり、伸ばしたい部分の枝には新梢を伸ばす態勢が発芽前から準備されているからである（たとえば、維管束の発達程度や貯蔵養分の量）。したがって、個々の母枝に備わった新梢を伸ばす力を、本書では潜在的生長力と呼ぶことにした。

連続変化の原理　ものごとはすべて連続的に変化する。われわれが日頃目にするのは連続変化の一点に過ぎない。たとえば、ある種の樹形について最適な樹高は、肥沃な土壌では高くなるし、痩せた土壌では低くなる。つまり土壌条件の連続的な変化に対応して、樹高も連続的に変化する。だから条件を抜きにして「何メートルがよい」と決めることはできない。

接ぎ目瘤　リンゴの品種によってはわい性台木に接いだ場合、接ぎ目部分が異常に肥大して瘤状になる。これを接ぎ目瘤と呼んでいる。とくにM26に〝陸奥〟〝ジョナゴールド〟〝王林〟〝つがる〟など〝ゴールデンデリシャス〟の血の入った品種を接いだ場合に顕著である。これは接ぎ目部分の接ぎ穂側が、年とともに台木部分を包み込むように肥大するためにおこる。また、年を経るほど瘤の上のリンゴの部分にくらべ台木部分の肥大が抑制され、太さに差がついていく。したがって、炭水化物などの根への移動が瘤のところで抑制されているのではないかと推察される。

経験と勘からの脱却をめざして——あとがきにかえて

農業技術一般に言えることであるが、かなりの程度まで理屈を考えてやれるものと、経験、勘、熟練がなければやれないものがある。前者を技術、後者を技能と分けることが多い。整枝せん定は確かに長い経験を必要とする部分が大きいが、大部分は枝を切るにあたっての判断の問題である。だから、つきつめて言えばかなりの程度まで理屈を考えて行なえる、技能でなくて技術になり得る性格のものである。しかし、理屈そのものがさっぱりわかっていないことが、最大の問題なのである。

「この枝を切るかどうか」というとき、付近の枝の状態、樹全体としての樹勢など、関係する諸条件が複雑に関係しているので、理屈で考えることが難しいことが多い。せん定の上手な人というのは、「こういう状況に置かれた枝はこう切ればどう反応する」ということを、長年の経験の中でつかんでいるのだと思う。これが勘である。しかし多くの場合、こういう勘は自分が毎年切っている樹について養われたものである。ほかの園の樹、とりわけ土壌条件、気候条件の異なる地域では、勘が当たらないことが多いのではないかと思う。

筆者らは樹形問題を中心にせん定の研究をつづけてきた。その結果、さまざまな環境条件や農家の経営条件に応じて、樹形がそなえるべき〈勘どころ〉があることがわかってきた。それを軸に打ち出したのが樹形の「理想型と連続変化の原理」である。これによって、生産者がそれぞれの置かれた条件下で、どんな樹形を選択するか、どのような方針で樹形づくりを進めるかということを、自分で判断することができるようになると考えている。

一方、個々の枝をどう切ればよいかの理屈を提供するような研究は、世界的にあまり行なわれてこなかった。関係ある条件をできるだけ単純化して、扱いやすい材料を使って実験を行なうというのが、科学的研究の一般的な方法だからである。その結果、扱いやすい幼木を使った実験が多くなる。しかし幼木の研究結果は、大きな樹の一部の枝のせん定には当てはまらないことが多いのである。筆者らは、さまざまな樹齢の樹を用いた実験を長年にわたってくり返した結果、一部の枝を切り返した場合、品種によって頂端新梢が長くなる場合と、そうならない場合があることをつかんだ。これは幼木の研究からはつかめないことである。せん定の効果について、枝の置かれたさまざまな条件と関係づけた研究がもっと行なわれるようになれば、個々の枝のせん定についても、経験と勘に頼る部分を少なくしてゆくことができるはずである。

もう一つ、本書で経験と勘からの脱却の原理として重視したのが、「リンゴの気持ちを考える」ということである。栽培されているリンゴ樹も野生の時代の性質を多く残している。「この枝はこう切ればどう反応するか」ということが、せん定にあたって一番知りたいことである。野生の樹の性質は、与えられた環境条件の中でまわりの樹に負けないように枝葉を広げて光合成を行ない、後代を確保するのに必要な範囲で果実をつくって種子を生産するのに適したものになっている。枝もこの目的にあうように生長するし、枝を切られた場合の反応も、失われた光合成の機能をいち早く回復する方向におこる。このことを理解していると、せん定に対する枝の反応をある程度予測することが可能になる。

「リンゴの気持ち」というと、いかにも擬人化したとらえ方で想像と思い込みに陥ってしまうことを懸念する人もいるかもしれない。その点には私も留意し、森林生態学などの研究を参考にして妥当と思われる範囲の現象について取り扱ったつもりである。しかしリンゴ栽培に関わるものとして、つねに「リンゴの気持ちを考える」という気持ちで取り組みたいと考えている。

整枝せん定において勘の問題とされることの多くは、科学的に解明できるはずのものである。しかし、それを実現するためには、従来の研究方法に加えて、まったく異なった発想による取組みが必要になる。私の書いた『農学の野外科学的方法』はそういう問題について説明したもので、実例としてリンゴの樹形とせん定の問題を多く取り扱ったので、関心のある方はお読みいただきたいと思う。

私は一九九七年三月に弘前大学を退官後、京都市に移り住んで約七年になる。その間、二〇〇〇年二月にニュージーランド、二〇〇四年六月にハンガリーで行なわれた国際園芸学会の果樹栽培に関するシンポジウムで研究発表をするなど、研究活動をつづけてきた。共著者の塩崎氏は弘前大学農学部藤崎農場の助手に就任して以来、一貫してリンゴの整枝せん定の研究に取り組んできた。同氏の研究はすべて自分で苗木から育てた樹について行なったもので、研究の成果を上げるとともにせん定技術についても実力を高めてきた。私の樹形やせん定の研究の多くは塩崎氏との協同で行なわれたものである。

塩崎氏との共著としての本書の準備は、二〇〇〇年の秋から始まった。せん定の理論面に関する章節は主として私が草稿を書き、塩崎氏がそれを検討して改めるべき点、付け加えるべき点を私に伝える。また私が執筆中に実際のリンゴ樹について確かめたいことが出てくると塩崎氏に尋ね、同氏もわからないときは観察や簡単な調査もしてもらった。一方、せん定そのほかの栽培技術の実施にかかわる章節は主として塩崎氏が草稿を書き、それを私が検討して注文をつけ、本書全体を通じて一貫性のあるものとなるように調整した。こうして全体の草稿がかなりでき上がった段階で、私が弘前に赴いて草稿の内容について徹底的に検討を加えた。図と写真は他書からの引用を除いて、すべて塩崎氏によるものである。

最後になるが私たちのせん定の研究の大きな支えとなったのは「りんご剪定技術研究会」である。この会は一九七九年に元秋田県果樹試験場長であった今喜代治博士のもとに、リンゴ生産者、指導機関、研究機関に所属する有志が集まってつくられた。私たちは発足当初からこの会の活動に参加し、実際栽培の経験豊富な会員諸氏と仲間意識でせん定の勉強をつづけることができた。まことに恵まれた環境を与えていただいたわけで、今博士はじめ会員の皆様に心からお礼申し上げたい。残念なことに今博士は会の創立一〇年目に他界された。博士のご冥福をお祈り申し上げる。

二〇〇五年一月　　　　　　　　　　　菊池卓郎

○著者のおもな著作

菊池卓郎『せん定を科学する』一九八六年

平野　暁・菊池卓郎（編著）『果樹の物質生産と収量――増収技術の基礎理論』一九八九年

今喜代治・菊池卓郎（編著）『りんごの樹形と剪定――技術形成の歴史と展望』一九九三年

菊池卓郎『農学の野外科学的研究―「役に立つ」研究とはなにか』二〇〇〇年

塩崎雄之輔『小づくりに仕立てる』（分担執筆）農文協編　一九八六年

塩崎雄之輔『最新果樹のせん定』「成らせながら樹形をつくる」（分担執筆）農文協編　一九九三年

塩崎雄之輔『りんごの樹形と剪定――技術形成の歴史と展望』今喜代治・菊池卓郎編著（分担執筆）一九九三年

塩崎雄之輔『農業技術大系　果樹編　1-Ⅱリンゴ』（分担執筆）農文協編（一九八二年から二〇〇三年にかけて多数の課題について執筆）

なお、発行はいずれも（社）農山漁村文化協会

○引用文献

1　浅見与七『果樹栽培汎論〔剪定及摘果篇〕』養賢堂、一九四二年
2　熊代克巳・鈴木鉄男『新版　図集・果樹栽培の基礎知識』農山漁村文化協会、一九九四年
3　福島住雄「花芽の形成・結実・摘果」、森英男編『りんご栽培全書』、朝倉書店、一九五八年
4　福島住雄編述『りんご剪定葉隠れ論語』青森県りんご試験場園生会、一九九四年
5　水木淳一「リンゴ」、永沢勝雄編『リンゴ・桜桃・洋梨　果樹整枝剪定講座二』、朝倉書店、一九六四年

著者略歴

菊池　卓郎（きくち　たくろう）

昭和6年京都市生まれ。昭和31年京都大学農学部大学院修士課程終了。同年愛媛大学農学部助手。同35年弘前大学農学部講師，助教授を経て昭和49年教授。平成9年停年退官，同大名誉教授。農学博士。

塩崎　雄之輔（しおざき　ゆうのすけ）

昭和18年青森県生まれ。昭和41年弘前大学農学部卒業。同年弘前大学農学部助手。助教授を経て平成12年教授。農学博士。

新版　せん定を科学する

——樹形と枝づくりの原理と実際

2005年 3 月31日　第 1 刷発行
2024年 5 月20日　第11刷発行

著者　菊池　卓郎・塩崎　雄之輔

発 行 所　一般社団法人 農 山 漁 村 文 化 協 会
郵便番号　335-0022　埼玉県戸田市上戸田2−2−2
電話　048(233)9351(営業)　048(233)9355(編集)
FAX　048(299)2812　　振替　00120-3-144478
URL https://www.ruralnet.or.jp/

ISBN978-4-540-04248-5　　DTP製作／(株)新制作社
〈検印廃止〉　　印刷／(株)新協
©　2005
製本／根本製本(株)
Printed in Japan
定価はカバーに表示

乱丁・落丁本はお取りかえいたします。

斯界の一線で活躍中の研究者・実際家による「大百科」

個々の農家の「今の課題」にこたえる

果樹園芸大百科

全18巻

〈巻構成〉
1 カンキツ
2 リンゴ
3 ブドウ
4 ナシ
5 モモ
6 カキ
7 クリ
8 ウメ
9 西洋ナシ
10 オウトウ
11 ビワ
12 キウイフルーツ
13 イチジク
14 スモモ・アンズ
15 常緑特産果樹
16 落葉特産果樹
17 熱帯特産果樹
18 果樹共通技術

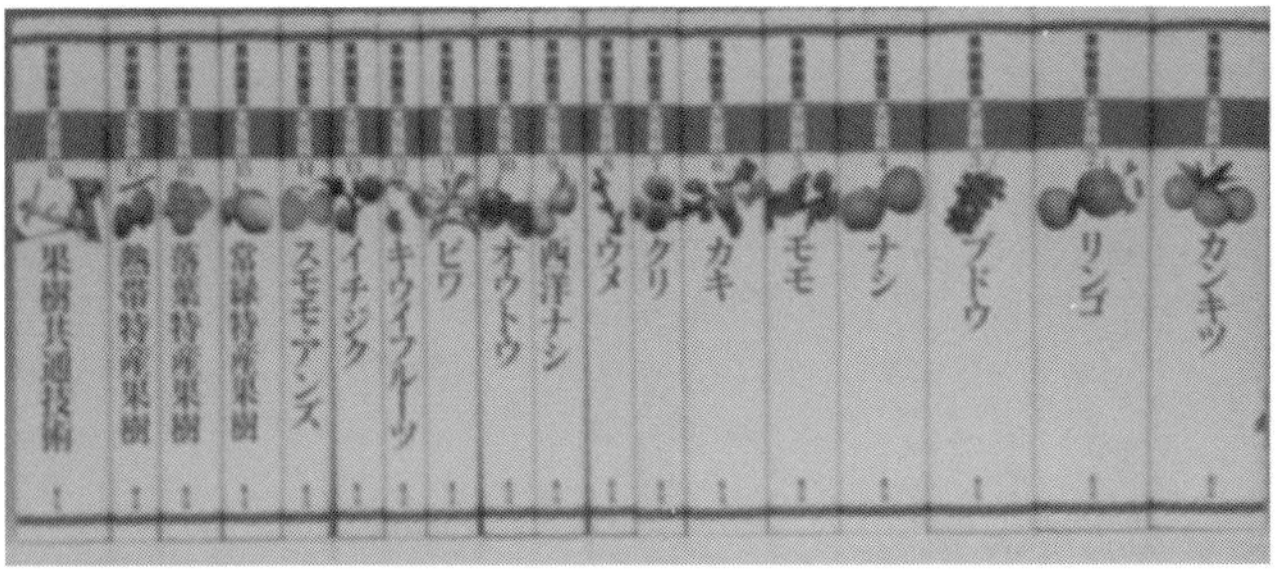

B5判（大型本）上製 カラー口絵付き
各巻4,762〜14,286円＋税　揃定価142,857円＋税

◎本書の三大特徴

①高度な最新技術を無理なく導入する

早期多収、低樹高コンパクト化、二期作栽培、高糖度生産、生育調整剤の活用など、最新の技術を樹体、身体、経営に過度の負担をかけずに無理なく導入するための必読書。

②売り方から栽培を考える

市場価格の低迷は販売方法の変革を農家に迫っている。しかし朝市・宅配・観光農園・契約栽培など個性的な販売は、個性的生産・栽培法・品種・味・加工法があってこそ、可能になる。この課題に的確にこたえる。

③体力にあわせた経営を実現する

高齢者や女性が果樹生産を担う比重がますます高くなる。疎植、広い作業道、低樹高、天敵やフェロモン剤などによる減農薬や、体力にあわせた経営を実現するための格好のガイド。

果樹病害虫百科　第2版　全5巻

A5判　各巻10952〜12381＋税
1 カンキツ・キウイ／2 リンゴ・オウトウ他／3 ブドウ・カキ／4 モモ・ウメ・スモモ他／5 ナシ・ビワ他